KB155629

현대 환경사상의 기원

The Origins of Modern Environmental Thought

현대
환경사상의 기원
The Origins of Modern Environmental Thought

조셉 스타이거 지음 ㅣ 박길용 옮김

성균관대학교
출 판 부

| CONTENTS |

옮긴이의 말 6

들어가는 말 II

01 환경사상의 토대 16

02 2차 세계대전 후 사회경제적 상황 40

03 레이첼 카슨의 『침묵의 봄』 54

04 해럴드 바넷과 챈들러 모스의 『희소성과 성장』 75

05 스튜어트 L. 유달과 『조용한 위기』 89

06 로드릭 내시의 『야생자연환경과 미국 정신』 107

07 A. C. 피구, 로널드 코즈, 그리고 환경경제학의 발달 124

08 케네스 볼딩과 우주선 지구호 137

09 린 화이트와 「우리 생태적 위기의 역사적 뿌리」 151

참고문헌   308

10 폴 에를리히와 『인구폭탄』   166

11 게렛 하딘과 「공유지의 비극」   182

12 배리 코머너와 『닫힌 원』   201

13 허먼 데일리와 정상-상태 경제   218

14 MIT팀과 『성장의 한계』   236

15 E. F. 슈마허의 『작은 것이 아름답다』   252

16 아느 네스와 심층생태운동   266

17 환경철학자들의 시대를 지나서   289

　　이 책은 미국의 산림환경 자원경제학자 조셉 에드워드 드 스타이거(J. E. de Steiguer)가 쓴 『The Origins of Modern Environmental Thought』를 완역한 것이다. 이 책이 번역되어 출판되는 데에는 많은 시간과 검증이 필요했다. 2006년 11월 정부 해외정책연수로 미국 스탠퍼드 대학 방문길에 북스토어에서 이 책을 처음 접했다. 책 제목과 목차를 보는 순간, 오랜 호기심과 염원이 열리듯 가슴이 뛰었고 기쁨에 벅찼다. 여행을 마칠 때까지 호텔 숙소에서나 기내에서도 온통 마음의 눈은 이 책을 떠나지 못했다.

　　이 책은 제목이 제시하고 있는 바와 같이 1960년대부터 1970년대에 이르는 동안 환경사상에 있어서 중요한 기여자들에 대해 검토했고, 이후 오늘에 이르기까지 대중에 영향을 미치는 그들의 사상과 그 사상의 힘의 흐름을 담고 있다. 그해 겨울방학 내내 책의 내용을 요약 정리하면서, 이 책이 일차적으로 대학원과 학부생들을 위한 환경학습 과정을 위한 보충적 독본으로서 잘 기획되었고, 환경보호와 생태철학의 보다 깊은 이해를 갈망하는 대중들에게도 필독서가 될 것이라는 확신을 얻었다. 책이 주는 묵시적인 영감이 너무

커서 2007년 봄학기에 환경행정론 강의 부교재로 사용하면서 완역을 결심했다. 2007년 3월부터 하루에 한 페이지씩 10개월간 작업한 끝에 12월에 일차 완역을 끝내고, 다시 보기가 힘들어 덮어두었다가 2008년 여름방학에 원문을 하나하나 다시 대조해가면서 2년 만에 겨우 번역을 끝냈다. 유난히 무더웠던 여름, 책과의 씨름으로 육체적 에너지가 소진되는 만큼 생태적 각성에 대한 새로운 지적 돌파구가 열리는 순간이기도 했다. 이 책에서 소개·평가되는 내용은 크게 세 묶음으로 분류되고 있다. 물론 저자가 서문이나 말미에서 대강을 소개하고 있지만, 이와 함께 역자가 평가한 관점을 소개하기로 한다.

먼저, 현대 환경사상의 배태(胚胎)를 이룬 환경사상의 전통과 2차 세계대전 후 미국의 사회·경제적 상황을 소개하고 있다. 즉, 현대 환경주의에 대한 초기의 영향은 고대철학자로부터 시작해서, 특히 저자는 아시시(Assisi)의 성(聖) 프란체스코(St. Francis)의 생명에 대한 감정이입(感情移入)은 모든 창조물에 대한 깊은 이해로서, 피조물의 복지에 관심인 자비는 현대 환경사상가들의 영감의 모델이 되었음을 밝히고 있다. 또한 토마스 로버트 맬서스의 인구 문제에 대한 현대적 해석은 자원 고갈과 환경오염으로 연결되는 오늘날까지도 논쟁의 문제로 확장시켰다. 존 스튜어트 밀의 정상상태 경제이론, 헨리 데이비드 소로의 초절주의(transcendentalism), 지구 생태의 초기 제창자 조지 퍼킨스 마시, 자연자원과 환경의 질을 주된 이슈로 삼은 신고전경제학자들, 야생자연환경과 자연자원 보호에 있어서 대립된 관점을 보였던 보전주의자 존 뮤어와 기포드 핀쇼, 자연을 박애주의적 관심으로 결부시켜 생을 증진시키고 보전하는 것이 선(good)이라는 생명외경을 선언한 알베르트 슈바이처, 인간과 땅과의 조화로움 안에서 토지는 도덕적 지위를 받을 만한 가치 있는 공동체로 생각한 알도 레오폴드 등을 소개한다.

현대 환경사상의 토대는 12세기 성 프란체스코의 작품에서 시작되었고, 2차 세계대전 직후 알도 레오폴드의 저작과 함께 매듭지어졌다. 이 흐름은 십수 년이 지난 뒤 레이첼 카슨의 『침묵의 봄』 출판으로 이어진다. 초기 철학자들의 생각은 지구환경 문제에 있어서 원인과 해결에 관한 다양한 견해들의 스펙트럼을 이루고 있다. 그 중 한 지배적인 견해는 다양한 환경철학자들이 생태중심주의(ecocentrism)와 인간중심주의(anthropocentrism)로 알려진 두 개 영역의 철학을 소개하고 있다. 또한 이 책은 2차 세계대전 후, 미국의 변화하는 사회경제적 상황이 현대 환경주의 발전에 어떻게 영향을 미쳤는지를 잘 설명한다. 이 시기는 환경철학자들의 언어와 사유를 자극하는 절호의 시기였고, 그리고 그 모든 것이 레이첼 카슨의 고전적 저작 『침묵의 봄』과 함께 시작되었다.

다음으로 이 책은 환경사상의 전통적 토대와 2차 세계대전 후 미국의 사회경제적 상황 위에서 탄생한 1962년 레이첼 카슨의 『침묵의 봄』 저작과 함께 1960~70년대 동안 그녀를 추종했던 혁신적이고 선구적이었던 환경 및 자연자원 철학자들의 저작을 탐구한다. 해럴드 바넷과 챈들러 모스, 스튜어트 L. 유달, 로드릭 내시, A. C. 피구, 로널드 코즈, 케네스 볼딩, 린 화이트, 폴 에를리히, 게렛 하딘, 배리 코머너, 허먼 데일리, 아느 네스 그리고 에른스트 프리드리히 슈마허 등을 소개한다. 생태 문제의 원인과 그 해결에 관한 이들의 이론과 사상은 환경 문제를 풀어가는 지혜의 보고(寶庫)로 오늘날까지 영향을 미치고 있다. 현대 환경시기를 시작하면서 레이첼 카슨의 기념비적인 책 『침묵의 봄』은 단순히 농약이 환경과 인간의 건강에 미치는 위험성에 대한 경고 이상의 보다 깊은 메시지가 있다. 이 책은 인류에게 근본적으로 환경에 대한 태도를 재검토하도록 유인하고 사회가 자연을 지배하기보다는 협력해야 한다는 낭랑한 호소를 담고 있다. 레이첼 이후의 환경철학자들은 실로 그 목소리를 확장했다.

마지막으로 이 책은 1960년대 초에서 1970년대 중반까지 환경주의 시대를 지나면서 환경에 대한 대중의 열정을 식게 한 몇 가지 원인들을 논의했고, 1980년대 들어 다시 환경에 대한 대중적 관심을 갖게 만든 세 가지 요인(경제호황, 레이건과 제1대 부시 행정부의 환경정책, 지구환경 문제 출현)을 설명하면서 현대 환경시대의 출현 후 40년, 환경주의는 어떻게 되어가고 있는가? 환경운동은 여전히 원기왕성하고, 견고하며, 효과적인 변화라 할 수 있는가? 에 대한 근본 문제를 제기하고 있다. 대중은 물론 1960~70년대와 같은 환경주의 시대는 아닐지라도 레이첼 카슨과 환경철학자들에 의해 제기된 관심이 미국의 정치적 의제의 중요한 테마로 남을 것이라는 데는 믿어 의심치 않는다. 1960~70년대 환경주의의 영향으로 국가환경정책법(NEPA, 1969), 환경보호청 창설(EPA, 1970), 그 밖에 환경보호와 관련된 수많은 법과 제도가 마련되었고, 특히 국가산림과 국립공원보호정책으로 야생자연환경보전에 획기적인 지평을 열었다. 저자는 사회가 미래의 환경 도전에 직면한 경우, 이 책에서 소개된 사상들은 지속적인 적합성을 가질 것이라 보았다. 또한 환경철학자에 의해 제공된 생태적 지혜의 사회적 중요성은 시간이 지남에 따라 더욱 증가될 것이고, 이는 앞으로 늘어나는 인구 문제, 자연자원 고갈, 환경 악화의 해결책을 찾기 위해서도 반드시 필요하다고 확신하고 있다. 또한 인간 생존을 위한 본질적인 요소인 자연을 보전해야 할 필요성을 국민들에게 일깨움으로써 위대한 사회적 목표에 기여했다고 밝히고 있다.

역자 또한 이 책을 번역하면서 자연생태에 대한 깊은 철학적 통찰과 현실 환경정책에 있어서 이해와 조정에 대한 중요성을 실감했다. 우리는 옳은 것을 즉시 계산할 수 없지만 무엇이 잘못되고, 잘못되어가고 있는지에 대해서는 분명히 안다. 오늘날 성장이라는 강박관념이 인간과 자연생태계 사이에 불균형을 초래하고, 결국 인류의 평화와 자유를 속박하는 예측된 위험을 선택케 하는 것이다. 우주의 조화를 파괴하는 문명에서는 결코 진정한 인간의 자유도 생명도 기대할 수 없다. 학자들과 의사 결정자들이 인간 행위와 자연적 실체가 조화를 이룰 수 있는 새로운 법칙과 질서를 고안해야 할 것이다. 인류의 지속성을 유지하기 위해서는 급진적이지만 비폭력적이고, 제도적 개혁이면서도 자연세계를 향한 근본 가치의 변화가 요구된다. 무한 성장과 소비제일주의, 기술낙관주의, 인간중심주의에 대한 철저한 성찰적 태도가 필요하다. 환경이 천박하고 과다한 소비적 탐닉에 이용되어서는 안 된다. 이 같은 제한에 대한 윤리적 근거는 현재와 미래 세대의 평등권에 대한 약속이다. 현재와 미래 세대의 모든 구성원은 물질적 안락과 지적 발전에 있어서 동등한 기회를 향유해야 한다. 이제 우리는 땅과 물, 대기에 귀를 기울이고 동물과 야생자연환경과의 빈번한 소통을 통해서 삶의 영혼을 다시 채우기 위해 자연으로부터 배울 필요가 있다.

책의 출판을 위해 물심양면으로 도와준 성균관대학교 출판부에 마음에서 우러난 고마움을 전한다. 끝으로 지구를 사랑하는 많은 독자들의 끊임없는 지도편달을 소망한다.

土草 박길용

1962년 『침묵의 봄(Silent Spring)』의 출판은 일반적으로 환경에 대한 관심이 시작되는 현대 시기의 기점으로 간주되어왔다. 이 책은 그 시기에 관한 것이다. 이 책의 장(章)들은 레이첼 카슨의 저작과 1960~70년대 동안 그녀를 추종했던 몇 명의 환경 및 자연자원학자들의 저작들을 탐구한다. 그들은 배리 코머너(Barry Commoner), 게렛 하딘(Garrett Hardin), 폴 에를리히(Paul Ehrlich), 로드릭 내시(Roderick Nash), 린 화이트(Lynn White) 그리고 에른스트 프리드리히 슈마허(E. F. Schumacher)다. 생태 문제의 원인과 그 해결에 관한 그들의 이론은 환경 문제를 풀어가는 지혜의 보고로 오늘날까지 영향을 미치고 있다. 이 책은 무엇보다 대중에게 영향을 미치는 그들의 사상과 그 사상의 힘에 대한 것이라 할 수 있다.

『현대 환경사상의 기원』은 일차적으로 대학원과 학부생들을 위한 환경 학습 과정을 위한 보충적 독본으로서 기획되었다. 여기에 포함되는 과정은 농학, 생물학, 생태학, 경제학, 공학, 윤리학, 산림학, 지리학, 역사학, 법학, 문학, 자연자원학, 철학, 정치학, 종교학 등이다. 생태철학의 보다 깊은 이해를 갈망하는 사람들 역시 이 책에 흥미를 느낄 수 있을 것이다.

이 책의 일부분은 이전에 출간된 『환경주의 시대(The Age of Environmentalism)』에 수록되었으나 철저한 재검토를 거쳐 다시 씌어졌으며, 새로운 3장이 추가되었는데, 그것은 스튜어트 유달의 『조용한 위기(The Quiet Crisis)』, 로드릭 내시의 『야생자연환경과 미국 정신(Wilderness and the American Mind)』, E. F. 슈마허의 『작은 것이 아름답다(Small is Beautiful)』이다. 많은 학자들이 『환경주의 시대』를 재검토하는 데 도움을 주었다. 나는 그들의 이름 모두를 여기에 언급하지는 않을 것이다. 그러나 현재 이 책은 두 차례 분류 작업을 거쳐 로드릭 내시의 의견과 전체 초고를 검토한 두 명의 익명인(人)에 의해 지속적으로 개선 보완되어왔다.

많은 사람들이 내가 『현대 환경사상의 기원』을 집필하는 데 여러모로 영감을 주었다. 지금은 작고했지만 다음 분들의 영향력에 특별한 감사를 표하고 싶다. 텍사스 버몬트 라마 대학의 경제학 교수이자 총장인 리처드 셋저(Richard Setzer)는 나에게 사상의 역사적 전개에 대한 인식을 제공해주었다. 텍사스 오스틴 대학의 빅터 빌란(Victor Bilan) 임학 교수는 나에게 2차 세계대전 중 유럽에서의 삶의 공포에 관한 것과 더불어 생태학에 관해서 가르쳐주었다. 텍사스 A&M 대학의 존 맥닐리(John McNeely) 농업경제학 교수는 나에게 환경에 관한 많은 저작들을 소개시켜주었고, 그것들은 이 책에 수록되었다. 임학 교수이자 자연자원학에 대한 저명한 작가인 진 에이버리(Gene Avery)는 처음으로 나에게 집필과 출판에 관해 눈을 뜨게 해주었다. 구스 홀(Gus Hall)과 어니 왓슨(Ernie Watson)은 젊은 시절에 나에게 텐트 치는 것, 캠프파이어 하는 것, 스튜 요리 하는 것, 도끼 날 세우는 것, 동부 텍사스 어느 한 소나무 꼭대기에서 산들바람에 흔들리는 것, 모래 바닥으로 된 빅 카우 시내(Big Cow Creek)에서 고기 잡는 것 등 말하자면 자연을 온전히 이해할 수 있게끔 가르쳐주었다. 그들의 모든 가르침이 적어도 내가 보낸 대학 첫 4년 생활만큼 가치가 있었다. 마지막으로 애리조나 대학 출판부의 앨리슨 카터(Allyson Carter) 편집장에게 이 프로젝트에 대한 그녀의 신뢰에 대해서 감사드리고, 커스틴 앤더슨(Kirsteen Anderson) 씨에게 그녀의 탁월한 교정기술에 대해 감사하고 싶다.

조셉 스타이거

The Origins of Modern Environmental Thought
현대 **환경사상**의 기원

01
환경사상의 토대

환경 상태는 현대사회가 직면한 가장 중요한 문제들 중의 하나이다. 여론조사에 따르면 미국 성인의 약 50%가 대기와 수질오염에 관심을 가지고 있고, 75% 이상이 산성비, 핵폐기물, 지구 온난화의 영향에 대해 불안을 느끼며, 환경운동이 사회를 위해 유익하다고 생각하고 있다.[1] 또한 전 세계 사람들은 유독한 농약의 폐해에서부터 그들이 마시는 수질에 이르기까지 광범위한 환경의 관심사를 공유한다. 선거를 통해 선출되는 공무원들은 이제 거의 예외없이 경제나 국방과 같은 전통적인 정부 관심사뿐만 아니라 환경과 자연자원의 관심사도 함께 다루어야 한다.

그러나 1960년대까지 정치인, 대중, 언론매체로부터 '환경'은 자주 언급되는 문제가 아니었다. 테디 루스벨트(Teddy Roosevelt) 정부 시기 캘리포니아 남부의 스모그 문제나 자연자원 보존과 같은, 외관상 시공간적으로 또렷이 각인된 사건들을 제외하면, 환경 문제가 지속적으로 공공의 관심을 받은 적은 거의 없다.

환경주의를 영속적인 사회적 문제로 대두시킨 것은 무엇보다 1962년 레이첼 카슨의 『침묵의 봄(Silent Spring)』[2] 출간이라고 할 수 있다. 이 책이 여론에 끼친 영향력은 실로 대단했다. 사실 그것은 유례 없는 역사적 사건이었다. 『침묵의 봄』은 살충제에 의해 야기된 위험성에 대해 말하고 있다. 그러나 이 책은 유독성 화학약품에 대한 단순한 경고에 그치지 않고 우리 사회가 가지고 있는 환경에 대한 전통적인 태도에 내재한 위험성에 대해서 경각심을 일깨우는 데로 나아갔다. 이처럼 이 책은 대중에게, 특히 북아메리카와 서유럽 사람들에게 직접적이고 지속적인 인상을 각인시켰다. 환경 문제의 심각성과 그로부터 받게 될 위협의 가능성을 깨닫게 되자, 사람들은 이 문제가 일시적인 것이 아니라는 사실 또한 알게 되었다. 레이첼 카슨이 경고한 살충제 문제로부터 지구온난화에 대한 토의와 같은 더 최근의 사건들에 이르기까지 사람들은 관심을 갖게 되었고, 심지어 환경의 질과 그것이 현재와 미래 세대에게 미칠 결과에 크나큰 주의를 기울이고 있다.

『침묵의 봄』이 환경주의[3] 시대의 도래를 알렸다고 말하는 것은 그러나 『침묵의 봄』만이 시대에 대한 책임을 지고 있음을 의미하지 않는다. 레이첼 카슨의 책은 단지 공공의 의혹을 확인하고 갇힌 걱정들을 풀어놓았을 뿐이었다. 사실 이 지구상의 인류 역사의 대부분에 있어서 사람들은 여러 형태의 환경 문제를 처리해야만 했다.[4] 최초의 문제는 직접적인 사냥터의 부족, 식량공급, 피난처 그리고 적어도 부분적으로 자연에 의해 공급된 생필품들에 대한 것이었다. 인간 생존의 시작 단계에서부터 개개의 가족들 그리고 사냥하는 부족들은 대부분 그들의 생존을 위협하는 주기적인 자원 결핍(resource shortage)에 직면했다. 그러나 19세기 후반에 이르러 서구세계는 매우 빠르게 인구가 성장하기 시작했고, 커다란 사회적 변화가 일어났다. 그리하여 사회는 문명 자체의 생존을 위협할 수 있는 형언할 수 없는 결핍과 이론적으로 기근의 가능성을 인식하게 되었다.

그러니까 인구 성장과 자연자원 결핍은 오랫동안 주된 사회적 관심사였고, 문명을 형성해가는 주된 세력이었던 것이다. 인구 성장과 자연자원의 희소성은 때때로 전쟁, 정복, 질병 그리고 죽음의 형태로 무시무시한 사회적 파괴를 몰고 왔다. 그러나 자원 부족에 대한 관심은 인간으로 하여금 획기적인 성과를 거둘 수 있는 새로운 기술 개발의 필요성을 촉발시켰다. 쟁기로부터 현대적 생체공학의 기적, 무수한 발명들은 자연의 수확을 확장시킬 목적으로 인간 정신의 발현이 이루어낸 산물에 다름아니다.

그러나 많은 사람들이 기술 발전으로 인한 막대한 이익을 주긴 하지만 동시에 불필요한 사회적 비용을 발생시킨 부정적인 측면도 있다고 주장한다. 알래스카의 프린스 윌리엄 사운드(Alaska' s Prince William Sound)의 엑슨 발데즈(Exxon Valdez) 기름 유출과 그 이전 소련의 체르노빌 핵재해와 같은 사건은 기술 진보에 대해 치른 희생의 불행한 기억들이다. 레이첼 카슨이 『침묵의 봄』을 쓴 계기가 바로 기술의 뜻하지 않는 부작용이 낳은 환경 악화에 대한 이 같은 관심이었다. 그리하여 『침묵의 봄』과 함께 환경 악화라는 새로운 문제는 인구 증가와 자원 부족이라는 기존의 문제와 결부되어 현대 환경주의의 상호 연관된 핵심적 사안으로 떠오르게 되었다. 현재 환경 연구는 대부분 인구 증가, 자원 부족, 환경 악화의 세 가지 주된 문제에 초점을 맞추고 있다.[5]

레이첼 카슨이 주도적으로 나서자 곧 다른 사람들도 동참했다. 1962년부터 1970년 중반까지[6] 현대 환경시대의 초기 몇 년 동안 많은 철학자와 학자들이 후에 환경 관련 저서의 고전이라 불릴 만한 것을 구성하는 데 선구적인 공헌을 했다. 그들의 전공은 생물학, 역사학, 신학, 철학, 컴퓨터과학 그리고 경제학 등 다양한 학문 분야를 포괄했다. 폴 에를리히, 배리 코머너, 케네스 볼딩 그리고 게렛 하딘 등은 이들 초기 공헌자 중 가장 잘 알려지고 가장 빈번히 인용된 사람들이다. 로드릭 내시, 프리츠 슈마허, 스튜어트 유달, 린 화이트, 해럴드 바넷, 챈들러 모스, 로널드 코즈, 도넬라 메도우즈(Donella Meadows), 데니스 메도우즈(Dennis Meadows), 요르겐 란더스(Jørgen Randers), 아느 네스(Arne Naess), 그리고 허먼 데일리(Herman Daly)와 같은 학자들 역시 중요하다. 『침묵의 봄』이 출판되었을 쯤 고인이 된 피구(A. C. Pigou)는 그의 글이 재발견됨으로써 큰 영향력을 미치게 된 인물이다. 이 책의 주제이기도 한 레이첼 카슨 이후의 환경철학자들은 하나의 공통된 목표를 추구했는데, 그것은 환경에 관한 '인간 태도와 행위의 개선(the reform of human attitude and behavior)'이다. 이 같은 개혁을 성취하기 위한 그들의 희망의 스펙트럼은 현실주의로부터 이상주의에까지 펴져 있다. 그들이 제시한 특수한 방법들 역시 유인에서부터 처벌에 이르기까지 다양하다. 그럼에도 불구하고 그들 모두는 인간 태도와 행위의 개선을 공통된 목표로서 추구했다. 이 사회개혁의 목표를 달성하기 위해 그들은 종종 최대한 공공의 관심을 불러일으키기 위하여 논쟁(words)과 관점(perspective)을 선택했다. 결과적으로 이들 작가들의 저작 중 어떤 것은 상업적으로 성공했다. 주지하다시피 『침묵의 봄』은 그럭저럭 베스트셀러의 목록에 올랐다. 폴 에를리히의 『인구폭탄』, 배리 코머너의 『닫힌 원』, 그리고 MIT의 과학자 그룹의 『성장의 한계』 등은 대중의 관심을 불러일으킨 저작들이다. 이들 저자들은 환경운동의 대중화를 돕는 데 가치 있는 역할을 했다.[7]

그러나 아카데믹한 독자들에게 초점을 맞춘 저작들도 있었다. 그 저작들은 그것들대로 오늘날에도 계속되는 유산(遺産)인 환경연구에 착수하려는 다양한 학문적 분야를 자극했다. 학술회원들에 의한 환경관심의 영향은 사실

거의 놀랄 만한 일이었다. 일괄하여 보자면, 이들 초기 저작들은 환경에 관한 엄청난 양의 책들, 저널 논문, 보고서, 그리고 뉴스 기사들이 수년에 걸쳐 쏟아져 나오도록 만들었다.[8] 매우 짧은 기간 내에 환경주의는 소수의 관심사에서 벗어나 대학 교과목으로 채택되어 많은 학생들이 수강하기에 이를 정도로 성장했다. 오늘날 과학, 공학, 윤리학, 그리고 관련 분야에서의 환경 교육은 대학에서 풍부하게 이루어지고 있다.

이들 카슨 이후의 환경철학자들의 저작은 혁신적이고 선구적이었지만 그들에게 지적 전례가 없는 것은 아니었다.[9] 수세기 동안 학자들은 현대 저작자들에게 점차적으로 바탕이 될 만한 환경사상의 전통을 발전시켜왔다. 사실 1960년대와 1970년대 동안 신봉되어온 많은 생태사상들은 단지 앞선 환경사상의 현대적인 재서술이었을 뿐이다. 이전 학문의 이 같은 재발견과 현대화는 현대 환경철학자들의 중요한 공헌이었다.

어떤 사람들은 현대 환경주의에 대한 초기의 영향은 고대 철학자들로 거슬러 올라간다고 말하고 있다.[10] 레이첼 카슨 이후의 저작들에 대한 가장 오래된 영향들 중 하나, 이것은 린 화이트의 저작에서 분명히 언급되었는데 중세 아시시(Assisi)의 수도승 성 프란체스코(St. Francis, 1182~1226)의 것이다. 종교적 수도자의 금욕적인 생활을 영위했던 성 프란체스코는 동물, 식물 그리고 모든 창조물에 대해 이해가 깊은 것으로 유명하다. 그의 가장 귀중한 활동 중의 하나는 새들에 대한 설교였다. 그 설교에서 그는 종교적 헌신의 한 부분으로서 자비(慈悲)는 피조물의 복지, 그 자체에 관심을 갖는 것이라고 설명했다. 모든 생명에 대한 그의 감정이입은 이 같은 감동적인 방법과 사랑으로 표현되었고, 어떤 이들은 그를 영감의 모델이자 지구의 미래 생태학을 위한 희망으로 여기기도 한다.[11]

현대 환경사상 학자들에게 지적 기초를 제공했던 대부분의 개개인들은 성 프란체스코보다 훨씬 후에, 대개는 18세기 중엽쯤 영국에서 시작된 산업혁명 중이나 이후에 태어났다.[12] 그 당시 대영제국은 산업혁명으로 인해 급속한 인구 증가와 경제적 변화를 겪고 있었으며, 이것은 학자들로 하여금 공식적으로 자연자원의 지속성과 문명의 종말에 대해 생각토록 만들었다.[13] 1760년쯤 영국의 산업화는 빠른 경제적 팽창을 시작해 약 1830년까지 계속되었다. 초기 영국 산업의 두 가지 주된 자원인 석탄과 철의 생산은 매우 급격하게 늘어났다. 증기 엔진은 처음엔 탄광에서 펌프로 물을 퍼올리는 데 기계 에너지를 제공하기 위해, 나중에 가서는 목화섬유산업을 신속히 확장시킬 수 있는 기계를 작동시키고자 개발되었다. 석탄의 연소로부터 채취되었던 가스가 나중에는 조명을 위한 연료로 쓰이게 되었고, 그 결과 공장들은 밤낮을 가리지 않고 계속해서 생산할 수 있게 되었다.

산업생산력의 증가는 많은 공장과 일자리를 창출한 해외무역에서 경제적인 이익을 영국에 제공했다. 노동자에게 지불된 임금이 현격히 증가한 데 반해 일반 소비자 상품의 비용은 크게 떨어졌다.[14] 대부분의 제조업이 시(市) 중심지에 위치했기 때문에 사람들이 일자리를 찾으러 도시로 몰려들어 도시 인구가 크게 증가했다. 사람들이 점점 더 도시로 집결함에 따라 인구는 가파르게 증가했다. 도시의 이면에 도사린 더러움과 고초에 대한 디킨스적 이미지(Dickensian images)에도 불구하고, 도시화가 유아사망률을 더 낮추고 수명을 늘리는 데 충분할 정도로 생활 여건을 개선시킨 건 사실이어서 사람들은 계속해서 도시로 몰려들었다. 사실 산업혁명은 오늘날까지 계속되는 세계 인구 폭발에 결정적인 역할을 했다.

인구의 급속한 증가와 소비생활 위주의 생활방식의 변화는 뜻하지 않게도 자연자원의 소모와 인류 생존을 위협하는 많은 문제점을 일으켰다. 이 같은 사회적 변화는 또한 지적인 면에서 보다 자유방임적 분위기 속에서 일어나고 있었다. 학자들은 보다 자유롭게 진지하고 논쟁적인 학술 연구에 종사할 수 있었다. 그렇게 해서 이들 초기 연구들로부터 자연자원과 환경과 관련된 인류 운명에 관한 중요한 이론들 중 몇 가지가 나타나게 된 것이다. 다음은 산업혁명의 시대부터 그리고 후에 현대 환경철학자들에 영향을 준 보다 중요한 개개인들과 집단들 중의 몇 사람이다.

토마스 로버트 맬서스 |　　　현대 환경사상에 가장 영향력 있는 공헌자 중 한 사람은 영국의 고전경제학자이며 목사인 토마스 로버트 맬서스 (Thomas Robert Malthus, 1766~1834)였다. 그가 기억되는 것은 주로 농업생산의 감소와 과도한 인구 증가라는 절박한 사회적 결과에 대해 쓴 유명한 1798년 논문에 의해서이다. 맬서스는 늘어나는 인구 자체를 먹이는 데 충분한 식량을 생산할 수 없을 정도로 팽창한 인구는 기아, 질병 그리고 전쟁에 의해서만 억제된다는 불행한 세계관을 피력했다. 이 비참한 가설로 경제학자인 맬서스는 현대 환경 논쟁을 유발하는 데 기여한 바가 컸다.[15]

맬서스주의의 견해에 대한 현대적 해석의 지지자들인 신맬서스주의자들은 오염으로 인한 환경 악화 문제까지 포괄하도록 맬서스가 제기한 문제를 더욱 확장시켰다. '자원 결핍'과 '환경오염'의 결합은 거뜬히 문명을 파괴할 수 있다고 그들은 생각했다. 신맬서스주의자들은 환경 악화와 자원 결핍은 타고난 인간의 성적 특징, 탐욕, 종교의 영향, 신기술, 에너지 엔트로피, 그리고 중요하게도 자유시장경제와 같은 다양한 원인에 기인한다고 생각했다.

많은 신맬서스주의자들은 비록 자유시장경제체제가 환경 악화의 주된 원인은 아닐지라도, 적어도 그 문제의 한 부분이라고 생각했다. 자유시장은 필연적으로 지구를 이용하는 시스템일 수밖에 없다. 투자 자본을 얻기 위해서 기업은 이익을 발생시켜야 하고, 그 이익은 기업의 성장으로부터 온다. 그리고 기업의 성장은 자원 이용을 필요로 하고, 이는 궁극적으로 자원을 고갈시킨다. 이에 따라서 시장경제와 함께 악순환이 시작된다. 칼 마르크스(Karl Marx)와 마찬가지로 신맬서스주의자도 자본주의는 그 자체로 파괴의 씨를 뿌릴 수밖에 없는 시스템이라고 여겼다. 그러나 문명 소멸의 원인이 노동자 계급의 억압에 있다고 생각한 마르크스와는 달리 신맬서스주의자는 인구 증가와 자원 착취를 그 원인으로 보았다.

신맬서스주의 철학자들 중에서도 비관에 대한 정도의 차이는 있다. 극단적인 신맬서스주의자는 전적으로 운명론적이다. 바로잡으려는 어떠한 노력에도 불구하고 희망은 없다. 모든 것이 운명지어져 있는 것이다. 보다 덜 숙명적인 신맬서스주의자가 보기에 치유책이 가능하기는 한데, 그것은 아주 극단적이고 엄격하게 적용되어야 한다. 경제적·정치적 체제를 바꾸거나, 종교적 방향을 바꾸거나, 직접적 비정치적 행동을 취하거나, 개인적인 자유를 빼앗거나, 강제력을 사용하거나, 강제적으로 출산을 통제하거나, 사회적 가치를 바꿀 때만 해결은 가능하다. 재앙을 방지하기 위해 인간이 자발적으로 활동하리라고 믿기는 어렵다.

존 스튜어트 밀 | 　　　　존 스튜어트 밀(John Stuart Mill, 1806~1873)은 유토피아적 사회주의 철학자이며, 1848년 출간된 『정치경제의 원리(Principles of Political Economy)』[16]라는 책에서 정상(안정)상태(定常狀態 또는 安定狀態, sta-tionary state) 경제이론을 전개한 종합적 경제사상가이기도 하다. 그의 이론은 계급경제학자들의 비관주의와 신진 신계급주의 경제학자들의 낙관주의 사이에 지적 교량을 만들었다. 따라서 그의 말에서 양 학파의 요소들을 보는 것은 어렵지 않다. 밀에게 있어서 자원 결핍과 환경 악화의 문제는 불가분하게 연계되어 있었다. 맬서스주의자와 같이 그는 인류가 과도한 인구 증가와 자연

자원의 이용 때문에 인류의 안정적 지속에 대한 여하한 희망을 스스로 파괴할 수도 있다고 생각했다. 동시에 밀은 인류는 자신의 노력을 통해 사회적 재난을 예방할 수 있다는 낙관적인 믿음을 가지고 있었다. 그는 인간은 인구 과잉과 과도한 자원 소비의 자기 파괴적인 길을 회피할 수 있는 본능적인 능력을 가졌다고 생각했다.

밀은 인구와 부(富)의 증가는 영구히 지속될 수 없다고 예견했다. 어느 시점이 되면 안정된 혹은 그의 표현대로 "변동이 없는(stationary)" 상태는 인구와 소비 둘 다 안정화된 곳에 이르게 될 거라는 것이다. 그러나 그는 그 불가피한 것을 지연하는 것은 어떠한 진보도 아니라는 것을 알았다. 생활의 필요를 넘어 이미 충분히 부유하게 된 사람들이 소비 욕구를 채우고자 서로 계속해서 짓밟고 밀치고 뭉개고 할 이유가 없다. 밀은 인간 상태를 개선하기 위해서는 '인구의 안정화', '더 적은 자원 소비', 그리고 '부(富)의 보다 나은 세계적인 분배'가 필요하다고 생각했다.

밀은 정상상태를 이루기 위해서는 사람들이 보다 높은 정신적이고 지적으로 향상된 생활양식을 통해 이행을 추구하는, 보다 단순한 생활을 해야 한다고 주장했다. 따라서 안정적인 경제 상태가 밀에게는 결코 안정적인 인간 개선의 상태를 함축하는 것은 아니었다. 정신문화의 향상과 도덕적·사회적 진보를 위한 공간은 항상 있게 마련이다. 게다가 그는 만약 세상이 과도한 부와 소비를 거부한다면 문화적 개선을 위한 기회는 훨씬 더 많아질 것이라고 생각했다. 밀의 철학은, "단순, 단순, 단순"이 필요하다고 끈질기게 주장했던 그와 동시대 미국 작가 헨리 데이비드 소로와 어떤 정신적 친연성을 갖고 있는 듯하다.[17]

헨리 데이비드 소로 | 　헨리 데이비드 소로(Henry David Thoreau,

1817~1862)는 뉴잉글랜드 양키(Yankee) 지역 출신의 자연을 노래한 시인이자, 일생 동안 엄청난 양의 책과 수필을 쓴 사회비평가였다. 1854년 출판한 『월든, 혹은 숲속에서의 삶(Walden, or Life in the Woods)』은 아마도 그의 가장 유명한 문학작품이고 확실히 현대 환경주의에 가장 큰 영향을 미친 작품이다. 그 책의 토대는 매사추세츠 콩코드(Concord) 가까이에 있는 월든 연못 변두리에 검소하게 꾸민 아늑한 오두막에서 지낸 2년간의 생활이었다. 그곳에서 보내는 동안 그는 친구들과 대화를 나누고, 연못에서 수영도 하고, 고기도 잡았고, 정원도 가꾸고, 책도 읽고, 피리도 불고, 많이 걸었고 그리고 자연을 관찰했다. 자연에 대한 그의 연구는 과학자로서가 아니라 자신이 본 것을 친밀한 인격적 관계로서 즐겼던 시인으로서 행한 것이었다. 따라서 월든 연못에서의 그의 체류는 현대 산업사회의 복잡성과 물질주의가 거부되고 자연 세계와의 꾸밈이 없는 본질적인 것과 보다 밀접한 관계를 가지는 이상적인 삶을 대표하게 되었다.

소로의 작품들은 그의 멘토 랄프 왈도 에머슨(Ralph Waldo Emerson)의 작품들과 함께 19세기 미국의 선험주의(transcendentalism)로서 알려진 철학적·문학적 전통을 대표한다. 선험주의는 직관적 사고 과정으로부터 나온 지식을 중요시하여, 과학과 객관적인 경험이 지식을 발전시키기 위한 기초가 된다는 생각을 거부했다. 선험주의자들은 근본적으로 완전히 야생적인 자연환경 속에서 살고자 도시생활을 거부한 자들이었다. 선험주의자의 글은 햇빛, 맑은 공기, 반짝이는 강, 웅대한 산 그리고 자연과 함께 있는 기회에 대한 인식으로서 낭만적으로 묘사된 창조의 비전을 표현했다.[18]

인격적인 철학을 행했던 소로는 모든 창조물을 자연공동체의 동료나 이웃, 구성원들로 간주했다.[19] 그는 모든 창조물이 죽어 있는 것이 아니라 살아 있다고 느꼈다. 자연은 인류가 자연을 이용하는 것과 관계없이 그 자체의 권리로서 존경과 존엄을 받을 가치가 있다. 그는 "세계의 보전은 야생에 있다 (In wildness is the preservation of the world)"라는 단순하면서 심오한 말로 기억된다.[20] 일생 동안 그는 사상적으로 혼자였고, 그 당시 미국 문학과 철학에 있어서 그의 사상은 독창적이었다.[21] 헨리 데이비드 소로는 오늘날 생태중심사상의 창시자로서, 그리고 현대 환경철학에 중요한 영향을 끼친 사람으로 간주된다.[22]

조지 퍼킨스 마시 | 조지 퍼킨스 마시(George Perkins Marsh, 1801~1882)는 미국 외교관, 학자 그리고 보존주의자로서 1864년에 『인간과 자연, 또는 인간 행위로 변경된 자연지리학(Man and Nature, or Physical Geography as Modified by Human Action)』을 썼다. 이 책은 사회가 자신과 환경이 맺는 관계를 바라보는 기존의 방법을 심대하게 변화시켰다. 마시는 다트머스 대학(Dartmouth College)에서 교육을 받고, 한동안 변호사로 일했다. 그러나 그의 통통 튀는 탐구적 지성은 문학, 응용과학 그리고 외국어 공부에도 발휘되었다. 그는 20개국 언어를 말할 수 있었다. 그는 처음에는 의원으로서 후에는 외교관으로서 생애 대부분을 공직에 봉사했다. 화려한 경력을 가진 덕에 존 퀸시 애덤스(John Quincy Adams), 테디 루스벨트(Teddy Roosevelt), 자체리 테일러(Zachary Taylor) 그리고 에이브러햄 링컨(Abraham Lincoln)과 같은 주요 인사들과 접촉할 수 있었다.

외교 업무를 하는 동안 마시는 터키와 이탈리아에서 근무했다. 그곳에서는 중동과 지중해 지역의 지리학과 농학을 연구할 기회를 가졌다. 그는 연구를 통해 전 역사 속에서 특히 산림 벌채와 같은 인간의 자연환경의 오용에 대한 반복된 유형을 관찰했다. 환경에서 문명의 파괴적인 영향에 관한 그의 축적된 지식이 마침내 『인간과 자연(Man and Nature)』이라는 책에서 요약되었다. 그 책은 그의 견해와 관찰을 포함하고 있을 뿐만 아니라 자연과학에 관한 집합된 지식의 위대한 종합이기도 했다. 마시의 걱정은 팽창하는 인구가 언젠가 지구를 불모로 만들 수도 있다는 것이었다.[23] 자연에 대한 인간 지배의 사고가 신중하고 선견지명이 있었다면 다행일 테지만 역시 인간은 신중하지도 선견지명이 있지도 않다는 것을 그는 알았다.[24] 마시는 지구 자원의 적절한 보호는 궁극적으로 정치적 과정을 통해서 해결되어야 하겠지만, 그 문제의 뿌리는 '도덕적인 문제'에 있다고 믿었다. 그래서 지구 생태의 초기 제창자, 마시는 최초 환경주의자로 불렸다.[25]

신고전주의 경제학자들 | 　　　신고전주의 경제학파의 사상은 비공식적으로 알프레드 마셜(Alfred Marshall, 1842~1924)을 필두로 하는 19세기 후반, 영국 수정주의 경제학자들의 생각을 따른다. 마셜의 신고전주의 경제학은 백 년 정도 인구에 관한 맬서스의 논문과 약 50년 동안 정치경제학에서의 밀(J. S. Mill)의 업적을 추종했다. 고전학파는 그들의 이론을 자연법 철학(the philosophy of natural law)으로부터 끌어냈지만 즉, 인간 삶을 규율하는 천부적으로 부여받은 일련의 법칙에 따른 분별 신고전주의자들은 시장의 모델을 바꾸고 인간의 행위는 수학 그리고 미분학의 형태로 표현했다. 이것은 나중에 학생들이 대학 교실에서 배우는 경제학, 즉 공급과 수요곡선의 경제학 그리고 시장균형 가격과 수량경제학이 되었다. 그것은 모두가 인정하는 고전경제학파의 분명한 이론적 출발이었다.

　　자연자원과 환경의 질은 신고전주의자들에게는 주된 이슈가 되었다. 신맬서스주의자와는 대조적으로 신고전주의자들은 시장 시스템이 자연자원의 고갈과 환경 악화의 원인이었다고는 생각하지 않았다. 실은 잘 기능화된 시장은 그 문제의 해결책이었다. 식량 부족과 환경 악화를 제거하는 것은 신맬서스주의자들에 의해 제안된 치유책들과 비교해볼 때 다소 온건해 보이는, 시장에 근거한 치유책이었다. 엄중한 해결책 대신에 그들은 조세, 보조금, 재산권 분할과 같은 상태(fixes)를 제안했고, 시장 재조정을 통한 해결책을 협의했다. 신고전주의자들은 만약 인간이 인간의 집합적 행동을 유인할 적절한 동기를 얻을 수 있다면, 인간 재능과 적합성을 나타내는 것처럼 보였다. 사회가 새로운 기술을 창출하고 보다 깨끗한 환경을 만들고 풍요한 미래를 만드는 데 필요로 하는 모든 것은 잘 작동하는 시장으로부터의 정보였다.

현대 신고전주의자들은 환경 악화와 자원 결핍 양자가 문제가 되지만, 환경 악화가 문명에 있어서 더 위협적인 것으로 여긴다. 그러나 신고전주의자들은 자원 결핍과 환경 악화 둘 다 적절한 상황이 주어진다면 제거할 수 있다고 보았다. 양자의 존재는 인간이 느끼는 물욕과 탐욕에 의해 움직이는 사악한 인간의 의지 탓이 아니라, 다소 제 기능을 못하는 자유시장체제에 기인한다. 만약 시장 시스템이 올바르게 작동할 수 있다면, 그것은 사회에 적절한 신호를 보낼 것이다. 소비에 있어서 기술적인 조정과 변화는 자원 결핍을 경감할 수 있고, 환경 악화를 제거할 수 있다.

존 뮤어와 기포드 핀쇼 │ 존 뮤어(John Muir, 1838~1914)와 기포드 핀쇼(Gifford Pinchot, 1865~1946)의 공헌을 함께 살펴보는 것은 적절하다. 한때는 친구였지만 후에 환경 문제에 있어서는 서로 반대자가 된 그들은 야생자연환경과 자연자원의 보호에 있어서 사회의 적절한 역할에 관한 다른 관점 때문에 빈번히 대립했다. 존 뮤어는 스코틀랜드 출신의 미국인 자연주의자, 탐험가, 자연보전주의자, 작가이자 시에라 클럽(Sierra Club)의 창시자이기도 했다. 기포드 핀쇼는 펜실베이니아의 주지사를 두 번 지낸 산림전문학자이자 미국 산림청의 초대 청장이었다. 두 사람은 특히 19세기 후반과 20세기

초반에 자연자원정책 분야에서 중추적인 역할을 했다. 이때는 보존운동의 시대였고(1890~1920), 당시 미국은 자유로이 이용할 수 있는 자원을 가진 선진지역과 유한한 자연자원을 가진 개도국을 연결하는 통로로서의 역할을 진지하게 고려하기 시작했다. 뮤어는 인간의 소비로부터 국가 자연자원의 보호를 옹호했던 반면, 핀쇼는 지속적인 인간의 이용과 자원관리를 지지했다.

평생에 걸친 뮤어의 야생자연환경보전에의 헌신은 남북전쟁(1861~65) 징병 기피의 결과로 이루어진 것이었다. 그는 1864년 26세 때 위스콘신 집에서 캐나다 후론(Huron) 호수의 북쪽 야생자연지대로 도망쳤다. 1867년 그는 다시 멕시코 만으로 수천 킬로미터를 걸어다니면서 자연세계를 관찰할 수 있는 기회를 가졌다. 그는 후에 캘리포니아의 요세미티(Yosemite) 계곡과 높은 시에라 산맥을 여러 해 동안 돌아다니며 보냈다. 자연과 함께한 그의 경험은 그로 하여금 자연의 가장 중요한 존재 이유는 자연의 창조자를 위해서이고, 인간은 스스로를 다른 창조물보다 높게 평가해선 안 된다고 믿게 했다. 자연에 대한 그의 존중의 토대는 인간을 포함한 모든 창조물은 독립적이면서 상호의존적인 공동체의 부분이라는 인식에서 비롯한다. 자연의 이 같은 상호관련성이 그로 하여금 다음과 같은 말을 하도록 했다: "우리가 혼자서 무언가를 꺼내려고 할 때, 그것이 삼라만상 다른 모든 것에 연결되어 있다는 것을 알게 된다."[26] 뮤어는 만물이 존재할 천부권을 가졌다고 생각했지만, 그는 또한 미래 인간 세대의 편익을 위해 자연미의 보전을 생각했고, 그것이 그를 국립공원 설립과 사라져가는 야생자연환경을 구하는 주창자로 만들었다.

부유한 가정에서 태어난 기포드 핀쇼는 미국 귀족계급의 일원이었다. 그는 예일 대학을 졸업하고 1889~90년에 아버지의 재촉으로 낭시(Nancy)에 있는 프랑스 국립산림학교에 입학했다. 그는 산림전문 분야에서 공식적으로 교육을 받은 첫 번째 미국인이었다. 핀쇼가 한때 미국 상원의원에 출마한 정치인으로서 화려한 경력을 가졌다고 해도, 그가 가장 좋았던 시절로 기억하는 것은 산림가로서 그리고 보존운동의 선구적인 리더로서 활동했던 때였다. 루스벨트 대통령은 핀쇼를 최초의 미국 산림청장으로 임명했고, 핀쇼는 지도력을 발휘해 미국에 처음으로 국유림을 조성했다. 그는 자연자원의 유일한 목적은 인간의 욕구에 봉사하는 것이고, 인간은 미래 세대를 위해 그들 자연자원을 보존할 의무가 있다고 생각했다. 핀쇼의 관심은 인간의 직접적 관심사와 겹치는 것으로서 자연자원의 생산성을 극대화시키는 데 집중되었다. 산림학자로서 그는 생태적 의미에 대해서는 그다지 주목하지 않고, 오로지 상업목재의 풍부하고 지속적인 공급과 생산만을 추구했다.[27] 핀쇼는 산림은 "장기적인 관점에서의 최대다수의 최대행복이라는 측면에서" 관리되어야만 한다고 말함으로써 영국 철학자 제레미 벤담(Jeremy Bentham)의 공리주의 취지를 충실히 반영했다.[28]

20세기의 처음 10년 동안, 뮤어와 핀쇼는 두 가지 주요 경쟁적인 환경세계관인 자원개발 대 보전으로 상징되는 토론에서 대립각을 세우기에 이르렀다.[29] 그 토론의 주된 논점은 캘리포니아의 요세미티 국립공원 근처에 있는 헤츠 헤치(Hetch Hetchy) 계곡에 댐을 건설해 저수를 하자는 제안이었다. 핀쇼는 샌프란시스코 사람들에게 물을 공급하기 위해 저수의 개발을 지지했다. 뮤어는 헤츠 헤치 계곡은 인공적인 개발 없이 자연 상태로 보전되어야만 한다는 생각으로 그 계획에 반대했다. 결국 핀쇼는 승리했고 댐은 건설되었다 (1923). 두 사람은 그 토론에서 그들의 입장을 역설하면서 강렬하게 투쟁했다. 아마 이 치열한 싸움에 압도적으로 완패한 까닭에 뮤어는 곧 공직에서 은퇴했고, 얼마 지나지 않아 세상을 떠났다.

오늘날 뮤어를 영웅으로, 핀쇼를 환경 파괴범의 역할을 맡은 것으로 생각하기 쉽다. 그러나 당시의 관점에 따르자면, 뮤어는 근시안적인 엘리트 보전주의자 철학의 지지자였고, 핀쇼는 자연자원을 부자들이 아닌 모든 미국인의 삶을 풍요롭게 하는 데 이용되어져야만 하는 일반적인 공공의 정서와 보조를 맞춘 진보적인 보존주의자였다. 오늘날 차 밀러(Char Miller)와 같은 몇몇 학자들은 심지어 핀쇼를 국가의 줄어드는 산림자원을 보존하기 위해 노력했다는 점에서 초기 환경주의자로 보기도 한다.[30]

알베르트 슈바이처 ┃　　　　프랑스 알자스 지방 카이저버그(Kaysersberg)에서 태어난 알베르트 슈바이처(Albert Schweitzer, 1875~1965)는 20세기의 가장 학식 깊은 지식인 중 한 사람이었다. 그는 철학자, 신학자, 의사, 고전음악가, 목사, 선교사 그리고 작가로서 교육을 받았다. 그는 일생 동안 이들 각 분야에 많은 노력으로 성공과 갈채를 향유했다. 그가 최고라고 기억되는 것은 아마도 그의 인도주의적 대의에 따른 것일 게다. 1913년 그는 프랑스령 적도 아프리카(현재 가봉 공화국)에 자기 자신이 설립에 도움을 주었던 병원의 의료선교사로서 헌신했다. 일생을 통해 슈바이처는 자연에 대한 깊은 애정을 가졌고, 그것이 그의 삶에 있어서 강력한 힘이었다. 이러한 생각은 1944년 그의 글에 잘 나타나 있다.

> 내가 어린아이였을 때부터 이미 나는 누구도 그 느낌을 알아채지 못한 자연의 현존 앞에서 황홀경에 빠진 사람이었다. 나는 자연이 위대한 위로자라고 생각했다. 내가 혼란에 빠졌을 때 나는 늘 자연에서 고요함과 평온함을 다시 찾았다. (……) 나는 활동가라고 불린다. 그러나 근본적으로 나는 몽상가이고, 나를 활동가로 만드는 그 힘을 모을 수 있는 것은 공상, 즉 자연과의 생생한 접촉을 회복함에 의해서이다.[31]

슈바이처는 자연을 박애주의적 관심과 결부시켜 생각했다. 그는 1915년에 생을 증진시키고 보전하는 것이 선(good)이라는 중심사상을 가진 생명외경(the reverence for life philosophy)을 선언했다. 슈바이처에게 생은 단순히 인간의 삶을 의미하는 것이 아니라 동물과 식물 둘 다 포함한 모든 생명 형태를 의미했다. 그는 심지어 연구를 위해서 실험 현미경 속의 세균을 죽이는 것조차도 고통스럽다는 것을 깨달았다고 말했다.[32] 생명에 대한 존엄성은 마음의 태도이지 인간이 따라야만 하는 일련의 규칙은 아니었다. 그것은 개개인이 생물체의 가치에 대한 의사결정을 하고 적절히 행동할 것을 요구했다. 이 생철학은 슈바이처에게 자유와 책임감 있는 선택이라는 짐을 동시에 부여했다. 자유는 진정한 생철학이라고 생각되는 것을 따르는 것으로부터 나왔고, 선택의 짐은 생물체의 운명에 관해 특별한 선택을 했을 때, 그가 느꼈던 부단한 죄의식으로부터 나온다. 생명 존중은 모든 것이 관심의 대상이고 어느 것도 하찮은 것이 없기 때문에 지루함이나 우열, 고립 혹은 분리를 허락하지 않는다. 비록 생명 존중이 슈바이처 시대에는 사소한 것처럼 보였을지라도, 레이첼·카슨에게는 중요했고, 그래서 그녀는 『침묵의 봄』에서 슈바이처에게 헌사를 바쳤다.

알도 레오폴드 │　　　알도 레오폴드(Aldo Leopold, 1886~1948)는 아이오와 주 벌링턴(Burlington)에서 태어났다. 그는 1909년 예일 대학 삼림학부를 졸업했고, 그 후 19년을 미국 산림청 공무원으로 일했다. 그 중 14년을 미국 남서부에서 일했는데 그곳에서 그는 최초의 산림청 야생동물관리와 옥외 레크리에이션 프로그램들 중의 몇 가지를 개발하는 데 기여했다. 1924년부터 1928년까지 그는 위스콘신 메디슨에 있는 산림청 임산물연구소 부소장으로 재직했다. 연방관료라는 직업에 싫증이 났기 때문에 그는 결국 사임하고 1933년 위스콘신 대학의 야생동물관리학 교수가 되었다. 그러한 직위가 만들어진 것은 이때가 처음이었다. 그는 생을 다할 때까지 그 일에 종사했다.

그는 일생 동안 생태, 보존 그리고 환경관리에 관한 철학적 통찰력을 제공하는 수많은 감동적인 에세이를 썼다. 가장 유명한 에세이 중 하나인 「산처럼 생각하기(Thinking Like a Mountain)」는 공리적인 삼림가로부터 환경 시민으로의 자신의 전향에 관한 것으로서 마음에 강하게 호소하는 이야기를 담고 있다. 이 에세이는 레오폴드가 남서부 생활 중 야생조수관리 활동의 일환으로 늑대들이 사슴을 죽이는 것을 방지하기 위해 총을 쏘던 것에 관한 실제적인 에피소드이다. 레오폴드는 치명적인 부상을 당한 암컷 늑대가 죽기 바로 직전에 다가가서 늑대의 눈에서 죽어가는 "야생의 푸른 불꽃"을 보았다. 그는 "나는 그때 젊었고", "그리고 방아쇠를 당기고 싶은 갈망으로 가득 찼다; 나는 늑대 수가 적어지면 사슴 수가 늘어나고, 늑대가 없어지면 사냥꾼의 낙원이 될 것이라고 생각했다. 그러나 죽어가는 푸른 불꽃 눈을 본 이후에는 나는 늑대와 산, 둘 다 그런 생각에는 동의하지 않는다는 것을 느꼈다."라고 썼다. 소로를 인용하면서 그는 계속해서 말하기를 " 세상의 구제는 야생자연환경에 있다. 아마 이것이 늑대의 신음 속에 있는 숨은 의미이고, 산속에서는 오랫동안 알려져 있었지만 인간에게는 좀처럼 인지되어 있지 않은 의미이다."[33]

확실히 알도 레오폴드의 에세이 중에 가장 영향력 있는 것은 「토지윤리(The Land Ethic)」였다. 이 책은 그의 사후에 출판되었으며, 그 중에는 "모래땅의 열두 달 그리고 이곳저곳의 스케치(A Sand County Almanac and Sketches Here and There)"라는 에세이가 포함되어 있다. 종종 인용된 글귀에서 레오폴드는 "오로지 경제적인 문제로서 온당한 토지이용에 관한 조용한 사색, 무엇이 경제적으로 합당한지뿐만 아니라 무엇이 윤리적으로 그리고 심미적으로 옳은지의 관점에서 각각의 물음을 조사하고, 사물은 그것이 생물공동체의 본래의 상태, 안정성, 그리고 아름다움이 보전될 때 옳은 것이다. 그렇지 않은 경우 그것은 그른 것이다."라고 썼다.[34] 현대 환경주의에 있어서 그의 토지윤리가 갖는 의미는 인간에 의해서 소유될 수 있는 어떤 가치와는 관계없이 자연생태체계 본래의 상태에서 천부적 가치를 토지가 가진다는 관점이다. 레오폴드는 인간은 그들의 욕구를 만족하기 위해 땅을 이용할 수 있다는 생각에 동의했다. 그러나 땅은 인간이 원할 수 있는 어떤 방법으로 이용되거나 오용될 수 있는 대상은 아니었다. 레오폴드의 생각은 인간과 땅 사이의 조화로운 관계의 하나였고, 그 조화로움 안에서 토지는 도덕적 지위를 받을 만한 가치 있는 공동체로서 다루어졌다.[35]

현대 환경사상의 토대에 대한 지금까지의 요약은 12세기 성(聖) 프란체스코(St. Francis)의 작품에서 시작했고, 제2차 세계대전 직후 알도 레오폴드의 저작과 함께 매듭지어졌다. 이 흐름은 십수 년이 지난 뒤 레이첼 카슨의 『침묵의 봄』 출판으로 이어진다. 초기 철학자들의 생각은 지구 환경 문제에 있어 원인과 해결에 관한 다양한 견해들의 배열을 이루고 있다. 환경학자들은 종종 이들 분산된 생각들을 보다 단순하게, 보다 응집된 전체로 통합하고자 시도해왔다. 그 중 한 지배적인 견해는 다양한 환경철학들이 생태중심주의(ecocentrism)와 인간중심주의(anthropocentrism)로 알려진 두 영역의 철학으로 나뉠 수 있다는 것이다.[36]

생태중심주의는 생태적, 지구 중심적 세계관을 강조한다. 생태중심주의의 뿌리는 19세기 낭만주의 선험주의자에게서 나왔으며 특히 소로, 뮤어 그리고 레오폴드의 사상에서 두드러진다. 생태주의는 세계가 원래 인간이 침범하기 전까지 자연 평형상태를 유지하고 있었다고 주장한다. 그 이후로 생명의 네트워크는 결국 세상 자체를 파괴로 이끈 연속적인 퇴행적 붕괴를 통해서 해체되었다.

생태중심주의는 자연법 앞에서 지구에 대한 존중과 돌봄, 그리고 인간의 겸허한 행동을 역설한다. 그것은 과시적 소비, 대형화 그리고 도시화를 비난한다. 생태중심주의는 생태적 원칙에 입각한 행태적 성향의 신봉자를 요구한다. 최근에 생태중심주의의 본래적인 철학적, 도덕적 운동이 급진적 정치와 행동주의의 초점이 되었다. 이론적으로 생태중심주의는

- 인간 욕구보다 자연과 생태의 한계에 토대를 둔 도덕적 행위 성향을 지지하고
- 경제발전을 위한 돌진(drive)의 억제를 찬성하고
- 그들은 비대중적 견해를 가진 소수집단을 지원함으로써 특히 민주주의 원리의 적실성을 문제시한다.
- 그리고 무법 상태로 인한 극단적 환경 악화를 고치도록 권한다.

생태중심주의의 반대적 철학인 인간중심주의는 여하한 모든 인간 행위는 정의상 인간 중심적이라는 견해를 고수한다. 그러므로 생태적 권리의 시스템을 고려하려는 인간의 어떠한 시도도 불가능하다. 왜냐하면 그것은 인간적 가치의 맥락 안에서만 이루어질 수 있기 때문이다. 인간중심주의는 인간, 기술, 도시 그리고 정치 · 경제 체제의 발전을 찬양한다. 환경은 도덕적 입장 없이 중립적인 실체로 간주되고, 인간은 자신들의 목적을 달성하기 위해 환경을 이용할 수 있는 것이다. 인간중심주의의 기원은 인간을 자연으로부터 분리한 선사 이전에 그 흔적을 찾아볼 수 있고, 거의 12,000년 전 마지막 빙하시대 말기의 농업 출현기와 일치한다. 인간중심주의의 철학적 뿌리는 땅을 정복하고 생물을 지배하고 다산해 번성하라는 성서의 명령에서, 그리고 특히

핀쇼와 더불어 여러 신고전주의 경제학자들의 생각에서 볼 수 있다. 이론적으로 인간중심주의는

- 사회 목표의 감성적인 평가보다는 합리적이고 객관적인 평가를 지지하고,
- 최소의 노력으로 최대의 물질적 성과를 산출하려고 시도하는 관리적·경제적 효율을 장려하고,
- 자연의 과정을 이해하고 통제하는 인간 능력에 대한 믿음과 낙관을 갖는 반면,
- 자연에 대한 경외심, 존중심 혹은 도덕적 책무를 견지하지 않는다.

인간중심주의 대 생태중심주의라는 분류는 환경사상을 특징짓는 데 단순하고 간편한 수단을 제시한다. 사실 어떤 학자들은 생태중심주의와 인간중심주의의 분류는 본질적으로 환경의 질을 개선하기 위한 현실적 투쟁이라 정의한다.[37] 그러나 이 엄격한 범주 구별에는 어느 정도의 인위성이 있다. 오늘의 현실적 삶에 있어서 환경 세계관의 경계가 훨씬 더 흐려졌다.[38] 가령 개개인이 어느 정도 생태적인 이념을 지지하면서 동시에 인간 중심적인 사상의 어떤 요소들을 지지하는 것은 실제로 가능하다. 사실 조지 퍼킨스 마시는 엄격한 의미에서 인간중심주의자이지만, 그 역시 『인간과 자연』에서 지구 생태에 대한 중요성을 말하고 있다. 따라서 우리는 세계를 두 그룹으로 갈라 하나는 나쁘고 다른 것은 좋다는 식으로 엄격히 구분하려는 유혹을 피해야만 한다. 이것은 단지 환경적 견해를 달리하는 것과, 서로를 이해하고 상호 조정할 수 있는 기회를 최소화하는 사이에서 가능한 공통의 토대를 은폐하는 데 기여한다.

환경정책에 있어서 이해와 조정에 대한 탐색이 이 책의 참된 주제이다. 이것은 레이첼 카슨이 『침묵의 봄』에서 주창했던 것이다. 그녀는 결코 모든 농화학약품에 대한 전면적인 금지를 지지하지 않았다. 대신 그녀는 대립적 환경관을 서로 이해하도록 하는 접근 방식, 즉 인간과 자연 사이의 '조정(accommodation)'을 옹호했다.[39] 휴머니티에 대한 도전은 가능한 환경적 입장의 배열을 검토하고, 급진적이고 반동적인 것을 피하며, 인간의 욕구와 환경적 순수성에 대한 존중 둘 다 조정하는, 극단적인 생태중심주의와 극단적인 인간중심주의 사이의 실행 가능한 중립적 입장을 선택한다.

다음 2장은 1962년에서 1970년대 중반 바로 이전과 그 기간 동안 미국의 사회경제적 환경을 살펴본다. 이 기간 동안 미국은 마치 영국의 산업혁명과 맞먹을 정도로 극적인 변화를 경험했다. 이들 변화하는 사회경제적 상황에 대한 인식은 현대 환경주의의 발전을 완전히 이해하는 데 있어서 중요하다. 사회경제적 상황에 대한 계속되는 토론은 레이첼 카슨의 『침묵의 봄』의 장(章)과 뒤에 나온 환경 저자들에 있다. 이 저자들은 연대순으로 제시했고, 독자들에게 동일한 순서로 이들 업적을 탐색하도록 했다. 이 책은 '환경 철학자들의 시대를 지나서'라는 일견으로 결론짓는다. 현대 환경주의의 초창기 몇 년의 중요한 업적들을 연구함으로써 환경에 대한 관심을 가진 독자들, 정책입안자, 교수, 학생 그리고 시민은 환경사상을 보다 잘 이해하고 인식할 수 있을 것이다.

| 주석 |

1. 해리스(Harris) 여론조사기관에서 2000, 2003, 그리고 2004년 동안 공공의제로 보고된 내용을 여론 조사하였다 _유형=환경(2005년 1월 24일 입수).

2. Sale, *Green Revolution*, p. 1.

3. 학자들은 대체로 현대 환경 시기를 『침묵의 봄』 출간으로 시작되었다는 데 동의한다. 그러나 다양한 명칭들이 환경주의가 현저한 사회적 문제로 되었던 1960년대와 1970년대 기간에 적용되었다. 가령, 스타이거는(환경주의 시대) 그것을 그의 책 제목을 "환경주의 시대"(the age of environmentalism)로 기술하면서 언급했다. Hays는(아름다움, 건강과 영속성, p. 39) 그것을 "환경시대"(the environmental era), Sale은(녹색혁명, p. 1), "환경혁명"(the environmental revolution), Worster는(자연의 경제, p. 333) "생태학의 시대"(the age of ecology), Sessions는(21세기 심층생태학) "생태혁명"(the ecological revolution)으로 불렀다.

4. Fisher and Peterson, "Environment in Economics," p. 1.

5. 교과서들은 대체로 주요 환경 주제를 인구 성장, 자연자원, 그리고 환경오염으로 올렸다. 예를 들어, 밀러(Miller)의 『환경 속의 생활(Living in the Environment)』을 볼 것.

6. Hays(*Beauty, Health and Permanence*, p. 27), Pepper(*Root of Modern Environmental-ism*, p. 19)와 같은 학자들은 또한 현대 사회운동으로서 환경주의를 확립하는 데 1960년대와 1970년대의 사건들의 중요성을 인정하였다.

7. Rubin, *Green Crusade*, p. 20.

8. Hays, *Beauty, health and Permanence*, p. 1.

9. Worster, *Nature's Economy*, p. 350.

10. Sessions, *Deep Ecology for the 21st Century*, p. 159.

11. Sorrell, *St. Francis of Assisi and Nature*, p. 145.

12. Ashton, "Some Statistics of the Industrial Revolution," p. 237.

13. de Steiguer, *Three theories from economics*, p. 552.

14. Ashton, "Some Statistics of the Industrial Revolution," pp. 249-50.

15. Sessions, *Deep Ecology for the 21st Century*, p. 163.

16. Daly, *Toward a Steady State Economy*, p. 12.

17. Thoreau, *Walden, or Life in the Woods*, p. 66.

18. Pepper, *Roots of Modern Environmentalism*, p. 81.

19. Nash, *Rights of Nature*, p. 37.

20. Sessions, *Deep Ecology for the 21st Century*, p. 165.

21. Nash, *Rights of Nature*, p. 37.

22. Sessions, *Deep Ecology for the 21st Century*, p. 164.

23. Ibid., p. 165.

24. Nash, *Rights of Nature*, p. 38.

25. Sessions는 『21세기를 위한 심층생태학 (Deep Ecology for the 21st Century)』 165페이지에서, 로드릭 내시(Roderick F. Nash)를 최초의 환경주의자로서 마시(Marsh)와 동일시한다.

26. Nash, *Right of Nature*, pp. 39, 40.

27. Worster, *Nature's Economy*, p. 269.

28. de Steiguer, "Can Forestry Provide 'the Greatest Good of the Greatest Number?,' ". 22.

29. Des Jardins, *Environmental Ethics*, p. 45.

30. 『기포드 핀쇼와 현대 환경주의의 형성(Gifford Pinchot and the making of Modern Environmentalism)』이라는 제목을 가진 그의 수상전기(受賞傳記)에서, 차 밀러(Char Miller)는 핀쇼를 인권옹호자는 물론 저명한 초기 환경보전주의자로서 묘사한다. 밀러의 묘사는 이전의 저작자들의 것과는 참신하며 아주 다르고, 그는 아주 종종 핀쇼를 엄밀히 말하자면 정치적으로 능숙한 실용주의적인 임학자로 간주했다.

31. Brabazon, *Albert Schweitzer*, p. 27.

32. Ibid., pp. 242, 255.

33. Quoted in Meine, *Aldo Leopold*, pp. 458-59.

34. Ibid., p. 503.

35. Des Jardins, *Environmental Ethics*, pp. 191, 192.

36. 오리어던(O' Riordan)의 환경주의, pp. 1-19, 생태중심주의(ecocentrism)와 인간중심주의(anthropocentrism)에 대한 아주 훌륭한 비교를 담고 있다.

37. 가령, Sessions의 『21세기를 위한 심층생태학』에서 "생태중심주의와 인간중심주의적 우회(Ecocentrism and the Anthropocentric Detour)"를 보라.

38. O' Riordan, *Environmentalism*, p. 2.

39. Carson, *Silent Spring*, p. 296.

02
2차 세계대전 후 사회경제적 상황

『침묵의 봄』, 그리고 이 책과 관련된 저작들은 대중으로부터 환경에 대한 지속적인 관심을 이끌어내는 데 기여했다. 세계의 인구 증가, 과도한 자원 소비, 그리고 오염에 대한 충격적인 효과를 담은 메시지는 십분 효과를 발휘했다. 그러나 2차 세계대전 후 미국의 변화하는 사회경제적 상황이 대중으로 하여금 그 메시지를 쉽게 받아들이도록 한 것도 사실이다.[1]

1960년대와 1970년대는 참으로 미국 역사에 있어서 사회적으로 가장 소란스러운 시기 중 하나였다. 그것은 전통적인 사회 가치에 대한 광범위한 파괴, 권위에 대한 의심, 그리고 물질주의와 소비 중심의 라이프스타일에 대한 거부의 시기였다. 이피(Youth International Party: Yippie)의 리더이자 그 자신 스타일의 혁명주의자였던 제리 루빈(Jerry Rubin)이 1969년에 쓴 다음의 글이 보여주듯이 이러한 태도는 젊은 중산층에게서 가장 분명하게 나타났다.

이피의 혁명은 대중에 의한 서구세계의 모든 제도에 존재하는 권위의 파괴, 반란, 총체적인 아나키즘으로 시작되었다. 장발족, 흑인, 무장한 여인들, 노동자, 농부와 학생들이 그것들을 접수할 것이다. *(중략)* 백악관은 음식과 집과 모든 것을 자유롭게 나누는 하나의 거대한 공동체가 될 것이고, *(중략)* 국방부는 상류용주정모함(LSD)의 실험장으로 대체될 것이고, *(중략)* 사람들은 오전에 농사를 짓고, 오후에 음악을 하고 그리고 그들이 원하면 언제, 어느 곳에서든지 성교를 할 것이다. 미국은 거대한 'Yippieland love' 바다에 있는 한 작은 이피의 섬이 될 것이다. *(중략)* 돈은 똥이다. 돈을 불태우고, 물건을 약탈하고 슬쩍하는 것이 여러분들을 열광시킬 수 있다.[2]

이 기간 동안 일어난 사회경제적 변화는 현대 환경운동에 있어서 중요하고 불가분한 부분이었다. 환경의 관심은 아주 빈번히 서로가 서로를 강화하는 데 기여하면서 1960년과 1970년대의 다른 주요한 이슈들과 엮이게 되었다. 본 장(章)은 2차 세계대전 후, 미국의 주요한 사회경제적 변화들을 살펴보고 현대 환경주의의 발전에 그것들이 어떻게 영향을 미쳤는지 설명한다.

1960년에 접어들어서 미국은 국가의 성격을 완전히 바꾸게 된 몇 가지의 주요한 현상들에 직면했는데, 그것은 냉전, 민권운동, 베트남 전쟁, 성장하는 물질적 풍요와 미국인의 소비문화, 야외 레크리에이션에 대한 관심 증가 그리고 미국 사회에 있어서 증가된 청년 문화의 영향[3] 등이다. 이들 각각의 요소들은 전통적 가치에 대한 의구심을 부추겼다. 그러한 의구심으로부터 일반 국민이 불공평하고 부당하며 시대에 뒤떨어진 사회정책이라고 인식한 것을 변화시키고자 한 압력이 생겼다. 모든 국가 리더십의 형태에 대한 불신이 증가하고 있었으며 정치, 군사 그리고 기업을 막론하고 그 불신의 많은 부분이 베트남 전쟁에 대한 정부의 대응으로부터 시작되었다. 냉전과 핵무기의 경쟁은, 기술이 엄청난 이익을 가져다주는 동시에 또한 엄청난 규모의 지출을 동반한다는 생각을 낳게 되었다. 미국의 민권운동은 시민 권위에 반대하는 강력한 항의에 대한 모형을 제공했다. 미국인의 향상된 풍요가 그들에게 항의할 수 있는 여유를 주었다. 미국인의 야외 활동이 점차 증가하면서 환경에 대한 관심도 고양되었다. 그리고 성장하고 있는 미국의 청년문화는 사회 변화를 압박하는 강력하고 열정적인 힘을 제공했다.

이들 문제들의 역사적인 발전을 검토하기 위해서는 『침묵의 봄』이 출판되기 30년 전인 1932년부터 살펴보는 것이 좋을 것이다. 당시 미국의 인구는 현재 수준의 절반에 못 미치는 1억 2,400만 명이었고, 노동인구의 20%가 여전히 농장에서 생활하고 있는 농경적 성격을 유지하고 있었다. 미국은 그 당시 큰 불경기로 역사상 가장 혹독하고 오래도록 지속된 경제적 침체기를 맞고 있었다. 경제는 1920년대의 호황기를 거쳐 빠른 속도로 맨 밑바닥까지 곤두박질쳤다. 국민총생산(GNP)은 연 평균 10% 비율로 떨어졌다.[4] 농업이나 그 외 다른 분야에서도 4명의 노동자 중 한 명은 실업자가 되었다. 국가가 운영하는 공장에서는 실업이 37%만큼 올라갔다. 제조업은 54% 정도 떨어졌다. 월가(Wall Street)의 산업주식은 침체 전 주가(Pre-Depression Value)에 비해 80%가 떨어졌다. 경기침체는 모두에게 영향을 미쳤다 — 백만장자, 공장노동자 그리고 농민 모두에게 똑같이 — 미국의 지속적인 번영의 약속이 산산이 부서졌기 때문에 루스벨트 대통령(F. D. Roosevelt)은 뉴딜 프로그램으로 경기회복을 자극하도록 시도했다. 불행히도 정부 프로그램은 침체된 경제를 소생시키는 데는 충분치 못했다. 그것은 2차 세계대전이 일어남으로써 성취될 수 있었다.

1939년쯤 유럽의 전쟁은 미국에서의 순조로운 경제회복을 일으키기 시작했다. 실업률은 공장들이 영국에 대한 충당된 전쟁물자의 주문을 서서히 채워나감으로써 17%로 향상되었다. 1941년 12월 8일, 미국은 진주만 폭격을 감행한 일본에 전쟁을 선포했다. 12월 11일, 독일과 이탈리아는 미국에 대해 선전포고했고, 그로 인해 전쟁은 총력전 체제로 돌입했다. 군인과 그들의 가족뿐만 아니라 미국 사회 전체가 전쟁에 빠져들었고, 산업생산력은 전쟁의 호황기를 맞아 향상되었다. 병든 환자로부터 희생적 산업역군으로 변신한 미국의 모습은 놀라운 것이었다. 1939년에 미국은 남녀 35만 명이 군복무를 했으나, 1945년엔 전체 군 병력이 1,230만 명으로 35배 증가했다. 미국은 2,500대의 비행기와 760척의 배로 전쟁을 시작했다. 4년 후에는 국가 민간노동자가 비행기 30만대, 배 12만 4,000대, 탱크 10만대, 트럭 200만 4,000대, 탄약 410억 만개 그리고 4억 3,400 톤의 철강을 건조했다.[5]

전쟁이 끝날 때쯤에 미국과 연합군은 현대전쟁에서 결코 목격할 수 없었을 정도의 파괴력으로 독일과 일본을 쳐부셨다. 미국 전쟁수행위원회(War Production Board)의 의장인 도날드 M. 넬슨은 "전쟁의 과정은 우리의 적에 대한 체계적으로 계획된 냉혹한 섬멸이었다고" 논평했다.[6] 명백히 미국은 승리했다. 그것은 군대만의 승리가 아니라 민간노동자의 승리이기도 했다. 사실, 승리는 민간 개개의 희생과 국민 전체의 열정적인 참여 없이는 불가능했었다. 애국심, 정의, 능률성, 그리고 힘은 미국인의 정신 속에 살아 있었다. 국가지도자들의 연설은 이것을 더욱 강화시켰다. 육군대장 아이젠하워(Dwight D. Eisenhower)는 "전선에서뿐만 아니라 산업생산에서도 미국의 기록은 우리의 역사를 영원히 담을 수 있는 것이다"[7]라고 말했다. 루스벨트 대통령은 미국을 "민주주의의 훈련장"[8]이라고 불렀다.

종전 이후 1945년부터 1962년 기간 동안, 미국은 매년 GNP가 약 2.4%씩 정도 꾸준히 증가하는 지속적인 경제성장의 시기를 경험했다. 화려한 경제성장률 너머에는 개인적 소비 지출 패턴의 근본적인 변화가 있었다. 음식과 의복 같은 생필품에 소비된 가계수입의 퍼센트가 53%에서 33%로 떨어졌다. 이와 대조적으로 새 자동차와 같은 사치품에 대한 전형적 가계수입의 상승 비율은 약 6%에서 13%로 두 배 이상 올랐다. 새로운 기술에 대한 수용은 — 예컨대 텔레비전 — 아마 소비자 상품에 있어서 미국인의 새로운 소유 열정을 나타내는 적절한 예였다. 상업방송의 첫 해인 1946년에는 단지 몇 천 대의 TV만 존재하였다. 바로 10년 후인 1956년, 미국 가정에는 1억 명의 시청자에 이르는 3,400만 대의 TV가 있었다. 퇴역군인들은 새로운 연방교육과 가정–구매 지원 프로그램의 도움으로 풍요에 대한 그들의 기회를 향상시켰다. 이들 프로그램의 여세로 성년 1,000명당 대학 학위 수여자 수가 약 50명에서 225명으로 늘었다. 새 집의 수는 1945년 326,000에서 1962년 1,469,000 가구로 네 배 이상 늘었다. 1962년경 인구는 1억 8,600만 명으로 증가했고, 노동인구의 7% 정도가 농촌에 살았다. 실업은 매년 평균 약 4% 정도로 그리 많지 않았다.

　　미국 국민의 향상된 풍요로움은 또한 야외 레크리에이션에 대한 관심을 증가시켰다. 보다 많은 여가 시간과 주(州)를 횡단하는 빠른 이동성을 보장하는 주간(州間) 고속도로 시스템을 갖춤으로써, 미국인들은 이전보다 더 자주 국립공원, 국가산림, 야생자연지역을 방문하고 탐험할 수 있었다. 이 새로운 여가 활동은 사람들이 단순히 여가를 소모하는 것이 아니라 자연과 함께 상호작용하기를 원한다는 의미에서 사냥과 낚시와 같은 전통적인 야외활동과는 많은 부분 달랐다. 많은 미국 사람들은 현재 하이킹, 배낭을 지고 가는 산행, 통나무배 타기, 래프팅, 캠핑, 자연학습 그리고 사진촬영에 참가하고 있다.[9] 자연세계에 대한 이 같은 관심의 증가는 미래 세대뿐만 아니라 현재 세대를 위한 훌륭한 야외 여가 경험을 확보하기 위해 새로운 연방입법 제정의 압력을 가했다. 몇 가지 결의된 입법 사례를 들자면, 1964년의 야생보호법(Wilderness Act), 1968년의 국가 트레일 시스템법(National Trail Systems Act), 그리고 1968년의 "야생 및 강(江) 경관법(Wild and Scenic Rivers Act)" 등이 있다.

불황 이후로 미국은 분명히 보다 많은 도시화, 보다 나은 교육, 더 많은 풍요가 이루어졌고, 점차적으로 소비 지향적인 사회가 되었다. 불황기와 2차 세계대전으로부터 억제된 욕구는, 미국이 15년 이상 절제에 대한 보상을 받게 됨에 따라 폭발하기 시작했다. 그러나 그 풍요로운 생활에는 심각한 국내외의 긴장이 혼재되어 있었다. 전쟁을 치른 직후 미국은 분열된 동유럽 국가들에 공산주의 정부를 수립하고자 한 소련과 군사적 갈등을 겪었다. 소련의 태도는 미국의 이익에 배치되었고, 또한 피지배민의 자결(自決)의 원칙에도 어긋나는 것이었기 때문에 두 국가는 1989년 소비에트 연방이 붕괴될 때까지 냉전으로 돌입하여 지속적으로 정치적 투쟁을 벌였다.

핵무기는 냉전 기간 동안 양 국가에 있어서 해외정책의 중심 초점이었다. 장거리 탄도미사일이 제조된 것은 공격을 위한 것이었다기보다는 원칙적으로 방어를 위한 전략에 의한 것이었다. 각국은 핵 미사일로 다른 국가와 경쟁했고, 그 결과 지속적으로 군수공장이 늘어났다. 1950년대 냉전 핵무기 경쟁은 이치에 맞지 않는 국가 분위기를 조성했다. 시민들은 그들의 마당에 원자폭탄 대피소를 팠고, 연방정부 기관들은 대중 피난을 위한 계획을 수립했으며, 임박한 죽음을 경고하는 공습경보기가 마을마다 설치되었고, 특별 라디오 방송이 주기적으로 시민방어 실험경보를 내보냈다. 공립학교에서는 어린이들이 핵공격 시, 무엇을 해야 하는가에 대한 훈련을 받았다. 이 모든 활동은 미국인들이 핵폭탄에 의한 대학살의 위협과 함께 살아야 하는 상황에서도 새롭게 찾은 풍성한 과일을 즐기려고 애쓰는 일종의 블랙 유머와 같은 것이었다.

"핵폭탄"에 관한 국가적 망상증에도 불구하고, 미국인들은 미래를 위해 과학과 기술에 지나친 믿음을 걸었다. 어쨌거나 2차 세계대전 동안의 승리는 이것들의 공이 컸다. 1950년대의 주요 국제과학의 발단은 국제지구물리학의 해(IGY)였다. 18개월간의 지구에 대한 집중적인 과학적 연구는 1957년에 시작되었고, 해양의 깊이와 대기의 높이를 탐구하는 다양한 공동 프로젝트에 약 67개국으로부터 수천 명의 과학자들이 참여했다. IGY의 놀라운 한 사건인 'Sputnik 1호' 우주선 발사는 미국인들에게 충격을 주었을 뿐만 아니라 동시에 냉전 긴장을 강화시키기도 했다. 1957년 10월 5일에 소련은 직경 23인치의 알루미늄 구(球)를 지구 궤도에 올렸다. 한 달 뒤 그들은 라이카(Laika)라는 이름을 가진 갯과(科) 동물의 승객을 태운 다른 위성을 발사했는데, 이때는 벌써 치열한 우주경쟁이 진행 중이었다. 여전히 2차 세계대전 성공에 심취해 있던 미국 국민들은 기절할 지경이었다. 미국이 자체 우주선을 우주에 올려놓는 데는 불과 1년 반이 걸렸을 뿐이지만, 국가적 자존심의 측면에서 미국의 세계 리더십은 크게 흔들렸다.

1945년부터 1962년 기간 동안에는 국내의 긴장 역시 고조되었다. 대다수의 미국인들이 성장경제의 편익을 향유하고 있었을 때, 소수의 중요한 사람들은 지속적으로 배척을 당했기 때문에 불만이 점점 쌓여가고 있었다. 미국 흑인에게는 1870년에 노예를 금지하는 헌법 13조 채택 이후, 법 아래 자유와 평등이 보장되어 있었다. 그들은 아이러니컬하게도 미국 문화에 대한 크나큰 기여와 전시 기간의 노력에도 불구하고 실제로는 사회적·경제적 평등 어느 하나도 얻을 수 없었다.

1940년대 이후 인종 지위 향상을 위한 국가협의회, 국가도시연맹, 그리고 인종평등위원회 등과 같은 여러 조직들이 변화를 가져오고자 시위를 벌여왔지만, 거의 성공하지 못했다. 1945년에 캔자스 주 토페카 브라운 교육위원회(Brown v. the Board of Education of Topeka, Kansas)에서 미연방대법원은 차별적 교육시설은 그 자체로 불평등하며 따라서 위헌이라고 판결했었다. 그러나 흑인에 대한 사회 상황의 변화는 즉시 나타나지 않았다. 그것은 느릿느릿, 고통스럽게, 끊임없는 소송과 끈기, 그리고 폭력으로 성취되었다. 1957년에 마틴 루터 킹(Martin Luther King Jr.)은 조지아 주 애틀랜타에 남부 기독교인 지도자협의회를 조직해 전통적으로 인종 차별이 가장 가혹하다고 생각되었던 미국 지역에서 민권운동을 일으켰고, 평화적 지도자로서 그 운동의 선두에 섰으나 저격당했다. 루터 킹이 비폭력을 주창했음에도 불구하고 평등을 위한 투쟁은 계속되었고, 이는 미국 대중 사이에 큰 분열을 일으켰다. 인종적 정의와 평등을 위한 미국 흑인의 요구는 1962년 무렵이 되자 점차 불쾌하고 공격적이 되었다.

1962년 베트남에 대한 미국의 간섭은 심하지 않았다. 그러나 그후 6년 동안 미국은 동남아시아에 거의 55만 명 규모의 군대를 주둔시켰고, 베트남은 의심할 여지 없이 의회, 대통령, 그리고 미 국민이 직면한 가장 알력을 일으키는 문제가 되었다.

제2차 세계대전 동안, 일본은 당시의 베트남, 캄보디아, 그리고 라오스 등이 속해 있던 프랑스 인도차이나(French Indochina)를 점령했다. 1945년 일본의 패배 이후 베트남의 군대는 독립공화국 지역임을 선포했다. 프랑스는 이러한 움직임에 대응해 무력으로 그 지역을 재탈환하고자 했다. 미국은 프랑스의 노력에 지속적으로 재정적 지원을 하였으나, 1954년 프랑스는 결국 패배했고 인도차이나를 포기했다. 그때 베트남에는 남쪽과 북쪽에 각각 공화정과 공산정부가 세워졌다. 1956년 "도미노 이론(domino theory)"에 위기를 느낀(즉, 만약 한 국가가 공산주의화되면 그 주변국들도 곧 그렇게 될 것이다) 미국은 남베트남에 760명의 군원조병을 주둔시켰다. 1962년경에는 군원조병의 수가 16,000명으로 늘어났다. 대부분의 미국인들은 처음에는 공산주의 팽창을 저지하기 위한 것이라며 이를 지지했다. 미국 정부가 취한 정책 입장으로, 대부분의 시민들은 그 전쟁을 독재적인 저질 공산주의 국가를 반대하는 하나의 정당한 대의라 생각했다. 그러나 1973년에 그 전쟁에 관한 여론은 극적으로 바뀌었다. 총체적으로 인간 생명과 전비 지출의 측면에서 손실이 컸던 무기력한 전쟁에 좌절하여, 그리고 대의의 도덕성에 관한 의구심 때문에 미국인들은 프랑스인들이 거의 20년 전에 겪었던 것처럼 베트남을 떠난다는 것이 불안했다.

1960년대에 2차 세계대전 후 미국에서의 풍요로운 생활의 궁극적인 상징이었던 소비중심주의는 비판을 받고 있었다. 소비자 보호를 중요한 공공문제로 이끄는 데 가장 공헌한 사람은 하버드 출신의 변호사 랄프 네이더(Ralph Nader)였다.[10] 네이더는 1965년 『어떤 속력에서도 불안전함(Unsafe at Any Speed)』이라는 책을 썼는데, 이 책에는 결함 있는 디자인은 교통사고와 상해의 우선적인 원인이라고 쓰여 있다. 그 다음 해에 네이더는 미국 의회에서 자동차의 안전성을 테스트했다. 이러한 노력을 통해서 그는 미국 소비자 보호에 대한 공중의 커다란 관심을 불러일으켰다. 게다가 그는 때때로 소비상품에 대한 대중의 끝없는 욕구를 꾸짖는 국가 대변인인 양 행세했다. 네이더의 활동은 또한 음식과 의약품, 천연가스 파이프관의 안정성, 방사선 위험통제, 조세개혁, 건강 보호, 그리고 보험률과 같은 다른 영역에 대한 소비자의 관심을 이끌어냈다. 1968년에 그는 대학생들을 모아 '네이더 레이더스'라는 그룹을 만들어 자신의 활동을 돕도록 했다. 수많은 소비자보호 활동을 하는 중에도 네이더 레이더스는 정부 규제기관과 그들이 감시를 맡고 있는 법인 회사들 사이의 관계를 철저히 감시했다. 네이더의 노력으로 1972년에 연방소비자생산안전위원회가 탄생했고, 이 위원회는 결함이 있는 위험한 생산품에 관한 대중의 불만을 조사하는 책임을 맡았다. 그의 활동은 또한 많은 다른 민간 소비자 조직들을 탄생시켰고, 그 조직들은 후에 의회에서 소비자 이익을 대표하는 300개 이상의 조직 집단으로 이루어진 미국 네이더 중앙소비총연맹으로 통합되었다.

이러한 폭발 직전의 사회적 문제 때문에 레이첼 카슨의 『침묵의 봄』이 출판되었던 그 해는 미국이 지금껏 경험한 것 중 가장 혼란스러웠다. 이 시기에 세 명의 유명한 인물 — 존 케네디, 로버트 케네디, 그리고 마틴 루터 킹이 암살되었다. 냉전과 핵무기 경쟁의 압력은 베를린 장벽 건설과 쿠바 미사일 위기와 같은 사건들로 한층 더 격화되었다. 시민권운동은 흑표범단(Black Panthers)과 흑인 무슬림(Black Muslims)과 같은 집단의 성장으로 점점 더 공격적이 되었다. 베트남 전쟁은 미국의 군사적 개입의 필요성과 정당성에 관해 다양한 사회계층 간에 깊은 균열을 낳게 했다. 이 모든 사회적 반목은 개개인의 물질적 풍요가 향상되는 동안에 일어나고 있었다. 1962년과 1970년 사이에 GNP는 제2차 세계대전 이후 가장 높은 연간 4.2%의 성장률을 보였다. 실업은 전후 기간 동안 가장 낮은 수준으로 떨어졌다. 개인의 소비지출과 신축 가옥은 1960년대를 지나 1970년에 접어들면서 계속해서 기록을 갱신했다.

1962년부터 1970년 중반 기간은 특히 대학에 나이 든 젊은이들이 의심받지 않았던 사회의 전통적 목표와 관례에 대해 항의하기 시작했던 때로 기억된다. 베트남 전쟁과 더불어 환경주의에 학생들의 관심이 우선적으로 집중되었다. 어떤 학자들은 이들의 항의가 근본적으로 그들 부모의 가치와 철학에 대한 반동이었다고 말했다.[11] 이들 젊은이들은 부모 세대가 대공황과 2차 세계대전 동안 겪었던 개인적, 사회적 희생을 거의 알지 못했다. 그들은 대개 농장에서 힘들게 일해본 적이 없는 풍족한 도시민들이었다. 그러나 젊은이들은 한편으로는 대체로 물질적 풍요로 편안했지만 다른 한편으로는 사회적으로 불의라 여겨졌던 전쟁인 베트남전에 의무적으로 징병되는 위협에 직면했다. 대마초 같은 약의 실험적 사용과 LSD와 같은 환각제가 중산계층의 아이들에게 널리 퍼졌다. 세 명의 젊은 음악 스타들 — 재니스 조플린(Janis Joplin), 지미 헨드릭스(Jimi Hendrix), 그리고 짐 모리슨(Jim Morrison)은 약물 중독으로 혹은 그렇게 의심받는 원인으로 죽었다. 이것이 우드스톡(Woodstock)과 물병자리의 시대(the Age of Aquarius)였고, "환약(the pill)", 섹스의 자유, 히피와 "히피족의 구호(flower power)"의 시대였다. 코넬에서 버클리까지, 미국에서는 전쟁, 인종불평등 그리고 핵무기에 반대하는 대학의 격렬한 시위가 계속되었다. 1970년 5월 4일 주방위군 병사가 전쟁을 반대하는 4명의 시위자를 죽였고, 오하이오에 있는 켄트 주립대학에서는 9명이 부상당했다. 10일 후에 두 명 이상의 시위 학생들이 미시시피에 있는 잭슨 주립대학에서 죽었다.

1960년대와 1970년대의 커다란 사회적 불안의 한가운데에서 어떤 사람들은 혁명적 변화를 이야기했다. 소수의 사람들에게 이것은 감지된 사회적 불공평을 고치는 수단으로서의 폭력적 혁명을 의미했다. 다른 사람에게는 그 혁명은 비폭력적 변화의 하나였다. 1970년 찰스 라이히(Charles Reich)는 『미국을 녹색화하기』에서 그 시대에 걸맞는 멜로 드라마조의 감상으로 혁명을 다음과 같이 표현했다.

혁명은 오고 있었다. 그것은 과거의 혁명과 같지 않을 것이다. 그것은 개인과 함께 문화와 함께 일어날 것이며, 그것은 혁명의 최후 행동으로서 정치적 구조를 바꿀 것이다. 그것은 성공하기 위해 폭력을 필요로 하지 않고, 폭력에 의해서 성공적으로 저지될 수도 없다. 그것은 지금 놀라울 정도로 빠르게 확산되고 있고, 이미 우리의 법, 제도 그리고 사회적 구조는 그에 따라 변하고 있다. 그것은 보다 높은 이성, 더욱 인간적인 공동체, 그리고 새롭고 자유로운 개인주의를 약속한다. 그것의 궁극적인 창조는 새롭고 지속적인 완전함과 아름다움일 것이다. 그것은 나 자신과 다른 사람들, 자연과 땅에 대해 새로워진 관계가 될 것이다.[12]

라이히에 따르면, 미국이 혁명을 필요로 하는 것은 다음에 열거한 사회문제들에서 기인한다.

- 모든 주요한 사회제도에 내재한 무법과 부패
- 미국의 풍요 속의 빈곤
- 환경 파괴
- 민간 부문의 무기력함
- 미국 문화의 인위성
- 지역공동체의 결여
- 자아상실[13]

그러나 이 혁명의 타도 대상은 분명히 규정되지 못했다. 이전의 혁명은 대개 전제군주 혹은 폭압적 정부에 반대하는 것이었다. 1960~1970년대의 폭동은 단순히 '시스템' 즉 현대 미국인의 가치와 라이프스타일에 대항하는 것이었다. 작가 솔 알린스키(Saul Alinsky)는 1971년 『급진주의자를 위한 규칙(Rules for Radicals)』이라는 책에서 이러한 혁명을 초점은 없지만 강렬한 혁명적 열정이라고 표현했다.

오늘의 세대는 필사적으로 그들의 삶과 세계로부터 어떤 의미를 만들려고 애쓰고 있다. 그것들은 대부분 중산층의 산물이다. 그들은 자신들의 물질적인 배경, 보다 좋은 보수를 받는 직업이라는 목표, 교외의 집, 자동차, 컨트리 클럽의 회원, 일등석 여행, 높은 지위, 안전 그리고 그들의 부모에게는 성공을 의미했던 모든 것을 거부해왔다. ……그들은 앞서 말한 성공을 의미하는 모든 것이 자신들의 부모를 신경안정제, 주정, ……이혼, 고혈압, 궤양, 좌절 그리고 풍요로운 삶에 대한 환멸감으로 몰아가는 것을 목도해왔다. 그들은 부모 세대가 지도력을 스스로 무너뜨리는 바보짓을 보아왔다…… 그들에게 오늘날 우리의 지도자들은 모두 경멸적으로 비쳤다. 이 부정주의는 경찰과 법정에서부터 그 시스템 자체에 이르는 모든 제도들에 퍼져 있다.[14]

찰스 라이히와 솔 알린스키의 글은 현존하는 사회제도에 변화를 가져오고자 하는 필사적인 몸부림과 동요, 감상주의를 간취해내고 있다. 그때는 실로 커다란 사회적 대변동, 부정할 수 없는 변화, 사회적 불의의 시대였다. 그때는 또한 대중의 관심이 부분적으로 환경에 초점이 맞추어지기 시작한 때였다. 이 시기는 환경철학자들의 언어와 사유를 자극하는 절호의 시기였고, 그리고 그 모든 것이 레이첼 카슨의 고전적 저작 『침묵의 봄』과 함께 시작되었다.

| 주석 |

1. Hay, *Beauty, Health and Permanence*, p. 13.
2. Quoted in Howard, *The Sixties*, p. 2.
3. Pepper, Roots of Modern Environmentalism p. 16; Hays, *Beauty, Health and Permanence*, pp. 13, 3; Pepper, *Roots of Modern Environmentalism*, 17.
4. 이 장에서 제시된 경제적 통계는 미 역사통계표(*Historical Statistics of the United States*), 조사국으로부터 확보되었다.
5. Nelson, *Arsenal of Democracy*, p. ix.
6. Ibid.
7. Ibid.
8. Cooke, *America*, p. 338.
9. Hays, *Beauty, Health and Permanence*, p. 115.
10. Ibid., p. 304.
11. Pepper, *Roots of Modern Environmentalism*, p. 15.
12. Reich, *Greening of America*, p. 4.
13. Ibid., pp. 6-9.
14. Alinsky, *Rules for Radicals*, p. xiv.

03

레이첼 카슨의 『침묵의 봄』

다음은 "내일을 위한 우화(A Fable for Tomorrow)"라고 제목이 붙은 『침묵의 봄』 제1장에서 발췌한 글이다.

옛날 미대륙의 한 가운데에는 모든 생명체들이 주위 환경과 조화를 이루며 사는 한 마을이 있었다. 그 마을은 바둑판 모양으로 늘어진 번성한 농장들 한 가운데 있었다…… 그곳에선 가을이면 흰 뭉게구름이 푸른 들판 위를 떠다녔다…… 그런데 어느 날 이상한 어두운 그림자가 그 지역 위를 슬며시 뒤덮었고 모든 것이 변하기 시작했다…… 이상한 정적이 흘렀다…… 백색의 입상 분말이…… 마치 눈처럼 지붕과 잔디밭, 들판과 개울 위에 떨어졌다. 어떤 마법이나 적의 습격이 이 무참해진 지역을 침묵 속에 빠뜨린 건 아니었다. 사람들 스스로 그렇게 한 것이었다. 이 마을은 실제로는 존재하지 않는다…… 그러나 이런 재난들

하나하나가 모두 실제로 어디에선가 일어난 적이 있다.[1]

금세기에 출판된 책들 중에서 『침묵의 봄』만큼 여론에 심대한 영향을 미친 책은 아마 없을 것이다. 저자─생물학자인 레이첼 카슨(Rachel Carson)이 약 5년에 걸쳐 집중적으로 행한 연구의 산물인 이 책의 주요 장(章)들은 처음에는 1962년 6월 잡지 『뉴요커』에 시리즈 형식으로 연재되었다. 책 발매가 시작된 건 9월 17일이었고, 11월경 『침묵의 봄』은 비소설 부문 베스트셀러 1위에 올랐다. 1963년 1월경 이 책은 150만 권 이상 판매되어 타의 추종을 불허하는 베스트셀러가 되었고, 이내 미국 외 16개국에서 출판되었다.

이 책의 엄청난 상업적 성공은 물론 이 책이 담고 있는 놀랄 만하고 논쟁적인 메시지, 즉 자연 환경이 화학약품에 의해 오염되어왔고, "사람들이 자신이 그렇게 한 것이었다"[2]라는 메시지 때문이었다. 그 쟁점은 전혀 새로운 것이 아니었다. 이미 이전에 몇몇 과학자들이 여기저기서 농화학약품의 부주의한 사용이 야기하는 위험에 대해 언급한 바 있었다. 그러나 유능한 연구가이자 재능 있는 한 작가가 그 메시지를 전하고 나서야 비로소 세계는 그 문제를 심각하게 받아들였다. 『침묵의 봄』에서 레이첼 카슨은 보다 높은 농업 생산성에 대한 인간의 요구가 스스로 파멸을 자초하게 될 거라는 신맬서스주의적 대재앙의 무시무시한 가능성을 대중에게 보여주었다.

일찍이 1945년에 레이첼 카슨은 살충제 살포에 대한 우려를 표현했고, 심지어 『리더스 다이제스트(Reader's Digest)』에 그 주제에 관한 기사를 게재하려고 시도하기까지 했으나 성공하지 못했다. 다른 과학적 연구에 진력하면서 수년이 흐른 뒤인 1958년, 그녀의 친구이자 동료 작가인 올가 오웬스 허킨스(Olga Owens Huckins)로부터 한 통의 편지를 받았는데, 여기서 허킨스는 결국 레이첼 카슨이 강력한 공적 발언을 하지 않으면 안 될 거라는 확신을 갖고 있었다. 편지는 매사추세츠 주의 카운티 두 곳에서 모기 방제를 위해 DDT를 공중 살포하면서 초래된 끔찍한 부작용을 허킨스의 부인이 직접 목격했다고 전하고 있다. 메뚜기, 꿀벌 그리고 "부리를 벌리고 살포된 발톱을 가슴에 갖다 댄 채 고통스러워하는" 새들이 DDT 살포로 죽었지만, 정작 모기는 아무런 영향도 받지 않았다.[3] 다른 학자들로 하여금 무분별한 화학물질 사용의 위험성에 대한 책을 저술하게 하려 한 레이첼 카슨의 초기 시도들이 열매를 맺지 못하자, 그녀는 스스로 그 도전적인 프로젝트에 착수했다.

어떤 점에서 레이첼 카슨은 환경 화학오염과 같은 잠재적 폭발력이 큰 문제를 떠맡기에 완벽한 자격을 갖춘 사람으로 보였다. 그녀는 과학 분야의 대학원 학위가 있었고, 다년간 정부기관 생물학자로 근무한 적이 있으며, 또 자신의 이름으로 3권의 베스트셀러를 출간한 인상적인 저술 업적도 갖고 있었다. 그러나 다른 한편 그녀는 목소리 큰 영리적 농업 기업가들과의 싸움을 감당할 수 없을 것처럼 보였다. 가냘픈 체격의 레이첼 카슨은 새 관찰, 애완용 고양이 그리고 몇몇 친구들과 함께 하는 것을 즐거워하는, 말씨가 상냥한 은퇴 여성이었다. 그녀 자신의 고백에 따르면, 그녀는 페미니스트 운동 같은 당시의 다른 주요한 사회 이슈들에 결코 관여한 적이 없었다고 한다. 해양에서의 핵폐기 처리의 위험성에 대해 간략하게 언급한 『우리를 둘러싼 바다 (The Sea around Us)』의 1961년판 서문을 제외하고는 그녀는 환경 문제에 대해 강한 입장을 취한 적이 없었다. 아마 투쟁가라기보다는 온화한 학자라고 할 수 있었지만, 그녀는 그럼에도 불구하고 굳은 결의를 갖고 그 일에 착수했다.

농화학약품들이 환경에 미치는 영향에 관한 서적의 연구, 저술에 관련된 문제들은 시작부터 만만한 일이 아니었다. 카슨은 아직 발표되지 않은 연구 정보를 얻기 위해 수많은 전문가들과 서신 교환을 했다. 산더미 같은 출판

문헌들이 있기는 했지만, 그것들 중 많은 것은 구하기 어려웠고, 인간, 동물 및 식물에 대한 영향을 다룬 적용 범위도 일정치 않았다. 연구의 어려움 외에도, 다른 중요하고 더 개인적인 문제들이 있었다. 카슨이 연구를 시작한 지 얼마 되지 않아 그녀의 어머니가 타계했다. 두 사람은 함께 살며 매우 친밀한 관계에 있었기 때문에 어머니의 죽음은 그녀에게 커다란 상실이었다. 게다가 그 죽음으로 인해 여섯 살배기 조카 손자 로저 크리스티(Roger Christie)를 양육하는 짐을 그녀가 졌다. 결혼한 적은 없었지만, 카슨은 그녀의 조카딸이자 로저의 어머니인 마조리가 죽은 뒤 1957년에 어린 로저를 입양했다. 이런 가족 문제들 외에, 레이첼 카슨 자신이 이 시기 동안에 독감, 관절염에 따른 고초, 궤양, 포도상구균 감염을 포함해 끊임없는 질병들로 고생했다. 결국, 1960년의 유방암 재발로 그녀는 기껏해야 앞으로 수년밖에 살지 못할 거라는 시한부 선고를 받았다. 그래서 카슨은 1962년의 『침묵의 봄』을 출간하기까지 맹렬한 속도로 작업했다. 과학 지식과 노련한 글쓰기의 결합이 가져온 결과는 실로 대단했다.

　『침묵의 봄』은 만연해 있는 무분별한 농업 살충제 사용에 주로 초점을 맞추고 있고, 부차적으로 제초제와 살균제 문제를 살피고 있다. 이 책의 가장 중요한 논점은 이런 합성 화학약품이 제2차 세계대전 중에 처음 도입된 이래 약 500여 가지의 관련 화합물들이 자연 환경 속의 달갑지 않은 생물을 인간이 통제하기 위해 개발되었다는 것이다. 이 신기술을 적용하려는 야심과 이익에 대한 탐욕이 살충제 사용이 생태에 어떤 영향을 끼치는가에 대해 숙고하는 능력을 무참히 짓누르며 달려 나갔다. 얼마나 오랫동안 환경 속에 잔류할지 또는 그것들이 인간과 실험조사 대상이 아닌 곤충들, 그리고 다른 동물들에게 어떤 영향을 미칠지에 대한 연구 자료가 거의 전무한 상태에서 삼림지역, 농업지역 그리고 심지어 도시지역에까지 화학약품들은 살포되었다.

『침묵의 봄』은 더 나아가 일반 대중들이 살충제의 잠재적 위협에 대해 대체로 무지하다고 주장했다. 사람들은 실제 증거도 없이 아무런 위험 요소도 없다고 단언하는 정부기관 및 일부 과학자들에게 속은 채 살충제가 안전하다고 믿고 있었다. 심지어 과일, 야채와 같은 소비재의 살충제 오염에 대해 정부가 부과한 최대 허용치조차도 터무니없는 것이었는데, 왜냐하면 인체의 화학물질 축적 경향에 대해 거의 알려진 바가 없었기 때문이다.

처음부터 끝까지 이 책은 부주의한 화학물질 이용의 위험들을 보여주는 수많은 연구 결과와 목격자 증언을 제시한다. "새는 더 이상 노래하지 않는다(And No Bird Sings)"라는 제목의 장에 수록된 한 이야기는 먹이사슬을 통해 발생할 수 있는, 살충제 축적에 잠복해 있는 위험에 대해 경고한다. 1954년 조지 월러스(George Wallace) 교수와 그의 대학원 제자 존 메너(John Mehner)는 이스트랜싱 시의 미시간 주립대학 주변 유럽울새 개체군을 조사하기 위한 연구 프로젝트에 착수했다. 같은 해에 느릅나무 수피(樹皮) 좀벌레(느릅나무 입고병 균의 매개체)와 모기 방제를 위해 DDT 살포 프로그램들이 그 캠퍼스 주위에서 시행되었다. 거의 즉시 사람들은 죽어 있는 그리고 죽어가는 울새를 목격했지만, 당시 그 문제는 그냥 무시된 채 지나치는 것처럼 보였다. 그러나 1957년 후반경에 월러스와 메너는 몇 년 전만 해도 수백 마리씩 있던 새끼울새들이 거의 존재하지 않는다는 것을 발견했다. 일리노이 자연사 서베이(Illinois Natural History Survey)의 로이 바커(Roy Barker) 박사가 마침내 울새들의 죽음의 수수께끼를 풀어냈다. 바커는 DDT가 나뭇잎들에 축적되었고, 그 후 이 나뭇잎들이 땅에 떨어져 토양을 부패시켰다고 단정했다. 그 오염된 나뭇잎 찌꺼기를 지렁이가 섭취했고, 차례로 울새들이 이 지렁이들을 먹었다. 개개의 지렁이들은 단지 미량의 DDT를 함유하고 있었지만, 새들이 매일 많은 수의 지렁이를 먹으면서 치명적인 수준의 독이 새들의 몸 안에 쌓여갔다.

"불필요한 파괴(Needless Havoc)"라는 장에서 카슨은 살충제의 대량 사용은 "과학적인 문제뿐만 아니라 도덕적" 문제도 일으킨다고 암시하는 일화를 들려준다.[4] 그 사건은 알풍뎅이(Japanese beetle, 미국에서는 농작물·잔디 등의 해충)를 박멸하기 위해 DDT보다 50배 더 치명적인 화합물인 디엘드린(dieldrin)을 공중 살포하기로 한 일리노이 주 농무부의 결정에 대한 것이다. 1954년부터 1961년 사이에 셸든(Sheldon) 읍 주위 131,000에이커 규모의 땅에 살포가 이루어졌는데, 이는 믿을 수 없을 정도의 파괴적인 부작용을 발생시켰다. 디엘드린은 얼룩다람쥐(ground squirrel), 여우다람쥐(fox squirrel), 꿩, 울새, 들종다리(meadowlark)와 찌르레기(starling)를 거의 멸종시켰고, 사향쥐(muskrats), 토끼, 고양이를 죽게 했으며, 소들을 병들게 했다. 많은 동물들이 너무나 폭력적인 죽음을 맞았는데, "죽은 얼룩다람쥐들은…… 인상적인 모습으로 죽어 있었다…… 머리와 목은 길게 축 늘어져 있었고, 죽어가면서 흙을 퍼먹고 있었음을 암시하는 듯 입가에는 진흙이 묻어 있었다."[5] 그 장은 "그런 고통을 살아 있는 생물에게 초래할 수 있는 행위를 묵인하는 우리 중 누가 과연 인간으로서의 명예를 주장할 수 있을까?"[6]라는 통렬한 질문으로 끝난다.

살충제 대량 살포에 반대하는 시민들의 권리에 대한 정부의 오만과 무감각이 "공중에서 무차별적으로" 장에 기술되어 있다. 1956년 미국 농무부는 매미나방(gypsy moth) 박멸을 시도하면서 펜실베이니아 주, 뉴저지 주, 미시간 주 및 뉴욕 주의 삼림과 도시지역 백만 에이커에 DDT를 살포하기 시작했다. 분노한 시민들이 살포를 중단시키려고 했지만 정부 관리들은 그들의 항의를 철저히 무시했다. 1957년, 정부는 그 프로그램을 롱아일랜드의 인구 밀집 지대를 포함한 300만 에이커로 확대했다. 일군의 시민들이 법원에 중지명령을 요청했으나 거절당했고, 그리하여 그들은 다시 한번 DDT에 흠뻑 젖고 말았다. 마침내 미합중국 연방대법원 소송이 제기되었는데, 비록 대법원이 사건 심리를 기각하기는 했지만, 그 사건은 정부의 사유재산권 무시에 대해 전국적으로 주의를 환기시키는 계기가 되었다.

같은 장에서, 카슨은 이제까지 행해졌던 최대의 대량 살포 프로젝트 중 하나였던 농무부의 불개미(fire ant) 박멸 프로그램을 기술한다. 쏘는 듯이 물기 때문에 이름이 그렇게 붙여진 불개미는 1950년대 말경에는 미국 남부 대부분 지역에 서식하던 외국산 해충이었다. 불개미는 비록 성가시기는 했지만 인간, 가축, 야생생물 또는 식물 등에 심각한 위협을 가하지는 않는 것으로 알려져 있었다. 그럼에도 불구하고 그 프로그램을 판매상의 큰 횡재로 여겼던 살충제 제조업체들의 강력한 지지를 얻은 농무부는 1958년에 살포를 시작했다. 사용된 화학약품은 디엘드린과 헵타클로르(heptachlor)였고, 둘 다 DDT보다 몇 배 더 강력한 것이었다. 그 다음 여러 해에 걸쳐, 남부 전역의 야생생물, 조류 및 농장 동물들의 중독 현상에 대한 신뢰할 만한 수많은 보고들이 나왔다. 조지아 주의 한 수의사는 아마도 가장 놀랄 만한 발견을 했다: 송아지들이 어미 모유로부터 나온 헵타클로르로 병들고 있다는 것이었다. 아이러니하게도 그 살포는 불개미 개체군에는 거의 아무런 영향도 주지 않고 있었다. 가령 루이지애나 주는 그 프로그램이 시작되기 전보다 더 많은 에이커에서 불개미가 들끓고 있다고 보고했다. 결국 9개 주, 2천만 에이커에 살포되고 난 후인 1962년에 불개미 박멸 프로그램은 많은 비용을 소비하고도 손실을 낳은 비효율적인 실패로 끝났다.

『침묵의 봄』은 토양, 지표수, 지하수, 염소(salt marshes), 하구 등등의 오염을 비롯해서 자연 환경에 인간이 야기한 화학물질 위협의 거의 모든 측면에 관한 장(章)들과 이야기들을 수록하고 있다. 그러나 아마도 가장 도발적인 장들은 문제의 인간적 차원을 다룬 장들일 것이다. "보르지아 가문의 꿈을 넘어서(Beyond the Dreams of the Borgias)", "인간의 대가(The Human Price)", "좁은 창을 통해서(Through a Narrow Window)"와 "네 명 중 한 명(One in Every Four)" 등의 장들은 화학물질에의 노출이 인간의 건강에 미칠 직접적이고 장기적인 영향에 대해 소개한다. 위험은 영리적 농업에서 사용되는 살충제에만 존재하는 것이 아니라(우리가 먹는 모든 음식에는 많은 염화탄화수소가 들어 있다)[7] 집 안과 정원에서 직접적으로 사용되는 것들에도 존재한다. 이 장들은, 신체 비만 조직 내에 축적된 독소경향, 상당한 화학물질의 발암성, 유전자 돌연변이를 야기할 수 있는 몇몇 화합물 등 당시 일반 대중에게는 낯선 많은 놀라운 개념들을 제시한다. 카슨은 "인간의 생물학적 경험의 일부가 아닌 화학적, 물리학적 약제들에 대한 평생 노출의 결과를 예측한다는 것은 절대로 불가능하다."[8]고 주장했다.

"자연의 반격(Nature Fights Back)", "밀려오는 비상사태(The Rumblings of an Avalanche)"와 "다른 길(The Other Road)"이라는 제목이 붙은 마지막 세 장은 무분별한 살충제 사용은 해충을 통제할 자연 본유의 강력한 능력을 해친다고 주장한다. 파괴적인 곤충들은 자연도태를 통해 살충제에 대한 내성을 갖게 되고, 동일한 독극물로 포식동물이 줄어듦에 따라 그들의 수는 이전보다 더욱더 빠르게 증가한다.

해충방제 문제의 실행 가능한 유일한 해결책은 "다른 길" — 생물학적 방제 및 해충 불임화(不姙化, 斷種 insect sterilization)와 같은 다른 덜 위협적인 기술들을 병행한, 보다 안전한 화학약품의 선택적이고 신중한 사용 — 이라고 카슨은 주장한다.[9] 카슨은 완전한 화학 살충제 금지를 지지하지 않았지만, 이 사실은 대체로 그녀의 혹평가들에게 아무런 감흥도 주지 못했다. 결론적으로, 이 책은 자연을 지배하려는 인간의 오만한 시도가 가공(可恐)할 무기들을 지구를 향해 돌려놓았고, 그 과정이 바로 생명체계를 허무는 것이었음을 엄중히 경고하고 있다.

『침묵의 봄』은 화학약품의 무책임한 사용뿐만 아니라 그 사용자들에게도 도전했다. 카슨은 주 및 연방 농업기관, 주립 농업대학교, 영리적인 식품업 및 농업 업자, 화학물질 제조업자 그리고 곤충학 전문가들을 숨김 없이 비판했다. 이런 도전에 대한 반응은 신속하며 가혹했다. 한 기자가 아주 서술적으로 언급했듯이 "탄환이 명중한 곳에서는 깃털이 흩날리는 것이다(큰 소동이 일어난다)."[10]

사실 소동은 이 책이 발매되기 전에 시작되었다. 『뉴요커』 기사들에 대한 반응으로 엄청난 편지들이 의회, 농무부와 내무부, 공중위생국, 식품의약청 등에 밀물같이 밀려들었다. 주요 농화학약품 제조사인 벨시콜 주식회사(Velsicol Corporation)는 휴턴 미플린 출판사(Houghton Mifflin Company) 사주를 고소하겠다고 위협했다. 책이 출판됨에 따라 맹공의 속도는 빨라졌다. 화학약품업계와 농업계 잡지들은 『침묵의 봄』이 페스트와 기아가 창궐하는 중세시대로의 회귀를 주장한다고 비난하는 논설과 기사들을 실었다. 농업 정기간행물들은 (관계자들에게) 대중들을 상대할 때 카슨을 비난하는 데 도움이 될 만한 것들에 대해 게재했다. 심지어 영향력 있는 미국의학협회조차도 염려하는 환자들을 살충제 위험에 대한 가장 좋은 정보원천이라며 화학물질업자 협의회에 직접 보냈다.

레이첼 카슨 저작의 편집책임자이자 전기(傳記) 작가인 폴 브룩스(Paul Brooks)는 『침묵의 봄』에 대한 광적인 공격은 화학 및 농업 업자들이 그 책을 바로 자신들의 존재에 대한 직접적인 위협이라고 느꼈기 때문이라고 생각한다. 브룩스는 다음과 같이 말했다.

그녀의 반대자들은—정말로 그러했는데—그녀가 독극물의 무분별한

사용뿐만 아니라 자연계에 대한 산업기술사회의 근본적인 무책임을 문제시하고 있다는 것을 깨달아야만 했다. 그녀는 자연 훼손이 "진보"의 불가피한 대가라는 전제를 받아들이기를 거부했다. 그녀가 밝혀낸 사실들은 아주 끔찍한 것이었지만, 정말로 위험하고 반드시 제압되어야 하는 것은 그 사실들의 이면에 도사린 사고방식이었다.[11]

그러나 『침묵의 봄』의 메시지에 대한 비판의 목소리가 크고 지속적이었다고 해도, 그것은 사회의 비교적 작은 부문으로부터 나오는 소리였다. 화학 및 농업 업자들과 대립한 대중언론과 선출직 공무원들은 레이첼 카슨이 적어도 진지하고 통찰력 있는 논의를 할 가치가 있는 본질적 문제를 표면화시켰다는 것을 깨달았다. 살충제 남용에 관한 정부의 입장에 관해 질문받았을 때, 존 F. 케네디 대통령은 1962년 8월 29일 기자회견에서, "카슨 양의 책"이 출판된 후로 농무부와 공중위생국은 그 문제를 면밀히 검토 중이라고 말했다.[12]

대중언론의 호의적인 보도와는 현격히 대조적인 것은 『타임』지의 1962년 9월 18일자 기사였다. 매우 혹독한 논조로 『타임』지는 레이첼 카슨이 "독자들을 공포로 몰아넣으면서 자극하고 있고", 또 "감정을 부추기는 말들"을 사용한다고 비난했다. 그들은 『침묵의 봄』이 "불공평하고 일방적이고 히스테릭"하다고 말했다. 그 기사는 『침묵의 봄』에서의 그녀의 감정적이고 부정확한 분출은, 그녀가 사랑하는 것들을 위해서는 유익한 것을 아무것도 하지 못하는 반면, 비전문가인 대중들을 놀라게 함으로써 보다 많은 해를 끼칠 수 있다."고 결론짓는다.[13]

『타임』지 기사에서 제기된 것과 같이, 부정확하다는 비난은 연구자가 받을 수 있는 비난 중 가장 뼈아픈 것이다. 그것들은 부조리(不條理)가 있음을 혹은 더 나쁘게는 진실의 왜곡이 있음을 암시하는데, 이 둘 다 과학계에서는 도덕적 죄악에 해당하는 것이다. 그녀의 진실성을 의심하는 것 외에도 비판가들은 여러 방식으로 레이첼 카슨에게 인신공격을 가했다. 그녀는 "공산주의자", "자연의 여성사제(a priestess of nature)", 그리고 "신비교의 광신자" 등의 별명으로 불렸다.[14] 그녀를 알고 있던 사람들에게 그녀가 비과학적이고 감정적인 논객이라는 주장은, 그 책을 읽고서 어떻게 그런 결론에 도달할 수 있는 것인지 도무지 이해하기 어려울 정도로 너무나 거리가 먼 말이었다. 실로 레이첼 카슨의 성격을 왜곡한 그림자는 그녀에 대한 기존의 평가와는 아주 상치되는 것이었다.

처음에는 어린이로서 후에는 전문 직업여성으로서, 레이첼 카슨은 인생의 과업들을 헌신적으로 임했다. 그녀는 이처럼 진지한 연구에 대한 관점을 집에서 배웠다. 1907년 5월 27일에 출생한 그녀는 피츠버그에서 수킬로미터 밖에 안 떨어진, 펜실베이니아 주 스프링데일이라는 작은 도시의 한 농장에서 언니, 오빠와 함께 성장했다. 부동산업에 잠깐 손댔던 그녀의 아버지 로버트는 가족에게 편안한 생활을 제공했지만, 그것은 결코 풍요로운 삶의 방식은 아니었다. 그러나 그녀 자신이 교육받은 여성이자 목사의 딸이었던 레이첼의 어머니 마리아의 노력에 크게 힘입어, 좋은 양육 환경을 갖춘 가정생활이 물질적인 부의 부족을 대신했음이 분명하다. 친근한 격식이 카슨 가족들 사이에는 존재했는데, 레이첼의 가까운 어릴 적 친구 한 사람은 카슨 식구들을 "지적"이면서 "매우 교양 있는 사람들"이라고 흥미롭게 묘사했다.[15] 카슨에게 커다란 영향을 끼친 어머니는 다소 과잉 보호적이기는 했지만 매우 다정했고, 레이첼이 평생 문학과 자연을 사랑하며 살도록 가르쳤다.

공립학교 시절 레이첼 카슨은 조용하지만 우수한 학생이었고, 책 읽기를 좋아했고 지적 성장이 빨랐다.[16] 인간관계에 있어서는 그녀는 홀로 있는 것을 즐기지만 왠지 모를 호감이 가는 유형이었다고 전한다. 그러나 확실히 카슨의 초년기에 가장 암시적인 사건은 작가로서의 탁월한 자질을 드러낸 것이었다. 그녀는 열 살이 되었을 때 용돈을 벌고자 당시 유명한 아동잡지 『St. 니콜라스』에 3편의 수필을 발표했다. 이들 수필의 길이는 짧았지만, 표현과 구성에 있어서 놀라운 명료성을 보여주었다. 레이첼의 선생님들 역시 그녀의 문학적 재능에 감명을 받았으며, 그리고 그녀의 성숙함과 깊은 통찰력에 훨씬 더 많은 감명을 받았다.

고등학교를 졸업한 후에, 카슨은 피츠버그에서 가까운 펜실베이니아 여자대학(후에 채텀 대학)에 입학했다. 펜실베이니아 여자대학을 다니는 학생들은 대부분 부유한 가정 출신이었다. 반대로 레이첼은 재학 시절 내내 재정적 도움을 찾지 않을 수 없었다. 그러나 그녀는 공부에 있어서는 누구보다 뛰어나서 항상 상위 10% 안에 들었다. 그녀는 학업 이외에도 학보사와 문학동아리에서 활동했으며, 많은 입상 수필들을 발표했다. 특별히 운동 신경이 뛰어나진 않았지만, 그녀는 필드하키에 열심을 보인 정열적인 골키퍼였다. 300명의 전교생은 수줍음을 타는 레이첼뿐만 아니라 거의 매주 레이첼과 같이 지내고자 애쓴 마리아 카슨에게 썩 잘 맞는 환경이 되어주었다.

레이첼은 대학에 입학해서 그녀의 첫사랑이자 소명이라 생각한 문학을 하기 위해 처음에는 영문학을 전공했다. 그러나 2학년 때는 34살인 메리 스코트 스킨커(Mary Scott Skinker) 교수로부터 필수과목으로 생물학을 2학기 동안 수강했다. 처음에는 그 과목에 대해 열의가 없었지만, 그녀는 얼마 지나지 않아 그 주제와 강의하는 젊은 교수 모두에게 곧장 매료되고 말았다. 3학년이 되자, 대학 행정당국의 만료에도 불구하고 레이첼은 전공을 생물학으로 바꾸었고, 유기화학, 식물학, 현지학술답사, 개구리 해부 연구 등에 저돌적으로 뛰어들었다. 그때 그녀는 다른 것을 위해 하나의 경력을 포기하는 거라고 생각했다. 글쓰기와 과학은 상호 모순적인 것처럼 보였기 때문이다. 인생의 후반기에 이르러서야 그녀는 자신이 무언가를 쓰기 위해 그렇게 했었다는 것을 깨달았다. 전공을 문학에서 생물학으로 바꾸었을지라도, 작가로서 그녀의 관심과 재능은 대학 시절 내내 강하게 남아 있었다. 3학년 때에는 그레이스 (Grace Croff) 교수로부터 창작수업을 받으면서 몇 편의 뛰어난 작품을 쓰기도 했다.[17]

레이첼은 1929년 펜실베이니아 여자대학을 생물학 전공으로 우등졸업한 동시에 볼티모어에 있는 존스 홉킨스 대학으로부터 동물학 졸업 연구논문으로 장학금을 탔다. 또한 그녀는 우즈 홀 해양생물연구소(Woods Hole Marine Biological Laboratory) 하계연구 프로그램에 선발되었다. 우즈 홀에 발탁된 것은 레이첼이 오랫동안 품어온 바다 여행 꿈을 실현하는 데 도움을 주었다. 어린 시절부터 바다는 그녀의 머릿속을 채우고 있었고, 심지어는 그녀 수필의 주제가 되기도 했다. 그러나 이상하게도 그녀에게 바다를 볼 기회는 없었다. 우즈 홀에서의 여름은 그녀에게 바다를 알게 해줌으로써 모든 것을 바꾸었고, 그녀는 향후 30년 동안 자신이 무엇을 해야 할지 마음속으로 어렴풋이 느꼈다.

다음 해 동생 로버트를 제외하고 카슨 가족 전부는 볼티모어에 있는 새로운 집으로 이사했다. 1932년 그녀는 동물학 석사과정을 수료하고, 3년 동안 존스 홉킨스 대학과 메릴랜드 대학에서 강의 조교로 일했다. 1935년 재정적 압박으로 레이첼은 워싱턴 DC에 있는 수산국(후에 미국 수산 야생물국)의 수산업과 해양생물에 관한 라디오 대본을 준비하는 임시직을 얻었는데, 이는 그녀의 경력상 중요한 것이었다. 일 년 만에 계약직에서 정규직으로 승진했고, 이후 16년 동안 근무하면서 보조 수산생물학자에서 편집장으로 승진했다.

이 기간 동안 그녀를 평판 있는 정부 직원으로 만든 것은 바로 과학작가로서의 재능이었다. 아이러니컬하게도, 바로 이 같은 재능은 나중에 가서는 정부와 그녀를 떼어놓게 된다. 유일한 친구인 고양이와 함께 이른 아침 시간에 집에서 일을 하면서, 레이첼은 바다에 관한 저작의 초고를 작성하기 시작했다. 1941년 그녀는 『해풍 아래서(Under the Sea-Wind)』를 완성해 출판했다. 아름답게 씌어졌고, 비평가들의 호평을 받았음에도 불구하고 책의 판매 실적은 저조했다. 실망했지만 용기를 잃지 않고 그녀는 곧 1951년 출판된 두 번째 책 『우리를 둘러싼 바다(The Sea around Us)』에 착수했다. 이번에는 파격적인 성공을 거두었다. 86주간 베스트셀러 목록에 올랐으며, 오스카 영화상 다큐멘터리 부문에 뽑혀 『우리를 둘러싼 바다』는 명성과 재정독립을 그녀에게 안겨주었다. 곧 『해풍 아래서』가 재출간되었으며, 큰 성공을 거두었다. 1952년 레이첼 카슨은 전업작가가 되고자 영원히 정부 공무원직을 떠났다. 3년 후인 1955년, 그녀는 세 번째 베스트셀러인 『바닷가(The Edge of the Sea)』를 출판했다.

그녀의 첫 3권의 저서는 모두 아름다운 문학적 보물이었다. 그 책들은 복잡한 과학물질을 다루고 있지만, 명료하고 서정적 산문체는 책장 넘기기를 수월하게 해주었고, 독자들로 하여금 그 세계 속으로 빠져들게 했다. 그러나 단순히 즐거운 독서를 넘어서서 레이첼 카슨의 작품은 믿을 만한 과학저술이기도 했다. 해양학 분야의 천 개 이상의 과학 논문을 연구 검토하고 수많은 전문가와 의견을 교환하면서 『우리를 둘러싼 바다』를 집필하는 데는 대략 3년이 걸렸다. 레이첼의 양심적인 노력은 몇 개의 명예박사학위와 학문적 동료들로부터 깊은 존경심, 명예와 포상으로 보답받았다.

『침묵의 봄』을 위한 카슨의 연구는 그녀의 다른 책들 못지않게 성실했다. 예를 들면, 『침묵의 봄』의 부록에는 살충제와 농화학약품 사용에 반대되는 사례를 제시하는 데 사용된 중요한 과학적인 출처 인용표가 50페이지가 넘게 들어 있다. 그러나 이 걸작을 쓰기까지 감내한 육체적, 정신적 소모는 그녀를 엄청난 정신적 긴장에 놓이게 했다. 이 압박감의 절절한 흔적은 『침묵의 봄』을 완성한 후, 카슨이 친구 도로시 프리먼(Dorothy Freeman)에게 쓴 편지에 잘 나타나 있다.

로저가 잠든 후에 나는 제피(그녀의 고양이)를 작업실로 데리고 가서, 너도 알고 있는, 내가 가장 좋아하는 곡 중의 하나 — 베토벤 바이올린 협주곡을 연주했어. 갑자기 4년 동안의 긴장이 풀리면서 나는 울고 말았어. 작년 여름에 할 수 있는 모든 것을 해내지 못한다면, 다시는 행복한 감정으로 노래를 들을 수 없다고 말했던 때, 나의 보다 깊은 감정이 무엇인지 너에게 보여주었던 게 생각난다. 그리고 지난밤에는 자연의 모든 새와 다른 피조물들, 모든 사랑스러운 것들에 대한 생각이 거대한 파도처럼 깊은 행복으로 밀려왔어. 지금 나는 내가 할 수 있는 것을 해냈고 — 그 책을 완성했단 말이야 — 이제 그 책은 그 자신의 삶을 가지게 되었어.[18]

『침묵의 봄』이 열광적 찬사가 늘어난 데 대한 레이첼 카슨의 반응은 그 난리법석에서 최대한 많은 거리를 두는 것이었다. 논쟁의 한복판으로 뛰어들고 싶었지만, 건강 때문에 그렇게 할 수 없었다. 그러나 그런 거리두기에 꼭 한 번 예외가 있었는데, 그것은 1963년 4월 CBS 리포트 "『침묵의 봄』 레이첼입니다"의 출연이었다. TV토론 동안 그녀의 주요 반대자는 살충제 사용의 강력한 옹호자이자 『침묵의 봄』의 강한 비판자였던 미국 시안아미드 회사의 화이트 스티븐스(Robert White-Stevens) 박사였다. 생물학자 캐롤(Carol Gartner)은 그날 저녁 카슨의 대응에 대해 다음과 같이 기억하고 있다.

카슨은 일관된 계획을 세우기에는…… 살충제의 영향에 대해 충분한 지식이 없다는 것을 강조했다. 농약 산업체와 정부는 그들이 실제로 무엇을 하고 있는지를 입증하지 못했다. 이 같은 카슨의 냉정하고 사실적인 언급은…… 화이트 스티븐스의 과도한 공격과 계속된 왜곡에도 불구하고, 시청자들은 그녀의 입장으로 크게 기울었다.[19]

1963년 5월, CBS 특별방송이 있은 한 달 뒤, 미국 과학기술처는 "살충제의 사용"이라는 보고서를 발간하였다. 선별된 과학자 심사원단에 의해 만들어진 이 연구는 『침묵의 봄』에 대한 공식적이고 과학적인 승인과 같은 것이었다. 산업체와 정부기관은 공히 살충제에 대한 안일한 처리와 관리로 호된 비난을 받았다. 『침묵의 봄』은 이제 유독물질의 위험성을 대중에게 알리는 가치 있는 일을 했다는 찬사를 받았다. 정부 보고서 발간 이후 바로, 권위 있는 미국 과학발전협의회는 "살충제 보고서는…… 레이첼 카슨의 『침묵의 봄』이 제기하는 테제가 명백히 옳았음을 말해준다."고 입장을 밝혔다.[20] 내무부의 한 관리는 "그들(카슨의 반대자들 - 옮긴이)이 기술적 수준에서 활동한 반면, 레이첼 카슨은 기초과학의 관점에서 문제에 접근했기 때문에, 혹평가들보다 훨씬 더 분명하게 문제 상황을 파악하고 있었음이 명확해졌다."[21]고 말했다.

과학기술처의 보고서는 레이첼 카슨의 비평가들을 잠잠하게 한 동시에 그녀를 깎아내리던 별명들을 깨끗이 사라지게 만들었다. 6월에 그녀는 『침묵의 봄』 다음의 중대한 단계라고 생각한 것(살충제 취급관리를 위한 입법 요구)에 착수하기 위해 미(美) 상·하원위원회에 모습을 드러냈다. 그 책의 인기는 지속적으로 치솟았고, 연말쯤에는 영국, 프랑스, 독일, 이탈리아, 덴마크, 스웨덴, 노르웨이, 핀란드 그리고 네덜란드의 서점가에 진열되었다. 새해가 되어서도『침묵의 봄』의 메시지는 지속적인 관심을 받았고, 카슨에게는 여행과 대중 강연을 위한 많은 기회가 생겼다. 그러나 그녀의 삶은 다른 면에서는 삐걱거렸다. 암과 관절염에 시달려 건강이 악화되었고, 무기력한 병약자로 만든 심장마비를 겪었다. 글을 쓰고 읽으며 활동적인 모습을 보이려고 애를 썼지만, 그녀의 기력은 그해 봄 극도로 쇠약해졌다. 그녀는 1964년 4월 14일, 56세로 메릴랜드 실버 스프링(Silver Spring)이라는 마을에서 생을 마감했다. 워싱턴 국립대성당 못지않은 유명한 현장에서 공동기도문(Book of Common Prayer)을 읽는 전통 성공회 식의 장례가 거행되었다.[22] 그녀의 시신은 화장되었고, 유해의 일부는 그녀의 어머니가 잠들어 있는 몽고메리 주 묘지에 묻혔다. 남은 유해는 그녀가 여름에 즐겨 찾았던 메인 주의 뉴와겐(Newagen) 해안가에 뿌려졌다. 친한 친구인 도로시 프리먼은 유해를 뿌리면서 T. S. 엘리엇의 시(詩)「드라이 샐비지즈(The Dry Salvages)」의 몇 구절을 읊었다.[23]

지난 4반세기 동안의 수많은 사건들은 레이첼 카슨의『침묵의 봄』이 끼친 실로 막대한 사회적 영향력의 증거가 되고 있다. 미국의 국가환경정책법의 제정, 미 환경보호청(EPA) 발족과 지구의 날 기념일 채택은 그 가운데 몇몇의 사례에 지나지 않는다. 그러나 레이첼 카슨의 가장 중요한 유산은 의회가 제정한 법이나 워싱턴 청사에서가 아니라 대중들의 마음에서 찾을 수 있다. 그녀는 공기, 물, 그리고 토양이 무심코 유해물질 창고로 이용될 경우, 그것이 현재와 미래 세대에게 치명적인 위협이 된다는 것을 알려주어 큰 충격을 주었다. 인간에 의한 오염에 대한 경각심을 일깨우면서 레이첼 카슨은 현대 환경 시대의 핵심적 이슈와 지속적으로 중요성을 갖는 주제들을 제기한 셈이다.

현대 환경주의 시대를 연 것에 더해『침묵의 봄』은 연구의 확대와 살충제 억제라는 카슨의 당면 목표를 성취하는 데 기여했다. 1970년 미 환경보호청은 1947년 제정된 연방 살충·살균·살서(쥐약)법(Federal Insecticide, Fungicide and Rodenticide Act, FIFRA) 집행을 맡았고, 미국에서의 살충제 제조와 사용을 관장하게 되었다. 이 법은 1972년, 1975년, 1978년, 1988년 등 여러 번에 걸쳐 계속해서 개정되고 강화되었다. FIFRA는 미 환경보호청에 상업용 살충제의 성분이 암이나 다른 질병을 일으킬 위험이 있는지의 여부를 검증할 것을 요청했다. 환경보호청이 특정한 살충제가 건강에 위협이 된다는 것을 증명하자, 이에 따라 살충제의 사용이 금지되었고, 살충제 제조업자들에게는 살충제가 건강에 위협이 되는 것은 소수에 불과하고 계속적인 사용의 편익이 건강에 미치는 위협보다 더 크다는 것을 입증해야 할 부담이 지워졌다.[24]

FIFRA에 근거해 미 환경보호청은 이전에 승인되었던 50여 종의 살충제를 금지했다. 이 살충제들 중 가장 위험한 몇 가지는 공해물질인 염화탄화수소과로 분류되었다. 여기에는 가장 효과적이면서도 가장 위험한 살충제 중 몇 가지인 DDT, 디엘드린(dieldrin), 클로르데인(chlordane)이 포함되었는데, 왜냐하면 이것들은 환경 속에 지속적으로 잔존하며, 그로 인해 죽을 수 있는 유기체(생물)가 많기 때문이다. DDT 사용 금지 이후 가장 눈에 띈 성과 중 하나는 절멸 직전에 처했던 여러 조류들이 복구되었다는 것이다.[25] DDT는 1939년에 개발되어 곡물과 인간 건강에 해를 끼친 해충 관리에 탁월한 효과를 보였다. 하지만 생물학자들은 1950~60년대에 갈색 사다새(pelican), 물수리(osprey), 그리고 미국을 상징하는 대머리독수리(bald eagle)와 같이 물고기를 먹는 수많은 종의 조류들이 곡물살포로 DDT를 사용한 지역에서 급격히 감소한 데에 주목했다. 조사는 오염된 먹이를 통한 살충제의 섭취로 인해 새들이 알의 껍데기에 충분한 양의 칼슘을 제공하지 못한다는 것을 보여주었다. 그 결과 알껍데기는 매우 깨지기 쉬운 상태가 되었고, 새끼가 부화하기 전에 알껍데기가 깨지는 경우가 많았다. DDT가 금지된 1972년 이후로 대부분 감염된 조류들은 회복되었고, 대머리독수리도 멸종 위기 종(種) 리스트로부터 벗어났다.

살충제의 통제와 사용은 계속해서 열띤 논쟁거리였다. 지지하는 쪽은 이 화학약품들이 사회에 아주 거대한 이익을 가져다주었다고 말한다. 치명적인 질병을 옮기는 해충의 제거를 통해 인간의 생명을 구하고, 또한 곡물을 보호할 수 있게 되었다는 것이다. 그들은 살충제의 사용 없이 인류가 제대로 삶을 지속하는 일은 불가능할 것이라고 주장한다. 이와 대조적으로, 반대자들은 야생동물과 인간에 대한 위협, 특히 살충제를 제조하고 사용하는 동안 살충제에 노출된 개개인들이 엄청난 위험에 처한다고 말한다.

이러한 논쟁에 대한 한 가지 가능한 해결책은 농작물에 대한 해충의 피해를 제한할 수 있는 다른 방법들을 농약의 사용과 결합시키는, 레이첼 카슨이 제안한 "다른 길(the other road)"이다. 사실, 지난 20년 동안 미국 농무부와 여러 주립대는 통합병충해관리(IPM)로 알려진 접근법에 대한 연구를 후원해왔다. IPM은 살충제 이용의 필요성을 최소화시키기 위해 다양한 경작과 농지관리 실행의 결합을 시도했다. IPM의 지지자들은 그것이 과도한 살충제 사용에 대한 실행 가능한 대안이 된다고 주장한다. 그들은 또한 그에 대한 성공과 허용이, 농경사회가 그들의 발전에 기꺼이 헌신하는 여러 자원들에 의해 주로 제한되고 있다고 말한다.

폴 브룩스(Paul Brooks)는 레이첼 카슨의 비문에 쓰일 어구 중에서 그녀의 저서인 『바닷가』의 마지막 단락보다 좋은 것은 없다고 말했다.

지금 나는 바다의 소리를 듣고 있다. 밤의 만조(滿潮)가 오르고, 서재 창 아래로는 거센 물결이 바위에 부딪쳐 소용돌이친다. 안개는 열린 바다로부터 만(灣)으로 밀려와 가문비나무 속으로 스며들고, 향나무와

소귀나무 가운데로 몰래 부드럽게 들어오며 물과 뭍가를 떠돈다. 거센 물결과 안개로 젖은 차가운 흰 입김은 마치 어색한 침입자가 있는 세상 같다. 그는 바다의 위력과 위협을 느끼면서 무적(霧笛)의 신음과 불평으로 그 밤을 보낸다.

오르는 조수를 들으면서, 조수가 내가 아는 다른 해안들을 어떻게 밀어내는지를 생각한다. 나는 안다, 그것이 어떻게 안개 없는 남쪽 해변에서 생겨나는지, 부드럽게 빛나는 은빛 파도에 걸려 있는 달과 더 먼 해안의 달빛에 비친 봉우리와 어두운 산호 동굴을 향해 파도를 흘려보내고 있는지를…….

해안의 풍부한 삶을 생각하면서, 우리는 우리의 힘이 미치지 않는 여러 세상의 진실에 대한 대화가 쉽지 않음을 느낀다. 어두운 바다에서 미세한 빛을 발산하는 수많은 규조(珪藻)류가 보내온 신호는 어떤 메시지를 담고 있는가? 밀려오는 파도에서 자신들의 존재의 필연성을 찾고 있는 모든 작은 생물들, 제 집으로 삼은 바위들을 하얗게 덮고 있는 무수한 조개들이 표현하고 있는 진리란 무엇인가? 그리고 바다의 끈인 투명한 한 줄기의 원형질과 같은 매우 작은 생물체의 존재 이유, 해안의 바위와 해초 사이의 무수한 생명체들이 요구하는 존재의 이유, 우리로서는 이유를 알 수 없는 그 존재의 의미는 무엇인가? 그 의미는 우리에게 자주 나타나거나 영원히 사라질 수도 있으며, 이에 대한 끊임없는 추구 속에서 우리는 삶 자체라는 궁극적인 신비에 다가간다.[6]

| 주석 |

1. Carson, *Silent Spring*, pp. 1-3.

2. Ibid., p. 3.

3. Brooks, *House of Life*, p. 232.

4. Carson, *Silent Spring*, p. 99.

5. Ibid., pp. 99-100.

6. Ibid., p. 100.

7. Ibid., p. 180.

8. Ibid., p. 188.

9. Ibid., p. 277.

10. Brooks, *House of Life*, p. 296.

11. Ibid., pp. 293-94.

12. Ibid., p. 305.

13. Anonymous, "Pesticides."

14. Brooks, *House of Life*, p. 303.

15. Sterling, *Sea and Earth*, p. 36.

16. Ibid., p. 17.

17. 리어, 『레이첼 카슨(Lear, Rachel Carson): 자연의 증언(Witness for Nature)』, p. 42에서 카슨이 대학 재학 중 쓴 한 예로, 나비에 대한 아름다운 시(詩)를 담고 있다. 리어의 책은 대체로 한정적인 레이첼 카슨의 전기(傳記)로 여겨진다.

18. Brooks, *House of Life*. p. 272.

19. Gartner, *Rachel Carson*, pp. 24-25.

20. Brooks, *House of Life*, p. 306.

21. Ibid., p. 311.

22. Lear, *Rachel Carson: Witness for Nature*, p. 481.

23. Ibid., p. 483.

24. Buck, *Understanding Environmental Administration and Law*. p. 105.

25. Miller, *Living in the Environment*, pp. 627, 625.

26. 여기에서 몇 개를 생략하고 사용한 레이첼 카슨의 인용은 *House of Life*, pp. 327-29. Brooks에서 가져왔다.

04
해럴드 바넷과 챈들러 모스의
『희소성과 성장』

『침묵의 봄』이 발간된 그 다음 해인 1963년 두 명의 경제학자인 해럴드 바넷과 챈들러 모스(Harold Barnett and Chandler Morse)는 『희소성과 성장: 자연자원 가용성의 경제(Scarcity and Growth: The Economics of Natural Resource Availability)』라는 책을 발간했다. 이 책은 저자들이 워싱턴 DC에 소재한 꽤 인지도 높은 포드 재단 싱크탱크로부터 미래를 위한 자원 프로그램의 일환으로 후원을 받아 완성되었으며, 매우 오랫동안 인간에 관여했던 문제, 자연자원이 희소하다는 것을 경험적으로 검증한 내용을 담고 있기 때문에 현대 환경 시대에 중요한 의미를 갖는다.

상업적 성공의 관점에서 『희소성과 성장』은 『침묵의 봄』의 인기에 크게 상대가 되지는 못했다. 대중서라기보다는 학술서인 이 책은 약 25,000부가 팔렸는데, 대부분 도서관과 학자들에 의한 구매였다. 그러나 이 책의 연구결과와 통찰력은 모든 환경경제학자들에게 지대한 영향을 미쳤고, 이들은 오늘날까지도 늘 빠짐없이 이 책을 인용한다. 학술적인 성격에도 불구하고 바넷과 모스의 책은 많은 이들이 피할 수 없는 딜레마라 여기는 자원 부족에 대한 아주 명쾌한 아이디어를 담고 있다.

그 연구는 2차 세계대전에서 기인한 실제적 필요, 즉 미국이 예외적으로 엄청난 양의 자연자원을 필요로 했던 상황에서 시작된 것이다. 전쟁이 끝난 7년 후, 1952년 대통령의 자원정책위원회(이것은 CBS의 창설자 William S. Paley가 의장인 페일리위원회라고 알려져 있는데)는 자원 부족의 전망을 조사하기 위해 만들어졌다. 이 위원회는 대부분의 광물, 농산물, 산림자원 공급이 현재로선 이용 가능한 것처럼 보이지만, 이들 자원을 얻는 데 들어가는 비용은 장차 점차적으로 늘어갈 것이라고 결론을 내렸다. 이는 미국의 산업이 자원 획득을 위한 조달비용의 증가로 인해 궁지에 빠질 수 있음을 뜻하는 것이었고, 그럴 경우 미국 국민의 삶은 고통스러워질 것이다. 페일리위원회 보고서에 따라, 미래자원을 위해서 자연자원의 개발, 보존, 그리고 이용에 대한 연구와 교육을 위한 비영리사단법인이 만들어졌다.[1] 이 법인은 자원 희소성에 대한 중요한 경험적 조사연구의 작업에 착수하고자 경제학자 바넷을 1955년에 책임연구원으로, 코넬 대학 교수 모스를 파트타임으로 고용했다.

제2차 세계대전의 사건들이 『희소성과 성장』이 나온 동기가 된 건 사실이지만, 그 지적 토대는 훨씬 더 오래된 것이다. 바넷과 모스의 연구보다 165년 앞서, 두 명의 고전적 영국 경제학자인 토마스 로버트 맬서스와 그의 친구이자 동료였던 데이비드 리카도(David Ricardo)는 바넷과 모스가 연구하게 될 이론을 개발하기 시작했다. 또 다른 영국 경제학자 존 스튜어트 밀 역시 자원 희소성에 대한 자신의 독창적인 사고(思考)뿐만 아니라, 맬서스와 리카도의 이론을 더욱 분명히 정리해놓음으로써 바넷과 모스에게 중대한 영향을 미쳤다.

차근차근 성실히 연구해온 영민했던 영국 국교회의 목사 맬서스의 정리는 1798년에 『미래사회의 개량에 영향을 미치는 인구의 원리에 관한 에세이 (인구론, An Essay on the Principle of Population as It Affects the Future Improvement of Society)』라는 제목으로 그의 기념 논문집에 발표되었다. 그 본질적인 사상은 오늘날까지도 잘 알려져 있고 이해되고 있다. 적어도 사람들은 맬서스를 이해한다고 생각한다. 일반적으로 인정된 맬서스주의의 희소성에 대한 해석은 대략 다음과 같다: 인구는 기하급수적으로 증가하는 반면, 사회의 식량 생산력은 산술급수적으로 증가한다. 따라서 어느 선에 이르면 인구가 식량 공급을 뛰어넘게 되고 불행한 결과가 초래된다. 이 같은 일반적인 해석은 종종 자원의 물리적인 고갈이 사회에 성장의 한계를 긋는다는 함의를 띠는 것이다. "그것들이 끝장난다면, 그것들은 정말이지 아예 끝장나버린 것이다." 오늘날까지 주장되는 자원 소멸에 대한 이 같은 단순한 생각은 맬서스에 대한 잘못된 해석이다. 그러나 해럴드 바넷과 챈들러 모스가 맬서스에게서 본 것은 자연자원에 있어서의 '경제적 희소성(Economic scarcity)'과 그것이 경제성장에 미치는 영향에 대한 훨씬 더 복잡한 개념이었다. 경제적 희소성은 그들을 얻기 위해 요구된 많은 노력에 비해 감소된 가용자원을 말한다.

맬서스의 생각에 따르면 땅도 노동과 연장도구처럼 작황을 늘리는 과정에서 이용되는 하나의 요소였다. 맬서스는 경작지의 양은 고정되어 있으므로 언젠가는 농가에 의해 완전히 점유될 거라고 주장했지만, 또한 땅은 개선될 수 있고 집약적인 경작을 통해 더 많은 생산을 늘릴 수 있다고 생각했다. 보다 많은 노력을 들이면, 농부들은 점차적으로 동일한 고정된 토지로부터 더 많은 산물을 얻을 수 있지만, 여기에는 감소율이라는 문제가 숨어 있다. 그러므로 농장에 고용된 추가 노동자는 점점 더 적은 양의 곡물을 생산하거나, 후에 경제학자들이라면 이렇게 말할 텐데, 한계수확의 체감을 느끼게 될 것이다.

맬서스에 대한 숙고에 더해 1817년 『정치경제학 및 과세의 원리

(Principle of Political Economy and Taxation)』라는 책에서 표명된 리카도의 이론에 대해서도 연구했다. 리카도는 맬서스와 동시대 사람이었고 또한 친한 친구였다. 그러나 거의 15년간 지속된 가까운 우정에도 불구하고, 두 사람은 경제이론의 문제들에 대해서는 끝없이 때로는 아주 격렬하게 토론했다. 맬서스는 심한 언어장애로 활동에 어려움을 겪던 성직자였고, 리카도는 서민원(하원, House of Commons)에서 일한 부유한 유대가에 태어난 경영인이었다. 정말 이상한 짝꿍이지만, 아마 마르크스와 엥겔스를 제외하면, 경제사상연보에서 가장 주목할 만한 콤비일 것이다.

리카도는 한계수확체감은 농업에서는 특징적이라는 점에는 동의하지만, 이 과정이 발생되는 방식에는 동의하지 않았다. 맬서스와 달리 그는 농지는 양적으로 제한되어 있을 뿐만 아니라 질적으로 엄청난 차이가 있다고 생각했다. 비옥함과 시장 접근성의 차이 때문에(자원의 異質性과 그 분포의 광범위성), 수확을 늘리기 위해 토지 이용에 있어서 큰 변화가 있음을 관찰했다. 따라서 인구가 증가함에 따라, 농부들은 보다 집약적인 경작방법을 쓰게 되고 그에 따라 땅의 질은 점점 더 떨어진다. 리카도의 시나리오는 맬서스의 것과 다를지 모르지만, 한계수확체감이라는 종국의 결과에서는 같다.

그래서 맬서스와 리카도는 둘 다 농부들이 끊임없이 증가하는 대중들을 부양하는 방법을 추구함에 따라 계속 감소하게 될 한계수확을 예견했다. 그러나 이것이 어떻게 경제적 희소성으로 해석되었으며, 경제적 희소성은 또 어떻게 경제성장에 장애가 되는가? 경제적 희소성은 사회가 더 적은 것을 얻기 위해 점차적으로 더 많은 것을 희생해야 한다는 사실에서 생겨난다. 농가 노동자와 농기구 수에 따른 것이든 노동력과 연장을 구입하는 데 들어간 돈에 따라 측정한 것이든, 수확을 늘리는 데 들어간 비용은 증가될 것이다. 인구가 지속적으로 증가함에 따라 사회는 그들을 다 먹여야 한다는 더 강한 압박을 받고, 그 비용이 전체 경제를 지배하게 될 때가 온다. 인간들이 살려고 아우성치며 땅을 마구 파헤치게 됨에 따라, 일인당 경제성장은 멈추고, 그 후에는 곤두박질칠 것이다. 참으로 우울한 그림인데, 스코틀랜드 수필가 토마스 칼라일(Thomas Carlyle)은 이것을 "우울한 학문(dismal science)" 경제학이라고 불렀다.[2]

맬서스의 인구론이 나오고 50년이 지난 뒤 존 스튜어트 밀의 『정치경제의 원리(Principles of Political Economy)』가 나왔다. 훌륭한 재능을 가진 지식인인 밀은 언어, 문학 그리고 정치경제에 정통했다. 그의 아버지 제임스는 리카도의 친구였다. 바넷과 모스는 맬서스와 리카도에서 보다 큰 통찰력을 얻는 수단으로서 『희소성과 성장』의 내용 배경으로 젊은 시절 밀의 글을 검토했다. 그들에 따르면, 밀은 수확체감과 자원 희소성에 대한 맬서스-리카도적 세계의 가능성을 결코 부인할 수 없었지만, 맬서스와 리카도처럼 그것의 필연성을 받아들이려 하지 않았다. 밀은 인간이 자발적으로 어느 정도 인구 성장을 억제할 수 있다고 확신했고, 동시에 파국적 고갈을 방지하기 위해 자원을 더 잘 이용할 수 있다고 확신했다. 바넷과 모스는 밀이 "기술적·사회적 진보의 가능성 안에서 많은 실제적이고 잠재적인 개선을 보았다"고 말했다.[3] 맬서스와 리카도가 예견치 못했던 인간 자원의 풍부함과 유연성을 밀이 예견한 것은 전혀 놀랄 만한 일이 아니다. 맬서스와 리카도는 생성 중에 있던 산업시대만을 경험했을 뿐이었다. 대조적으로 훨씬 더 후대에 살았던 밀은 장기적인 안목을 갖출 수 있었고, 확실히 광범위한 변화의 잠재성을 훨씬 더 잘 간파할 수 있었다.

따라서 『희소성과 성장』의 저자들에 따르면 밀의 말(논쟁)은 자원 희소성의 확실성에 대한 의혹을 불러일으켰다. 적어도 인간의 영리함이 그 상황을 극복할 수 있는 이론적 가능성은 있었다. 맬서스와 리카도에 대한 주해와 더불어, 밀은 바넷과 모스에게 "20세기에 현저하게 적합한" 것으로 보이는 새로운 개념을 알려주었다.[4] 그것은 개인의 고독과 아름다운 자연은 인구 성장과 산업을 통해서 손상될 수 있다는 생각이었다. 전통적 농산물과 광업의 부족을 경험하지는 않게 된다 해도, 인간은 곡물과 광물의 증가 과정에서 질 좋은 인간 거주지의 부족을 경험하게 된다. 뒤에 가서 보게 되겠지만, 이 생각은 바넷과 모스의 경험적 연구 결과에 대한 엄중한 경고가 된다.

맬서스, 리카도, 그리고 밀을 서두로 삼아 바넷과 모스는 자신들의 가설을 형성하고 검증했다. 첫 번째 가설은 맬서스와 리카도주의 이론에 대한 믿을 만한, 따라서 설득력 있는 설명이었기 때문에, 강한 가설(strong hypothesis)로 명명되었다. 이 가설은 만약 자연자원이 미국에서 희소해지면, 이들 자원을 추출하는 데 소요되는 비용은 시간이 지남에 따라 증가하게 될 것이라는 주장이다. 바넷과 모스는 '추출비용(extraction cost)' 이라는 단어를 특별한 의미로 사용했다. 추출비용은 곡물량을 늘리고, 광물을 채굴하는 데 필요한 노동량과 투자자본 또는 이들 원료를 소비자에게 처리, 수송하는 데 요구되는 노력을 말한다. 그 가설을 검증하기 위해서는, 자료가 필요했고 그것은 미래연구가인 닐 포터와 프란시스 T. 크리스티(Neal Potter and Francis T. Christy Jr.)라는 두 명에 의해 제공되었다. 1957년 그들은 남북전쟁 동안의 곡물, 설탕, 면, 야채, 고기, 우유, 구리, 납, 석유, 석탄 그리고 목재와 같은 매우 다양한 자연자원의 추출에 이용된 노동과 자본의 양에 대한 자료를 수집했다. 이들 자료로 바넷과 모스는 다양한 생필품 자원의 단위당 추출비용을 나타내는 지표를 산출했다.

자연자원 상품들에 대한 그들의 거대한 마켓 바스켓을 좌표로 그려 보았을 때, 바넷과 모스는 실제로 모든 추출비용이 자원 희소성 이론이 암시했던 것처럼 오르는 추세가 아니라 내려가는 추세라는 것을 알았다. 거의 100

여 년 기간에 걸쳐서, 농업비용은 꾸준히 하락했고, 광물비용은 급격히 떨어졌다. 임산생산물 비용만 증가했지만, 이것도 1870년 초부터 1919년까지의 시기에 불과했다. 1919년 이래로 임산추출비용 또한 감소했다. 맬서스와 리카도가 틀렸는가? 실제로, 자원이 결핍되어가고 있었던 것이 아니라, 경제적으로 더 풍부해지고 있지 않는가? 분명히 바넷과 모스는 그렇게 말했다. "대체로, 자연자원 희소성에 대한 강한 가설은 실패한다; 증거 자료들이 보여주는 것은 줄어드는 한계수확이 아니라 늘어나고 있는 한계수확이다"[5]

더 강력한 증거를 얻고자 바넷과 모스는 첫 번째보다 개념적으로 약간 더 복잡한 소위 약한 가설(weak hypothesis)에 대한 두 번째 검증을 원했다. '약한(weak)' 이라는 말은, 자연자원 추출에 따른 상승하는 절대비용이 경제 발전을 저해했다는 맬서스와 리카도의 강한 가설의 냉혹한 세계(bleak world)에 덜 집착했다는 사실에서 나왔다. 이러한 덜 위협적인 가설에 따르면, 경제 활동은 느리지만 결코 멈추지 않으며, 맬서스와 리카도에 의해 상상된 무시무시한 사회적 쇠락은 결코 일어나지 않는다. 이 약한 가설은 비추출비용에 대한 추출비용의 비율과 다른 일용상품 가격에 대한 자연자원 가격의 비율 양자를 증거로 삼아 검토했다. 약한 희소성 가설을 실험하기 위한 상대적 추출비용의 사용은 다음의 논리에 의해 추동되었다: 역사적 자료는 추출비용이 하락한다는 것을 지적했지만, 아마 추출과 비추출에 공히 모든 생산비용은 기술 개선과 일반적 사회발전에 따라 떨어졌다. 아마 자연자원은 실제로 더 고갈되었을 것이고 따라서 훨씬 더 비싸졌지만, 그것은 어디까지나 다른 상품과 비교했을 때 그렇다는 것이다. 상대적인 비용에 더해, 바넷과 모스는 또한 추출자원에 지불된 상대적 가격의 추세 입증(trends)을 보강증거로서 조사했다. 그들은 "가격척도(Price measure)는 통계적으로 상대비용 측정으로부터 독립적이고, 그리고 그에 의해 그것의 결과를 점검할 수 있게 해준다"[6]고 쓰고 있다. 비용이 증가하거나 가격률이 상승하는 것, 또는 이 둘은 상대적 자원 희소성의 증거가 될 수 있다.

약한 가설 검증의 결과? 그것은 강한 가설 검증의 결과와 매우 유사하다. 농업과 광물 생산에 대한 상대적 비용과 가격은 하락했거나 또는 적어도 남북전쟁 이후 지속되었다. 단지 임업생산량만이 상대적 비용과 가격 양자가 오름에 따라 약한 경제적 희소성을 나타냈다. 그러나 산림지는 모든 자연자원 추출비용의 약 10% 정도를 설명하는 것에 불과했기 때문에, 바넷과 모스는 미국은 과도한 관심을 가질 이유가 없었다고 결론내렸다. 해럴드 바넷이 "증거는 이론을 부인한다"[7]고 말했던 것처럼, 절대적이고 상대적 경제 희소성은 모두 큰 문제로 보이지 않았다.

따라서 자연자원 희소성에 대한 널리 받아들여지고 오랫동안 채택된 이론은 적어도 미국에서는 경험적인 증명에 의해 반박되었다. 물론 이 모든 것은 큰 희소식이었지만, 맬서스와 리카도는 어째서 그토록 서툴렀는가? 왜 그 증거는 그 학설을 부인하는가? 바넷과 모스는 이들 문제들을 탐구했고, 인간의 기술적인 창의력에서 설명을 찾았다. 그들은 단언하기를, 미국인들은 새로운 자원을 발견하고 이용하는 데 능숙함을 증명했다. 원료가 비싸지자 사람들은 수입했고, 탐험했고, 그리고 종종 원래 것보다 더 높은 품질의 대체물을 찾았다:

기술적 진보의 가능성에 대한 인식은 명백히 맬서스주의 희소성의 개념을 뒤집어엎었다. 20년 전에 버몬트 화강암은 단지 빌딩과 무덤석재였을 뿐이다. 그러나 지금 그것은 잠재적인 연료이고, 그것은 1톤 당…… 석탄 150톤에 맞먹는 우라늄을 가지고 있다. 자연자원 가용성에 대한 절대적 제한의 개념은, 자원에 대한 정의가 시간이 지남에 따

라 크게 바뀌고 예측할 수 없는 것이 되면 지지받을 수 없다.[8]

바넷과 모스는 진보와 혁신을 위한 이 같은 욕망이 그렇게 두려워했던 경제적 희소성이라는 바로 그 위협에 의해 현대세계가 통합되도록 한 것이라고 보았다.

과학시대는 이전의 기계시대와 다르다. 창의력뿐만 아니라 점증하는 인간의 이성, 그리고 운이 아니라 체계적인 연구가 자연에 대한 형세를 일변시키고, 자연을 인간에게 종속시킨 것이다. 그리고 어떤 때는 이쪽으로, 또 어떤 때는 저쪽으로 연구의 방향을 돌리라는 신호는 – 혁신적인 우선 사항을 결정하는 – 보통 해결해달라고 크게 소리치는 문제들이다. 때때로 그 신호들은 정치적이고 사회적이다. 좀 더 흔하게, 기업계에서 그것들은 시장 세력이다. 상대적 비용의 변화는 수요로 전이(轉移)하고 보다 넓게 시장을 발전시키려는 소망은 – 모든 성장의 측면 – 해결을 필요로 하는 문제를 만들어낸다. 기술진보는 더 이상 분수에 맞는 생활을 하기 위한 인간 노력의 단순한 부산물이 아니다. 그것은 분리할 수 없고, 그 과정의 유기적인 부분이다.[9]

미래세대의 복지에 관해서 바넷과 모스는 그 해결이 자원을 폐쇄시키지 않고 인간을 교육하는 데 있다. 결국, 기술진보는 자연자원의 경제적 가용성을 통한 과거의 증가에 대한 만족스러운 설명을 제공하지 못하지 않았는가? 이 같은 행운 가운데 어느 것도 우연에 의한 것은 없었다. 그들은 그것이 인간의 자기 자신에 대한 투자에서 기인한다고 말했다. 두 저자는 소비를 법적으로 제한하기보다는 차라리 인적자본을 향상시키는 것이 미래를 위한 문제 해결의 열쇠라는 데 명백한 확신을 갖고 있었다.

> 그러나 자연자원의 물리적 보존에 대한 규정은 미래 의무를 충족시키
> 는 데는…… 타당치 않다. 자원 제한(보류, 특별보호구역지정)은 미래 산
> 출과 복지에 그릇된 효과를 미칠 것이다. 물론 그 이유는 각 세대가 물
> 려준 경제적으로 가치 있는 유산은 오로지 자연 환경의 부분에 있다.
> 더 중요한 유산의 구성요소는 지식, 기술, 자본도구, 경제제도이다. 자
> 연자원보다 이들이 자본의 실수입의 훨씬 더 결정적인 요인들이다.[10]

하지만 바넷과 모스도 자원보호가 정당화될 수 있는 몇 가지 예가 있다
는 것을 인정해야만 했다: "야생의 보전과 우리에게 심미적 쾌락을 주는 경
치가 좋은 지형은 우리 후손들에 의해 아마 진가가 인정될 것이다."[11]

엄밀한 경험적 결과 외에, 『희소성과 성장』은, 아마 좀 덜 분명한 것이
긴 했지만, 우리가 자연자원을 이해하는 데 다른 공헌을 했다. 이 같은 공헌
은 자원 희소성이 실제로 이론가들에 의해서만 결정될 수 없는 경험적인 이
슈라는 기본적인 생각이었다. 150년 이상 사람들은 경제빈곤과 사회붕괴는
피할 수 없었던 확실한 증거로서 맬서스의 검증되지 않은 논리를 기꺼이 수용
해왔다. 그러나 바넷과 모스는 "자연자원 희소성의…… 발생…… 그것은 하
나의 가설로서 간주되어야 하지, 자명한 사실로 생각되어서는 안 된다"[12]는
것을 날카롭게 지적했다. 그리고 그들의 분석은 결국 이 가설들을 기각했다.

바넷과 모스의 연구는 또한 자연자원경제학의 학문적 관심의 일반적인
새로운 활력을 일으키는 데 공헌했다. 아마 『희소성과 성장』의 영향에 대한
가장 훌륭한 증거는 1979년 『Scarcity and Growth Reconsidered』와 2005년
『Scarcity and Growth Revisited』의 출간일 것이다.[13] 뒤의 책은 초기 연구

후, 10년간 바넷과 모스의 테제에 대해 반복적으로 코멘트를 했던 몇몇의 저명한 자원경제학자들의 연구를 특징짓는다. 그러나 새로운 비평과 코멘트 덕분에 그 원조격의 책은 자연자원 희소성의 현대경제학 연구를 위한 시발점으로 확립되었다.

　오늘날까지도, 자원 희소성의 검증과 맬서스주의 가설의 검증은 계속해서 현대경제 탐구의 한 부분이 되었다. 불행히도 이 같은 경험적 검증은 종종 조사된 자원과 분석 시기 그리고 정부 정책의 영향에 의존하는 가격과 비용 추세에 대해 복잡하고 상반되는 패턴을 낳기도 한다.[14] 일반적으로 이 같은 연구는 석유, 광물, 산림산물에 대한 자연자원 가격이 지난 세기에 걸쳐 하락하는 경향을 보여주었고, 따라서 경제 희소성의 축소 신호를 나타낸다.[15] 맬서스주의 가설에 대한 이 같은 검증은 확실히 어느 정도 그 가설의 논쟁적 성격 때문에 자연자원과 환경을 걱정하는 사람들에게 관심을 끈다. 맬서스 시대 이래 줄곧 그 가설은 자체의 운명을 결정하는 인간의 무능력에 관한 그 가설이 함축하고 있는 내용 때문에 감정을 자극했다. 성(性) 재생산과 자원 소비에 관해 자유롭게 적절한 선택을 하는 대신에, 인간은 필연적으로 사망에 이르게 하는, 그 자체 통제 불가능한 본능에 의해 지배된다. 실제로 맬서스는 인간은 그들 자신이 최악의 적이었다고 말하는 것처럼 보였다. 오늘날도 여전히 사람들은 진지한 신념을 갖고 이 입장을 받아들이거나 부인한다. 맬서스 이론은 바넷과 모스가 인용한 것처럼, 사실 여부를 떠난 영원한 진실이 아니라 실험적 검증을 거쳐야 하는 하나의 가설이기 때문에 우리에게 남아 있을 것이다. 이처럼 연구자들은 항상 다양한 시간과 장소에서 자연자원의 희소성이 하나의 문제라는 것을 결정하는 자원추출비용과 가격을 조사한 각각의 새로운 자료에 반대하는 가설을 검증하기를 원한다.

　바넷과 모스는, 연구자들이 종종 말한 것처럼, 사회에 대한 그들 연구의 보다 큰 의미에 관한 약간의 설명과 의견으로 책을 끝맺는다. 그 논의의 많은 부분은 선진국과 후진국에 있어서의 연구의 적합성에 초점을 맞추고 있다. 『희소성과 성장』의 연구 결과물은 미국과 아마 산업화된 다른 국가 역시 자원 가용성의 관점에서 크게 염려하지 않아도 된다는 견해를 내비쳤다. 그러나 두 저자는 원시사회를 전적으로 다른 것으로 보았다. 단순 기술과 제한된 자원 때문에, 3세계 국가에서 맬서스주의형의 빈곤은 가능할 뿐만 아니라 매우 있음직하다. 저자들은 또한 더 가난한 국가들은 인구 성장이 더 급등하는 경향이 있음을 지적했는데, 이는 맬서스 이론에 쐐기를 박았다. 인구 성장이 제3세계의 제한된 문제라는 인식에도 불구하고, 두 사람은 또한 모든 국가들이 가족계획의 노력으로부터 편익을 얻을 수 있다고 인식했다.

이들 결론으로부터 미국과 서방 다른 나라들은 훼손되지 않은 자연자원의 딜레마를 피했던 것처럼 보였지만 사정은 그렇지 않다. 사실, 『희소성과 성장』은 끝부분에서 흥미로운 방식으로 비꼬면서도 놀랄 만한 경고로서 산업화된 세계를 보여주고 있다: "현대 자연자원의 문제…… 그것은 수확체감은 아니지만, "오염", "유해 가스", "동물이 멸종된 삭막한 땅" 그리고 "방사성 낙진"을 포함한 기술적 변화와 경제적 성장의 간접적인 결과로 나타난다."[16] 따라서 그것은 미국을 위협하는 자연자원의 직접비용은 아니지만, 환경 악화에 의해서 부과된 간접비용이다. 마치 레이첼 카슨이 아주 웅변적으로 주장했던 것처럼, 『희소성과 성장』의 끝부분에서 바넷과 모스 역시 사회발전과 환경의 질에 연결된 잠재적 위험이 있음을 인정한다.

『희소성과 성장』이 인쇄되기 시작한 후, 챈들러 모스는 뉴욕으로, 이타카(Ithaca)에 있는 코넬 대학으로 돌아갔고, 반면 해럴드 바넷은 먼저 디트로이트에 있는 웨인 주립대학 경제학 교수로 옮겼다가 다시 세인트루이스에 있는 워싱턴 대학의 경제학부장으로 일했다. 이들은 각각 자기가 근무한 대학의 명예교수로 은퇴했다. 해럴드 바넷은 1987년 2월 11일 작고했고, 챈들러 모스는 1988년 12월 5일에 작고했다.

| 주석 |

1. Barnett and Morse, *Scarcity and Growth* p. iv.

2. Heilbroner, *Worldly Philosophers*, p. 78.

3. Barnett and Morse, *Scarcity and Growth*, p. 70.

4. Ibid., p. 64.

5. Ibid., p. 8.

6. Ibid., p. 211.

7. Ibid., p. 164.

8. Ibid., p. 7.

9. Ibid., p. 10.

10. Ibid., pp. 247-48.

11. Ibid., p. 250.

12. Ibid., p. 153.

13. Smith, *Scarcity and Growth Reconsidered*; Simpson, Toman, and Ayres, *Scarcity and Growth Revisited*.

14. Fisher, *Resource and Environmental Economics*, p. 113.

15. Moore, "Coming Age of Abundance," pp. 130-31.

16. Barnett and Morse, *Scarcity and Growth*, pp. 258, 253-55.

05
스튜어트 L. 유달과 『조용한 위기』

　『조용한 위기(The Quiet Crisis)』는 바넷(Barnett)과 모스(Morse)의 『희소성과 성장』이 출판된 바로 그해 1963년에 출판되었다. 이 책은 확실히 환경 문제에 대한 『침묵의 봄』의 메시지에 영향을 받았지만,[1] 『희소성과 성장』과 마찬가지로 환경오염보다는 인간의 자연자원 이용과 소비에 더 많은 중심을 두었다. 그러나 스튜어트 L. 유달(Stewart L. Udall)은 바넷과 모스가 접근했던 것과는 다른 방식으로 자연자원의 문제에 접근했다. 『희소성과 성장』이 광물과 목재와 같은 추출 가능한 자연자원의 경제적 희소성을 다루었던 반면, 유달의 책은 범위를 넓혀 비상품성 자연자원까지도 포함했다. 『조용한 위기』는 목재와 목초지 같은 자연자원이 사라지고 있는 데 대해서뿐 아니라, 특히 미국의 아름다운 경치와 거대한 공유지의 상실에 대해서도 관심을 기울였다.

　유달이 『조용한 위기』에서 강조했던 개념은 자연자원 보존이었다. 유달의 표현법에 따르면, '보존(保存, conservation)'은 현재와 미래 세대를 위하여

산림, 야생생물, 공원용지, 야생자연환경, 그리고 심미적 향유를 위한 중요한 지역의 보전(保全, preservation)뿐만 아니라 목재, 어류, 사냥감, 표토(表土), 목초지, 그리고 광물 같은 자연자원의 관리를 뜻하기도 한다. 오늘날 일반적으로 쓰고 있는 '보존'이라는 단어의 기원은 19세기 후반 미국의 자연자원 관리에로 거슬러 올라간다. 지속적인 자원관리라는 통합 개념에 적합한 단어를 찾던 미국 산림청의 초대 청장 기포드 핀쇼(Gifford Pinchot)와 그의 임정관 오버톤 프라이스(Overton Price)는 천연자원보호지역(conservancies)으로 알려진 동(東)인도의 삼림지의 개념을 빌려와 보존(conservation)이라는 단어를 창안했다.[2]

이 책의 제목이 말하고 있는 "조용한 위기"는 자연계의 서식지가 파괴되고 있음을, 즉 "날마다 인간의 모험심을 새로이 일깨우는 서식지"로 바뀌고 있음을 뜻했다. 따라서 유달에 의하면, 2차 세계대전 이후 경제복지와 더 풍요한 생활양식을 추구한 미국인들은 건강한 환경과 자연자원 보존이라는 대안적 사회적 목적을 침식하는 "일방행위(lopsided performance)"에 몰두하게 되었다. 위기는 사회가 지속적인 생존을 위해서 환경과 자원에 의존했던 까닭에 확실히 현실이었다. 그러나 그 위기는 "조용했는데", 왜냐하면 웰빙이라는 기만적 의미에 현혹당한 대중이 그것을 도통 알아채지 못했기 때문이다.[3] 과학적이고 경제적인 진보는 대중이 지속적으로 악화되는 자연환경의 위험을 보지 못하게 하여 더없는 행복감을 느끼게 만들었다.

유달은 특히 미국의 환경과 공공의 자연자원에 대해 쓰기에 좋은 자격을 갖추고 있었다.[4] 『조용한 위기』를 쓰던 시기에 그는 존 F. 케네디 정부의 내무부장관으로 일하고 있었다. 이처럼 명망 있는 정치적 지위는 스튜어트 유달에게는 자연스러운 경력의 단계였다. 그는 1920년 1월 31일 애리조나 주 세인트존스(St. Johns)에서 정치적으로 저명한 가정에서 태어났다. 그는 전(前)

애리조나 대법원 재판관인 레비 S. 유달(Levi S. Udall)과 루이즈 리 유달(Louise Lee Udall)의 아들이며, 그의 형은 후에 미국의 국회의원이 된 모리스 "모" K. 유달(Morris "Mo" K. Udall) 이다.

유달은 유년 시기와 공립학교 시절을 할아버지가 설립한 세인트존스 교외 지역의 모르몬 교도의 공동체에서 보냈다. 성인이 되자 그는 투손(Tucson)에 있는 애리조나 주립대학에 입학하기 위해 세인트존스를 떠났다. 그는 뉴욕과 펜실베이니아에서 모르몬교의 선교사로 2년을 보냈고, 2차 세계대전 중에는 유럽에서 미국 공군 조준수로 근무하기 위해 학업을 중단했다. 1946년, 유달은 메디슨 광장 가든에서 열린 국가친선경기대회에 참가한 애리조나 주 대학 최초의 농구팀 멤버였다. 1948년 법학사로 졸업한 유달은 개인 법률업을 시작했고, 몇 년 후 투손에서 그의 형 모리스와 함께 법률 사무소를 차렸다.

1954년, 스튜어트 유달은 애리조나 주에서 미합중국 국회의원으로 당선되었다. 그는 하원의원 내무위원회(1955~1960), 하원의원 교육·노동위원회(1955~1956), 하원의 교육·노동위원회(1957~1960), 그리고 합동 나바조-호피족(Navajo-Hopi) 인디언 관리위원회(1957~1958)에서 일했다. 1960년 민주당 전당대회에서 애리조나의 민주당이 상원의원 존 F. 케네디(John F. Kennedy)를 지지하도록 공을 세운 유달은 케네디 대통령 정권에서 9년 동안 내무부장관으로 일했다.

내각의 일원으로서 그의 업적에는 야생보호법안(Wilderness Bill)과 하천풍치지구법(Wild and Scenic Rivers Act) 제정, 4개의 새로운 국립공원, 6개의 새로운 국립 기념비, 8곳의 해안과 호안(湖岸), 휴양지 9곳, 사적 20곳 지정, 야생동물 은신처 56곳을 포함한 국립공원 시스템 확장, 그리고 토지와 물 보존을 위한 기금설립(미국의 공공토지들을 추가로 구입하는 데 쓰일 주요 자금) 등이 있다. 1969년 공직을 떠난 후에, 그는 예일 대학 임학부와 환경 인문학의 방문교수로서 1년간 가르쳤다.

스튜어트 유달은 『조용한 위기』 서문에서 책을 쓰는 데 영감을 준 두 가지 사건에 대해 말한다. 첫째, 그는 유명한 시인 T. S. 엘리엇이 영국의 심한 대기오염으로 인해 혹독한 병을 앓았다는 것을 알게 되었다. 둘째, 미국 시인 로버트 프로스트(Robert Frost)가 시에서 "서쪽으로 흐르는 개울(Westrunning Brook)"이라 부른 그의 농장이 자동차 쓰레기장으로 바뀌었다는 것을 알게 되었다.

스튜어트는 물었다. "만약 어떤 사회가 그 사회의 가장 고상한 마음을 헤치고 가장 훌륭한 풍경을 폐허로 만들어버리는 상황을 만든다면, 과연 그 사회가 성공한 것일까? 만약 우리가 인간의 최고의 그리고 가장 본질적인 특성이 성취될 수 없는 환경을 만든다면, 물질적인 풍요가 과연 무슨 가치가 있단 말인가?"[5]

그는 이 질문들에 답하기 위해서, 역사적인 연구를 이용하는 접근 방식을 택했다:

역사는 우리에게 이전의 문명들은 땅과 조화를 이루며 사는 법을 배우지 못했기 때문에 몰락한 것이라고 말하고 있다…… 과거의 몇 가지 잘못을 바로잡기에 지금이 그리 늦은 것은 아니다. ……만약 우리가 경작의 역사를 이해하고, 인간에 대한 새로운 통찰력과 우리 땅의 특성을 나누는 힘을 개발하고 그리고 미국의 땅 이용의 패턴을 결정한다면, 우리는 그것을 할 수 있다. ……『조용한 위기』는 우리가 인간의 책무와 미국 땅의 충만함의 관계를 완전히 이해해야 한다는 것을 말하기 위한 것이다.[6]

『조용한 위기』에 있는 14개의 장은 감탄하지 않을 수 없는 미국의 자연 자원 보존에 대한 역사에 대해 말한다. 처음 3개의 장("인디언들의 지혜", "토지 정책의 탄생", 그리고 "백인 인디언들")은 1만여 년 전에 북미대륙에 첫 발을 디딘 원주민(Native Americans)에 대한 경의를 표하면서, 콜럼버스 이전 시대로부터 서부 미국인의 정착에 이르기까지의 보존의 역사를 추적하고 있다. 이들 원주민은 언어와 관습에 있어서 다양했지만, 그럼에도 불구하고 유달이 보기에는 모두에게 한 가지 공통적인 특색이 있었다: 생명을 주는 땅에 대한 그들의 존경심이 그것이다.[7]

원주민에게 이 고향땅은 우주의 중심이었다. 그들은 땅에 대한 깊은 애정을 가졌지만, 어떠한 사적소유권의 개념도 알지 못했다. 땅을 사고 팔고 소유한다는 개념은 그들에겐 낯선 것이었다고 유달은 말했다. 땅은 항상 공공의 것이었다. 한 개인이 죽으면, 그 사람이 사용했던 땅은 대개 재분배를 위해 공동사회로 귀속되었다.

유럽인들이 대륙에 발을 들이자, 그들과 원주민 사이의 드라마가 "그리스의 비극(Greek tragedy)"[8]처럼 시작되었다. 초기의 우정과 협력은 곧 불신과 적개심으로 바뀌었다. 침략자들은 한때는 야생이었던 땅을 개인소유권으로 분배했고, 자연자원을 약탈했다. 땅과 자원에 대한 정착민들의 요구는 그들의 탐욕스러움을 증명했다. 인디언에 대한 정책은 오로지 편의에 따를 뿐이었다. 이주, 지정 거류지에의 정착, 그리고 집단학살은 결국 야생만으로부터 대륙을 "구제"한다는 명목으로 인디언의 삶의 방식을 희생시켰다.

유달이 말했듯이 오랜 세월이 흐른 지금 우리는 미국인의 생활에 인디언과 그들 문화의 영향력에 대해 알아볼 수 있고, 거기서 배울 점이 많다는 것을 깨닫는다. 스튜어트 유달은 "오늘날 보존운동 그 자체가 고대 인디언의 땅 개념으로, 그리고 우리가 자연의 밖이 아니라 자연의 한가운데 있다는 인디언의 사유방식으로 돌아가고 있다는 것은 아이러니이며…… 우리는 천천히, 인디언이 알았던…… 아직 태어나지 않은 세대가 우리와 동등한 땅에 대한 권리를 가지고 있으며, 인간은 땅에 귀를 기울이고 동물과 야생자연환경과의 빈번한 접촉을 통해서 영혼을 다시 채우기 위해 자연으로부터 배울 필요가 있다는…… 진실에 이르게 되었다"[9]고 말했다.

신대륙으로 온 유럽인들은 자연자원의 이용과 책무를 극적으로 바꾼 생활방식을 신세계에 몰고 왔다. 이들 식민지 개척자들은 곧바로 땅에 대한 이원적인 개념을 채택했다. 한편으로는 그들이 이전에 보아왔던 어떤 곳보다 풍요로운 자원들이 있었다. 그러나 동시에 그들은 땅을 야생의, 가까이 하기 어려운, 그리고 길들여져야 한다고 생각했다. 1620년 11월, 플리머스 만(灣) 식민지(Colony)의 기록들에서 인용한 다음 구절을 보자: "'순례자'들이 볼 수 있는 것은 야생의 짐승과 야생의 사람들로 가득 찬 무시무시하고 황량한 야생자연환경 외에 무엇인가…… 모든 것들이 비바람에 시달린 모습을 하고 있으며 나무와 덤불로 가득 찬 모든 땅은 야생과 야만의 외형으로 나타났다."[10]

스페인인, 프랑스인, 네덜란드인, 그리고 영국인들은 각각의 방식으로 "야생의" 땅을 정복하려 시도했다. 유달은 일단 구미인들(Euro-Americans)과 그들의 정부는 대륙을 얻게 되자, 다른 그 어떤 것보다 두 가지 요인이 미래의 자연자원에 대한 정책을 형성하는 데 기여했다고 주장했다. 첫째는 영국으로부터 빼앗은 모든 토지를 공공의 영토로 만들고자 한, 미국독립전쟁 (1775~83) 직후 세워진 식민지 정부의 결정이었다. 따라서 그로 인해 정부가 다른 일들 중에서 자연자원의 유용성과 소비를 지휘하고 영향을 미칠 수 있게 되어 광대한 연방의 토지를 위한 토대가 만들어졌다. 둘째는 정부가 땅을 획득함으로써 국유지가 확장된 것이다. 이와 관련해서 가장 중요한 최초의 활동은 토마스 제퍼슨이 루이지애나 구매지(Louisiana Purchase, 1803년 프랑스로부터 사들인 미국 중앙부의 광대한 지역)를 주선하여, 즉각적으로 새 나라의 크기를 두 배로 만든 것이다.

메리웨더 루이스(Meriwether Lewis)와 윌리엄 클락(William Clark) 등 정부가 지원한 원정대와, 다니엘 분(Daniel Boone)과 제드 스미스(Jed Smith) 같은 독자적인 산악인들에 의한 공유지(public domain)의 탐험은 유달이 "역사의 순환 과정, 즉 땅은 사람의 특성을 결정하고, 사람은 땅의 미래를 결정하"는 과정이라고 칭한 것을 입증했다. 나아가 유달은 "이 상호작용의 결과는 대륙과 대륙의 자원에 대한 우리의 관계를 계속해서 지배할 미국인의 땅에 대한 양면성의 가장 분명하고 가능한 예(例)였다. 그것은 이익을 위해 근시안적으로 땅에 대한 사랑과 땅을 이용하려는 실질적인 충동을 결합한 것이다"라고 말했다.[11]

5장 "자원에 대한 침입(The Raid on Resources)"은 이익을 위해 국가의 자연자원을 착취하려는 시민들의 욕심이 극에 달했다는 보고를 담고 있다. "침입"은 산지거주자와 그들의 동물 비버(海狸) 덫으로 시작되었지만, 19세기의 마지막 수십 년 동안 일련의 최고치를 기록하기에 이르렀다. 나무꾼들은 농민생활 향상운동(agrarianism)의 선발대원이었다. 나무는 정착에 방해가 되었으므로 나무꾼은 진보의 선구자들이었다. 초기의 많은 목재수확은 단순히 낭비되고 말았다. 그러나 주택과 제재소의 건설을 위한 목재시장의 설립과 함께 제재업은 곧 미국의 가장 큰 제조산업이 되었다.

약탈된 자원은 목재만이 아니었다. 오랫동안 제조업체에 사용되었던 토양도 산림처럼 철저하게 황폐해졌다. 광물 개발도 마찬가지로 땅과 자원 파괴의 원흉이었다. 사금을 함유하는 사력층을 찾기 위해 텐트 호스와 노즐들을 사용한 캘리포니아 금광 광부들은 하안(河岸) 전체를 휩쓸어버렸다. 기름과 천연가스 생산은 엄청난 양의 부차적인 낭비를 유발한 약탈과 침략 사업이었다.

농부들은 생계를 위해 방목장에 너무 많은 가축을 방목했고, 평야와 한 때 산림이었던 지역을 개간했으며, 그리하여 그들이 지나간 자리에는 파괴를 향한 길이 남게 되었다. 결국 이 농장들의 대부분은 실패했다. 왜냐하면 이번 에는 농부들이 땅에 대한 기본적인 사실을 이해하지 못했기 때문이었다. 과 도하게 경작된 땅은 영양소가 고갈되었고 식물을 재배하던 토양은 물과 바람 속으로 흩어져버렸다.

변덕스러운 패션의 유행도 자연자원의 파괴에 한몫했다. 바다수달, 물 개, 그리고 해리(海狸)들과 같은 털 달린 동물의 수는 코트와 모자 시장 때문 에 급속히 줄었다.

깃털 사냥꾼들은 여성 모자의 매매 수요에 부응하고자 해오라기와 왜가 리의 서식지를 모조리 파괴했다.

아마 자원 고갈에 대한 이 슬픈 이야기들 중에서 가장 용서할 수 없는 것은 아메리카 들소에 관한 것이다. 미국 개척자의 웅장한 상징이 전례 없는 동물도살 운동으로 거의 멸절된 것이다. 콜럼버스의 아메리카 대륙 발견 이 전의 들소의 정확한 개체 수는 알 수 없지만, 추정컨대 1억 마리에서 10억 마 리 사이의 놀라운 규모로 어느 곳에서나 서식했을 것이다. 이주자들은 끊이 지 않는 짐승 떼들이 사방팔방으로 10~16킬로미터 정도 뻗어 있다고 기록했 다.[12] 대량 학살은 남북전쟁 직후 몇몇 요인들에 의해 시작되었다. 철도노동 자들에게는 식량을, 도시 주민들에게는 고기를 공급하기 위해, 혹은 단순한 오락을 위해, 그리고 가장 끔찍한 것은 인디언의 주요 식량원을 근절시키기 위해서였다. 들소의 대량 학살은 이해할 수 있는 범위를 넘어선다. 수백만 마 리의 들소가, 1880년 후반에는, 겨우 수백 마리로 줄어든 것이다…… 겨우 수백 마리라니! 남북전쟁의 영웅인 미국 대통령 그랜트(Grant) 마저도 들소를 보호할 법안을 승인할 기회를 내던지고 훼손과 대량 학살의 지지자들과 운명을 같이했다.

유달은 이 시기가 신화에 대한 믿음으로부터 촉진되었다고 느꼈다: "그
것은 낭비와 약탈을 하지 않을 수많은 마음의 상태를 유발한 미대륙의 중독
적 사치였다. 토양과 광물과 숲과 야생동물이 풍부한 온대성 대륙은 인간에
게 현실보다는 무한함을 생각하도록 부추겼고, 우리를 파멸로 몰아넣을 뻔한
결정적 오류 — 최고의 풍족함이라는 신화(the Myth of Superabundance)를 만
들어놓았다. 그 신화에 의하면, 우리의 자원은 결코 소진되지 않는다. 땅과
신중한 농업에 대한 현명한 관리 따위는 필요 없다는 것이다."[13]

이 이전 세대의 탐욕스러운 경향은 다행히도 무시되지 않았다. 스튜어
트 유달은 벌써 19세기 중반 이전부터 사람들은 자연 파괴에 대한 우려를 표
현하기 시작했다고 언급한다. 개인들과 집단들은 종래에는 자연자원의 무자
비한 파괴라는 문제를 해결하기 위한 여러 가지 접근 방법을 사용할 것이다.
어떤 이들은 철학자였고, 다른 이들은 과학에 의존했으며, 또 다른 이들은 정
부 정책에 영향을 줄 수 있는 방법을 모색했고, 반면에 또 어떤 이들은 개인
적인 행동을 주장했다. "양심의 흔들림"이라는 장은 부분적으로 랄프 왈도
에머슨과 헨리 데이비드 소로의 자연에 대한 저술에서 분명히 드러나 있는
철학적인 접근 방법을 다루고 있다.

매사추세츠 주 보스턴 태생인 에머슨(1803~1882)은 수필가이자 시인이
며, 초절주의(transcendentalism) 철학적 운동의 지도자였다(초절주의에 대한 설명
은 1장을 참조). 1836년에 출판된 『자연(Nature)』이라는 대표적인 에세이에서
그는 현대사회에서 상실되었다고 느껴지는 "자기 자신"의 감각을 회복하기
위해 우주와의 특별한 관계회복을 추구해야 한다고 주장했다. 에머슨은 이러
한 관계를 발전시키기 위해 인간이 할 수 있는 가장 좋은 방법은 자연 세계의
광경과 소리에 조화를 이루는 것이라고 생각했다. 에머슨의 대부분의 에세이

는 자연에 뿌리를 둔 숲에 관한 산문시들이었다. 에머슨이 보기에 고독, 명상, 그리고 자연과의 친교는 우주와의 관계를 발전시키는 데 필수였다.

소로는 매사추세츠 주 콩코드(Concord)에 있는 에머슨의 이웃이었다. 그는 에머슨보다 열네 살 어렸다. 소로는 확실히 비사교적인 친구였다. 비록 에머슨의 절친한 친구였으나, 그는 대부분의 다른 개인적 관계를 의도적으로 피했다. "호저(豪猪)의 성격(porcupine personality)"을 가진 사람이라고 여겨졌고, 숲속에서 아주 많은 시간을 유랑했기 때문에 현실세계로부터 도피하려는 괴벽스러운 태도를 가졌다고 여겨졌다. 그러나 소로는 "현실세계(the real world)"의 의미에 대해 즐겨 토론했다. 그는 산업혁명의 수단과 제도를 불신의 눈으로 보았고, 인생을 벌고 쓰면서 산다는 식의 개념을 거부했다. 그는 사람들이 대륙 전체를 얻는다고 해도 그 과정에서 인간 회복의 원천과의 접촉을 잃어버린다면 무엇이 유익하겠는가?[14] 하고 자문했다.

1845년에 소로는 자연철학에 대한 그의 이론을 검증하거나 몇 가지 실험을 시작했다. 그는 문명세계를 떠나서 콩코드 근처에 있는 월든 호숫가 근처의 한 오두막을 수선했다. 그곳에서 그는 26개월 동안 가장 소박한 방식으로 살았다. 그곳에서 그는 도시적 생활과의 끈을 가장 최소화하고 자연과의 접촉을 극대화했다. 소로는 자연세계에 대해 보다 깊은 이해를 얻기 위해 동물과 새들과 관계를 맺으며, 계절의 순환을 관찰했고, 연못과 강을 연구했다.

월든에서의 소로의 경험은 의심할 여지 없이 현대인들의 마음속에서 이상화되었다. 그것은 다른 한편 인간의 생존을 위한 본질적 요소인 자연을 보존해야 할 필요성을 미국 국민들에게 일깨움으로써 위대한 사회적 목표에 기여했다. 이렇게 하여 소로는 미국 최초 보존주의자들 중 한 사람이 되었다. 그는 자연과 야생동물의 파괴에 대해 항의했다. 그는 국가의 야생생태 보존을 위해 탄원했다. 소로와 에머슨 같은 이들이야말로 미국 보존운동의 선구자였다. 그들의 공헌은 대체로 비록 자연에 대한 철학적인 것이었으나, 그들은 자신들을 따를 후대를 위한 토대를 구축하는 데 성공했다.

6장 "지혜의 시작(The Beginning of Wisdom)"은 국가가 자연자원 보존의 방향을 설정할 때 과학이 해낸 핵심적 역할을 설명했다. 이 장에서 언급된 사람은 바로 조지 퍼킨스 마시였다(그의 전기는 1장을 참조). 마시의 자연에 대한 호기심은 생태와 자연환경을 연구하는 과학에 대한 관심으로 이어졌다. 사실 그는 정부가 지원하는 연구 기구 스미스소니언 협회(Smithsonian Institution; 과학 지식의 보급 향상을 위해 1846년 워싱턴 DC에 창립된 학술협회)의 설립을 주장한 최초의 사람들 중 하나였다. 그는 1849년에 터키 주재 외교관으로, 그후 1861년에는 이탈리아 주재 외교관으로 임명되었다. 이 임명은 마시에게 자원 관리와 생태학에 대한 역사적 지식을 세계적인 규모로 넓힐 수 있는 기회를 주었다. 이탈리아에 있는 동안 마시는 부분적으로는 과거의 자연자원의 남용에 대한 비탄의 표현이자 더 중요한 많은 부분은 지구의 자연 시스템과의 상호연관성을 강조하고 사람들에게 자연과의 적절한 조화를 이루도록 환기시키는 지구생태학에 대한 논문 『인간과 자연(Man and Nature)』을 쓰기 시작했다. 『인간과 자연』에서 마시는 미국인들로 하여금 미국의 자원은 자가재생산하는 무진장한 것이라는 개념의 터무니없음을 깨닫게 했다. 그는 "한때는 아름답고 비옥했던 유럽의 수많은 지역을 망가뜨린 황폐함이 미국 영토의 중요한 지역에도 도사리고 있는 것이 확실하다…… 이미 파괴적으로 작용하고 있는 행동을 저지할 신속한 대책이 수립되지 않는 한"이라고 썼다.[15]

이 책으로 마시는 미국의 자연자원과 토지정책에 대한 새로운 접근법의 과학적이고 도덕적인 토대를 확립했다. 과학적 자원 관리에 대한 그의 호소는 미국서 작지만 아주 영향력이 크며, 정치적으로 연계된 시민집단에게서 효과를 보았다.

유달은 『조용한 위기』의 중요한 몇몇 장(章)들을 미국의 자연자원 보존운동에 있어서 중추적 역할을 하게 될 과학과 정치의 통합에 할애했다. 이 장들은 "행동의 시작(The Beginning of Action)", "삼림지대(The Woodlands)", 그리고 "사람들은 행동해야만 한다(Men Must Act)" 등이다(각각 7, 8, 그리고 10장).

과학을 정치에 접목시킨 사람들 가운데 핵심적인 인물은 칼 슈르쯔(Carl Schurz)였다. 독일 태생인 슈르쯔는 1848년 미국으로 이민을 갔고, 1877년에 러더퍼드 B. 헤이스(Rutherford B. Hayes, 1887-1881. 제19대 미국 대통령) 대통령에 의해 내무부장관으로 지명되었다. 슈르쯔는 독일의 과학적인 산림관리에 대한 실용지식을 미국에 도입했다. 강연자, 저널리스트로서의 재능에 더해 과학 지식까지 갖춘 그는 미국 산림 연합과 같은 몇몇 집단의 지도자들에게 공유림(public forests)의 벌목 행위가 근절되어야 할 필요성을 역설했다. 슈르쯔는 나무를 자르고 도망치는 행위(cut-and-run practices)를 하는 미국의 "목재상(木商)", 즉 사적 경제 영역에 속하는 개인으로서 공유림을 벌목하는 사람들은 나무 하나하나뿐만 아니라 숲 전체를 강탈하고 있다는 것을 지적했다.

급속도로 줄어드는 미국 공유림과 보다 엄중한 정부 제재의 필요성에 대한 슈르쯔의 감독은 상당한 반발에 부딪혔다. 목재가 생산되는 주(州)의 국회의원들은 그를 민주국가에 "군국주의 방법(Prussian methods)"을 도입하려 하며, 사회의 중추인 정직한 사업가들을 억압하고 싶어 한다고 비난했다.[16] 내무부장관으로서 슈르쯔는 미국의 공유림의 상태에 대한 목재사업가들의 행위를 비난하면서 개혁을 주장하는 과학적 보고서를 출판했다. 공유림 관리의 본질적인 변화들은 몇 십 년 뒤에나 이루어졌지만, 과학과 정치 시스템을 활용한 슈르쯔는 미국 보존 역사의 이정표가 되었다.

내무부장관으로 있는 동안 슈르쯔는 자신의 산림관리에 관한 자신의 보고서만큼 중요하다고 할 수 있는 자연자원에 관한 또 하나의 과학적 보고서

를 우연히 접했다: 그것은 존 웨슬리 파월(John Wesley Powell)의 "미국의 불모 지역의 땅에 관한 보고서(A Report on the Lands of the Arid Region of the United States)"였다. 파월의 보고서는 본질적으로 미국 서부의 땅을 어떻게 이용할 것인가에 대한 계획이었다. 그는 몇 가지 예외를 제외한다면 대초원의 서쪽에 있는 땅은 연간 강우량이 매우 적다는 점을 지적했다. 강우량이 사실상 너무 적어서 전통적인 농업을 유지할 수 없었으며, 그래서 그 지역으로 옮겨간 많은 이주 자영농들은 결국 실패하게 되어 있었다. 그는 농민들이 건조한 농장에 관개수를 공급받을 수 있게 하려면 하천 댐 개발과 수원의 확보가 필수적이라고 결론지었다.

파월은 오늘날에도 너무나 강압적인 인물로 비친다. 그는 미국 남북전쟁 때 연합군에 복무하는 동안 샤일로 전투(Battle of Shiloh)에서 한쪽 팔을 잃었다. 그는 그 후로 10년간 미국 서부의 콜로라도 고원지역의 과학적 탐험 원정을 이끌었다. 그 땅에 흥미를 느낀 그는 그때까지 탐험되지 않았던 지역들의 지도를 그리기 위해서 그랜드 캐넌(Grand Canyon)을 가로지르는 콜로라도강(Colorado River) 부근에서 물불을 가리지 않고 1년 동안 헌신했다. 그것은 과학의 사명이었고, 그의 관찰은 심지어 탐험단의 일원들마저 공포에 떨었던 살벌한 위험을 무릅쓴 것이었다. 그러나 거대한 콜로라도 강을 정복하는 과정에서 파월은 이제는 우리도 받아들이는 것을 그때 이미 배웠다: 물과 같은 자연자원에 대한 과학적인 관리는 그것들을 보존하기 위한 열쇠이다.

자연자원의 보존을 촉진시키기 위해 과학과 정치를 결합한 두 사람은 테어도어 루스벨트와 기포드 핀쇼였다. 오늘날 사실상 이 두 사람의 이름은 19세기 말과 20세기 초의 보존 운동과 동의어라 할 수 있다. 목재사업가들은 칼 슈르쯔는 짓밟았지만, 루스벨트와 핀쇼는 확고하고 강력한 숲 보존의 옹호자들로서 결국에는 승리하게 될 거라고 생각했다.

좋은 환경에서 태어나 좋은 교육을 받은 과학적인 유럽식 산림관리의 개발자인 핀쇼는 1898년에 농무부의 첫 산림청장으로 임명되었다. 그의 확신에 따르면, 그의 임무는 미국의 숲의 파괴를 막는 것과 과학적인 산림관리를 시작하는 것이었다. 1891년 수립한 국가 숲 보전법 덕분에, 핀쇼는 숲 사용을 허용하면서도 장기적이고 지속적인 수확량을 낼 수 있는 숲에 대한 관리계획을 개발하기 시작했다.

1901년 루스벨트가 대통령이 되었을 때 핀쇼에게 중요한 기회가 찾아왔다. 이미 서로 친숙했던 두 사람은 공공의 숲이 사용되면서도 동시에 유지될 수 있어야 한다는 생각을 확신시키기 위해 힘을 합쳤다.[17] 1905년 그들은 의회로 하여금 공공의 숲을 미국 농무부가 관리하도록 위임하게 만든 중대한 승리를 거두었고, 공공의 숲들은 국유림으로 지정되었다.

핀쇼는 자원 찬탈자들과 이에는 이라는 식으로 맞선 보존의 투사였다고 유달은 주장했다. 그는 공공영지를 남용하는 자들에게 아무런 기회도 주지 않았다. 방목자들과 벌목꾼들에게는 허가를 받게 했으며, 사용료를 내게 했다. 풀과 나무들이 처음으로 수확량 유지가 기본(sustained-yield basis)이 되게 보충될 수 있도록 관리되었다. 마침내 법과 질서가 공공 토지에 적용되었고, 현재의 국민들뿐만이 아니라 미래 세대를 위해서도 헌신한 핀쇼의 산림관리인들에 의해서 그 법이 집행되었다.

유달은 기포드 핀쇼가 우리 역사상 가장 위대한 보존 지도자들 중 하나라고 생각했다. 핀쇼는 대통령의 자문인 유일한 연방국장이었다. 루스벨트는 백악관을 떠나던 날 핀쇼에게 쓴 편지에서 이렇게 말했다: "내가 살아 있는 한 당신에게 존경과 감탄, 애정 깊은 호감을 함께 느낄 것입니다. 당신을 알게 됨으로써 나는 더 나은 사람이 되었습니다…… 나는 당신에게 이 정부의 업적의 매우 큰 부분에 있어서 특별히 큰 빚을 졌습니다."[18]

역사가 그러한 비전을 가진 한 개인에게 수여할 수 있는 모든 영예에도 불구하고, 핀쇼에게 보존 지도자로서 약점이 없는 것은 아니었다. 가령, 야생동물과 야생자연환경의 가치에 대한 민감성이 그에게는 부족했다. 그가 보기에 자유로운 야생자연환경은 낭비였다. 또한 국립공원의 구상은 그에게는 역시 수용할 수 없는 것이었다. 그러므로 지속적인 자원 이용과 그것들의 철저한 보전이라는 개념 사이에 정면 충돌하는 단계가 있었던 것이다. "야생과 공원 땅(Wild and Park Lands)"이라는 제목의 『조용한 위기』 9장은 대부분 미국 서부에 위치한 야생자연환경을 단순히 미와 풍경의 보존이라는 명목으로 보호하고자 한 투쟁을 묘사하고 있다. 이 보전의 철학은 식림지(植林地)와 야생자연이 상품 생산을 위해 사용되어야 하며, 제재, 방목, 그리고 다른 "생산적인" 활동에 제한을 두지 말아야 한다는 핀쇼의 믿음과는 상반되는 것이었다.

많은 사람들이 야생자연환경을 보존하기 위한 투쟁에 참여했지만 그 누구도 존 뮤어(John Muir)보다 더 돋보이거나 더 화려하지 못했다. 1868년 봄, 뮤어는 캘리포니아에 도착해 처음으로 네바다 주의 시에라(Sierra) 정상을 보았다. 그가 처음으로 거대한 요세미티 계곡을 본 것은 바로 이 산의 야생자연 속에서 탐험적 산책을 하는 동안이었다. 그는 당시 30살이었고, 요세미티 계곡 지역은 그때 이후로 야생자연환경을 보존하기 위한 그의 활동의 중심지가 되었다.

사실상 요세미티 계곡은 일정 부분 뮤어가 도착하기 4년 전부터 캘리포니아 주로부터 보호를 받기 시작했다. 그러나 벌목꾼(제재업자)들과 소몰이꾼(목장주)들은 대부분 아무 제약도 받지 않고 토지의 자원을 계속해서 추출하고 사용했다. 요세미티 계곡을 영원히 보존하고 싶어 하는 열망으로 뮤어는 몇 년 뒤 미국의 첫 번째 국립공원인 옐로스톤 국립공원(Yellowstone National

Park)이 1872년에 지정되었을 때, 보존에 대한 연방 차원의 모델이 확립되었다는 것을 주목하게 된다. 언론의 힘을 잘 아는 뮤어는 요세미티 계곡에 대한 기사를 몇 편 써서 대중들과 정치인들에게 특별한 지역들의 보전이 인가되어야 한다고 설득했다. 1890년 초에, 캘리포니아의 유일한 세 곳이 — 요세미티, 세쿼이아(the Sequoia), 그리고 제너럴 그랜트(General Grant)의 숲 보존지 — 국립공원으로 지정되었다.

성공에 고무된 뮤어는 시에라 클럽으로 알려진 보전주의자들과 산악인들로 이루어진 조직을 결성했고, 이 그룹은 현재에도 여전히 자연자원보호 활동을 한다. 한때 핀쇼의 친구였던 뮤어는 결과적으로 저수(貯水)를 위한 댐 건설로부터 캘리포니아의 국립공원 근처에 있는 헤츠 헤치 계곡(Hetch Hetchy Valley)을 보호하고자 그와 함께 신랄한 논쟁에 관여했다(제1장을 참조). 뮤어는 결국 헤츠 헤치 계곡을 보호하기 위한 싸움에서 졌다. 그럼에도 불구하고, 능숙한 로비와 여론의 영향력을 통해 보전을 위해 싸운 그는 후에 그와 같은 생각을 가진 보전주의자들에게 원형(model)이 되었다 — 『침묵의 봄』 세대(Silent Spring era).

11장 "개인의 행동"과 12장 "곤란에 처한 도시들"은 보존 운동을 위해 커다란 공헌을 한 개인적인 조직책들과 박애주의자들의 업적을 인정하고 있다: 조지 버드 그리넬(George Bird Grinnel), 윌리엄 더쳐(William Dutcher), 그리고 T. 길버트 피어슨(T. Gilbert Pearson)은 이주하는 새들을 보호하는 중요한 법률에 찬성하는 국가오두본협회(National Audubon Society, 야생동물보호협회)를 결성하는 데 기여했다.

그리넬은 테디 루스벨트와 함께 지금까지도 지속되고 있는 사냥, 야생동물보호, 그리고 스포츠가의 정신에 대한 국가기준을 확립한 엘리트 사냥꾼들의 집단인 분크로켓 클럽(Boone and Crockett Club) 조직화를 도왔다. 스탠

더드 정유회사왕의 아들인 존 D. 록펠러 주니어(John D. Rockefeller Jr.)는 아카디아(Acadia), 대스모키 산맥(Great Smoky Mountains), 그리고 그랜드 티톤(Grand Tetons)과 같은 가장 중요한 국립공원의 지정을 위한 토지 취득을 확보하는 데 막대한 부와 영향력을 쏟아부었다. 1934년 산림학 전문가들인 알도 레오폴드와 로버트 마셜은 심지어 오늘날까지도 야생자연환경 구역을 보전하기 위해 국가적인 관심을 증진시키도록 돕고 있는 그룹인 야생자연보호협회 조직을 도왔다. 뉴욕의 센트럴 파크(Central Park)를 디자인한 유명한 풍경건축가인 프레드릭 로 옴스테드(Frederick Law Olmsted)는 우리들의 도시를 아름답고 살기 좋게 개선하기 위한 관심을 증진시키는 데 일조했다.

『조용한 위기』는 『침묵의 봄』 이후 시대 동안에, 현재와 미래 세대들이 향유할 수 있도록 미국의 공유지들을 보호할 필요성에 관한 대중의 의식을 끌어올리는 데 도움을 준 중대한 환경문학의 공헌이었다. 스튜어트 유달은 확실히 레이첼 카슨으로부터 영향을 받았고, 실제로 그녀의 환경주의에 대한 공헌을 찬양하는 사람이었다. 흥미로운 역사적인 기록: 스튜어트 유달은 워싱턴 국립대성당에서 거행된 카슨 양의 장례식에서 명예로운 운구자(運柩者)였다.[19] 그는 작가로서, 역사가로서, 학자로서, 강연가로서, 환경운동가로서, 변호사로서, 자연주의자로서, 야외의 시민으로서 국가 업무에 계속해서 기여하고 있다. 그는 현재 뉴멕시코(New Mexico) 주의 산타페(Santa Fe)에 살고 있다.

1. 유달의 『조용한 위기』 175페이지에서 살충제의 위협에 대한 레이첼 카슨의 글을 언급한다. 분명히, 유달은 오염과 환경에 관한 카슨의 지적인 공헌을 알았다. 본문 후반 주19에서 밝힌 바와 같이, 유달은 카슨 양의 장례식에 명예로운 한 운구자(運柩者)였다.

2. Ibid., p. 106

3. Quotations from Ibid., pp. 175-176.

4. 스튜어트 유달에 관한 경력 소개의 출처는 애리조나 대학 도서관에서 관리되는 다음 웹사이트였다. http:/dizzy.library.arizona.edu/branches/spc/sludall/biography.htm (2004년 8월 25일 입수됨).

5. Udall, *Quiet Crisis*, p. vii.

6. Ibid., pp. vii-viii.

7. 인간중심주의자 크레치(Shepherd Krech III)는 『생태적 인디언: 신화와 역사(The Ecological Indian: Myth and History)』에서 자연과 함께 미국 원주민(아메리칸 인디언)과 그들의 관계에 대한 진실과 신화를 탐구한다. 크레치는 인디언들이 그들의 환경에 대한 엄청난 지식을 갖고 있다는 것을 인식하는 동안, 그는 유달과 다른 사람이 인디언들을 묘사했던 환경보호주의자가 아니었다는 것을 강력히 주장했다. 크레치에 따르면, 미국 원주민들은 그들의 환경을 바꾸었고, 때때로 남획(濫獲)했고, 그리고 자원을 고갈시켰다. 크레치의 자극적인 논제는 선사시대의 미국 원주민의 통속적인 견해와는 대조를 이루지만, 좋은 학식으로 간주되고, 따라서 고려할 가치가 있다.

8. Ibid., p. 6.

9. Ibid., p. 12.

10. Ibid., p. 13.

11. Ibid., p. 37.

12. Ibid., p. 64.

13. Ibid., p. 54.

14. Ibid., p. 49.

15. Ibid., p. 79.

16. Ibid., p. 87.

17. Ibid., p. 103.

18. Ibid., p. 106-7.

19. Lear, *Rachel Carson, Witness for Nature*, p. 481.

06
로드릭 내시의
『야생자연환경과 미국 정신』

1964년 미 의회는 야생보호법(the Wilderness Act, 16 U.S.C.A. 1131-1136)을
통과시켰고, 린든 존슨(Lyndon Johnson) 대통령은 서명했다. 이 법은 거의 10
년간의 토론 끝에 채택되었기 때문에, 그동안 상당한 반대에 직면해 있었지
만, 마침내 이 법은 미국에 야생자연환경보전 시스템을 만들어냈다. 통과될
당시 이 법은 세계 각국으로부터 환경과 자연자원 보전에 대한 가장 강력한
약속 중의 하나로 상징되었다.[1]

1964년의 야생보호법은 지정된 야생자연환경 지역에 기존의 이용권과
약간의 제한된 자원개발의 계속성을 일정 부분 허용하면서도 공익과 향유를
위해 자연 상태의 연방 땅에 대한 야생자연환경 보호를 보장했다. 야생보호
에 대한 대부분의 시적인 언어는 "생명에 대한 대지와 그 공동체는 인간에
의해 자유로워졌고, 그곳에서 인간 자신은 체류하지 않는 방문자이다…… 생
명의 원시적인 기질과 영향을 보유하는 개발되지 않은 연방 땅의 지역……

그곳에는…… 고독함 혹은 휴양의 원시적이며 자유로운 원형(type)을 위한 매우 좋은 기회를 가지는" 야생자연환경에 대해서 말했다.[2]

　　사람들은 야생 상태에서 땅의 보전을 위한 많은 정당화를 진전시켰다.[3] 어떤 사람은 그것이 종교적 체험을 위한 환경을 제공하고, 현대문명으로부터의 은신처로서 도움이 된다고 주장한다. 지지자들은 그것을 미국 문화의 상속 재산의 한 중요한 부분으로서, 자연을 보호하기 위한 윤리적 책무에 대한 헌신으로서, 그리고 다양한 휴양이라는 목표를 위한 토대 작업이라 생각한다. 이 모든 이유들로, 미국 의회에 의한 "공식적인" 야생자연보호구역 수립은 미국 환경주의의 역사에서 부인할 수 없는 구심점이 되었다. 1964년 위스콘신 대학의 박사과정생 로드릭 내시는 멀 커티(Merle Curti) 교수의 지도로 박사학위논문을 완성했다. 논문의 주제는 우연하게도 미국의 야생자연환경이었고, 구체적으로는 정신적 상태(a state of mind)로서의 야생자연환경의 개념이었다. 내시 자신도 나중에 인정했던 바이지만 그만큼 절묘한 타이밍이 있을 수 없었다. 내시는 "나는 미국 문화에서 매우 중요한 것이 되고 있었던 주제를 선택했다는 것을 깨닫는다. 나는 운이 좋았고, 50년 전이었다면 많은 관심을 끌지 못했을지도 모를 주제를 골랐다. ……나는 단지 우연히 그 분야에 관해 쓰고 있었던 것인데, 그것이 적절히 맞아떨어졌다. ……야생자연환경이 미국의 문화에서 크게 주목받고 있었을 때…… 야생보호법은 내가 박사학위논문을 완성한 것과 같은 해에 통과되었다."[4]

　　실로 운명은 내시의 학위논문 완성에 개입한 것인지도 모른다. 그러나 집필된 논문은 그 자체가 순수한 영감이었고 끈기 있는 연구의 산물이었다. 내시가 후에 말했던 것처럼, 그것은 "엄청난 책"이었다.[5] 논문의 연구 범위는 너무나 광범위했고 조사가 잘 되어 있어 1967년 『야생자연환경과 미국 정신(Wilderness and American Mind)』이라는 제목으로 예일 대학 출판부에서 출간되었을 때, 이 책은 출판부문에서 전대미문의 판매부수를 기록했고, 가장 중요한 환경 서적에 대한 설문에서는 항상 2위로 평가되었다(덧붙여 말하자면, 그 설문에서 1위를 기록한 책은 헨리 데이비드 소로의 『월든』이었다).[6]

『야생자연환경과 미국 정신』은 "야생자연환경의 상태"라는 프롤로그로 시작하며, 12개의 장과 에필로그를 담고 있다. 서언의 주요한 목적은 야생자연환경에 대한 여러 가지의 정의들을 탐구하는 것이며, 그 용어가 "어지러운 구체성(a deceptive concreteness)"을 가지고 있다고 결론짓는다. 야생자연환경은 그것에 관해 단일한 정의를 내리기 어려운 주관성을 가지고 있다. 내시가 "어떤 사람에게는 야생자연인 것이 다른 사람에게는 길 옆의 소풍 장소가 될 수 있다. 시카고에서 온 피서객에게는 정말로 야생자연환경의 모험인 반면, 유콘 덫 사냥꾼은 북부 미네소타로의 여행을 문명의 답례라고 생각할지도 모른다"고 말했다. 그러나 일반적으로 볼 때 내시의 결론은 야생자연은 환경이 전적으로 인간의 것이 아닌 땅이라는 것이다: "몇몇 개의 맥주 깡통, 오두막 또는 심지어 도로가 어떤 지역의 질을 떨어뜨리지는 않지만 그것을 문명화한 극(極)으로 약간 옮긴 것이다."[7]

1장 "견해에 대한 구세계적 뿌리(Old World Roots of Opinion)"는 야생자연환경의 개념들, 역사적인 유럽인과 그리고 더 적은 정도의 아시아인에 대한 것이다.[8] 구세계(Old World)의 저술에 따르면, 신세계의 유럽 이주자들이 대서양을 건너기 전에도 야생자연환경의 개념을 알았던 것은 분명하다. 그들의 친숙함은 특히 종교적인 저작에서 서구 사유에 있어서 추상적인 개념으로서의 야생자연환경에 대한 그들의 인상에 따른 것이지 실제적인 야생자연과의 접촉에 따른 것은 아니었다. 야생자연환경은 유대-기독교 전통에 스며 있는 상징이었다. 신구약성서 모두 야생과 불모의 땅에 대한 언급으로 가득 차 있다.

유럽 이주민은 야생자연환경을 인간에게 이질적인 무엇으로 이해했다. 그것은 인간이 끊임없는 투쟁을 수행했던 불안하고 적의적인 환경이었다. 내시는 쓰기를 "[야생자연의] 어둡고 신비스러운 특성은 그것을 과학 이전의 상상력이 악마와 유령의 무리가 출몰할 수 있는 환경으로 만들었고…… 신세계에 대한 구세계의 이 지적 유산은 초기 응답의 결정을 도왔을 뿐 아니라 미국 사상에 지속적인 흔적을 남겼다."[9]

흥미롭게도 내시에 의해 논의된 많은 성서적 준거들은 야생자연환경을 죄인들에게 남겨진 땅으로 묘사한다. 구약성서에서 왕은 죄인을 처벌하기를 원할 때 종종 야생자연지를 가장 강력한 무기로 찾았다. 예를 들면, 소돔과 고모라는 죄로 인해 소금 구덩이의 바짝 마른 야생자연과 가시덤불이 되고 말았다. 내시는 서구사상이 야생자연환경에 대한 강력한 편견을 낳았고, 신세계는 이 같은 감정의 표현에서 풍부한 기회들을 제공받는다는 것을 깨달았다.[10]

『야생자연환경과 미국 정신』의 제2장 "야생자연환경 상태(A Wilderness Condition)"는 미국의 야생자연으로 들어간 최초의 유럽 이주민들의 경험을 탐구한다. 내시는, 윌리엄 브래드퍼드(William Bradford)가 처음 메이플라워 (Mayflower)에 탔을 때 그가 받은 인상을 묘사함으로써 이 복잡한 관계를 상당히 간결하게 포착했다. 브래드퍼드는 신천지를 "무시무시하고 황량한 야생자연"이라고 부르면서 야생자연환경에 대한 이주민의 혐오의 전통으로 들어섰던 것이다.[11]

내시에 의하면, 아메리카에 온 최초의 유럽인들은 야생자연환경에 대해 두 가지의 서로를 강화하는 관점(상호간 힘을 북돋우는 사고방식)을 가졌다.[12] 첫째, 물리적 수준에서 그것은 생존에 대한 위협이었다. 안전과 안락, 심지어 식량이나 주거와 같은 필요조차 야생환경을 극복하는 데 달린 것이었다. 어두운 숲 속에는 포악한 동물과 야생짐승, 심지어 상상 속의 괴상한 동물들이 숨어 있었다. 둘째, 야생자연환경은 도덕적 공백의 어둡고 불길한 징조를 표현했다. 따라서 초기 유럽인들에게 신세계는 저주와 무질서의 불모지로 표상되었다. 새로운 땅으로의 이주는 나그네들(pilgrims)이 국가, 종족 그리고 신의 이름으로 땅에 대한 권리를 주장하는 교훈극과 비슷했다. 문명화는 어둠에서 도덕적 빛으로, 혼돈에서 질서로, 악을 선으로 바꾸는 과정이었다.

내시는 초기 개척자들이 야생자연에 너무 가깝게 살았기 때문에 야생자연환경의 진가를 알아볼 수 없었다고 생각했다. 프랑스의 정치적 저술가이며 정치가인 알렉시스 드 토크빌(Alexis de Tocqueville)은 1831년 미국 방문 후에 언급했다: 야생에 너무 가까이 사는 것은 야생에 대한 편견을 낳았다.[13] 황폐한 땅에서 살기 위해 안전, 안락, 그리고 심지어 문화를 버린 개척민의 흔치 않은 예외로서, 새로운 미국인들은 야생자연에 반대하는 편견을 갖게 되었다. 야생자연환경의 미적 가치를 높이 평가하는 사람은 바로 야생자연 상태로부터 멀리 떨어져 살게 될 그들의 자녀와 손자들일 것이다.

야생의 미국으로 최초 정착을 한 지 오래되지 않아 야생자연환경은 확실히 더욱 매력적인 공공의 이미지로 채택되었다. 내시는 제3장 "낭만적인 야생자연환경(The Romantic Wilderness)"에서 이러한 이미지 변화의 과정을 자세히 말한다. 그 변화의 뿌리는 낭만주의에서 발견되었고, 문학적 운동은 사실상 유럽의 모든 국가, 미국, 그리고 라틴 아메리카에서 찾아졌다. 대략 1750년부터 1870년까지 계속된 그것은 자연의 상상과 이상화의 신뢰로 특징지워졌다.[14]

낭만주의는 야생자연의 혐오감의 많은 부분을 줄어들게 했다. 이전 세대에게 야생자연환경을 경멸의 대상물이 되게 했던 특성들 — 고독, 신비, 그리고 혼돈 — 은 이제 아름다움과 힘의 특성으로 전환되었다. 그들은 인간에게 영감과 동기를 주는 힘을 가졌고, 영혼을 위한 특효약으로 기능했다.

내시에 따르면 낭만주의의 출현은 특히 천문학과 물리학 분야에 있어서 유럽 과학의 돌파구를 여는 데 동기가 되었다.[15] 우주의 복잡성과 질서를 규명함으로써 과학자들은 창조가 신적 근원과 질서를 가진다는 신념을 강화시켰다. 이것은 자연의 개념에 뚜렷한 변화를 가져오게 했다. 자연은 이제 비옥하고 안락하며 잘 정돈된 것으로 보였다. 자연에 대한 낭만적 이상의 확장으로서 원시주의(Primitivism)는 인간의 행복과 복지는 그들 문명의 정도에 비례해 감소된다고 주장했다. 원시주의 문학의 예는 다니엘 디포의 『로빈슨 크루소(Robinson Crusoe)』에서 볼 수 있다. 불편한 야생으로부터 떠나 있었지만, 무인도에서 크루소의 삶은 현대문명의 결점을 함축하는 매력적인 요소를 포함하는 것이었다.

그리하여 낭만주의와 함께 자연에 대한 여론이, 비록 서서히 이루어지긴 했지만, 변화하기 시작했다. 중요한 것은, 자연에 대한 평가가 도시에서 시작되었다는 점이다. 내시는 "도끼를 가진 개척자가 아니라 펜을 사용하는 문학적 신사가 처음으로 강한 반감의 흐름에 반대하는 저항의 제스처를 취했다. ……확실히 야생자연환경에 대한 무관심과 적의(敵意)는 대체로 지배적이었다. ……그러나 18세기 중엽쯤 몇몇의 미국인들은 야생자연환경에 대한 고마움을 서슴없이 표현했다."[16]

4장에서 7장까지의 제목들은 "미국 야생자연환경", "헨리 데이비드 소로: 철학자", "야생자연환경을 보전하세요", 그리고 "보전된 야생자연환경"이다. 이 장들은 야생자연에 관한 여론을 바꾼 영향력에 대해 재조명했다. 그 영향력은 뒤에 가서 미국 의회로 하여금 처음으로 자연보전지대를 법적으로 지정하게 만들었다. 내시가 말한 것처럼, 야생자연환경에 대한 여론을 바꾸는 데 중요한 요소들은 훌륭한 예술과 문학 그리고 미국 대중의 새로운 민족

주의 의식이었다.

미국의 야생자연환경은 유럽인들이 이제까지 경험했던 어떤 것보다도 훨씬 더 웅장했다. 독립을 쟁취한 직후 아메리카의 새로운 주민들은 그들의 새로운 땅의 자연을 조사하기 시작했다. 그들은 그 나라의 야생자연환경이 자신들의 이전의 어떤 문화적 경험에도 걸맞지 않는다는 것을 알았다. 그리고 그것이 자연 그대로의 땅에 대한 국가적 자긍심을 불러일으켰고, 이는 낭만주의자들이 불러일으킨 감정을 대신했다. 그리고 나서 이제 대중매체는 이러한 야생자연의 이미지를 시민들에게 보여주었다. 그리고 그 당시의 "대중매체"란 훌륭한 예술과 문학을 의미했다.

허드슨 강 화단(Hudson River School)의 토마스 콜(Thomas Cole)과 같은 뛰어난 화가들, 메인 카타딘 산(Maine' s Mt. Katahdin)의 아름다움을 화포(canvas)에 그렸던 프레드릭 처치(Frederic E. Church), 록키 산맥의 웅장함을 그렸던 알버트 비어슈타트(Albert Bierstadt), 『미국의 새들(Birds of America)』을 창작했던 존 제임스 오두본(John James Audubon), 그리고 아직도 생생하게 상원의 회의 로비에 걸려 있는 거대한 캔버스 속 그랜드 캐년을 그린 토마스 모런(Thomas Moran)은 정치인과 대중에게 미국 야생자연의 훌륭함을 전했다. 오늘날까지 이들의 힘있고 장엄한 그림은 보는 사람들에게 강렬한 공명을 불러일으킬 수 있다. 19세기에 그들은 미국 자연의 경이로움을 보호하는 위치에 있었던 선출직 관리들에게도 마찬가지로 극적인 영향을 주었다.

19세기에 훌륭한 예술이나 문학 역시 야생자연환경에 대한 여론 형성에 중요한 역할을 했다. 헨리 데이비드 소로의 『월든』, 내티 범포(Natty Bumppo) 개척민에 대한 제임스 페니무어 쿠퍼(James Fenimore Cooper)의 다채로운 이야기들, 오리건 산길(Oregon Trail, 미주리 주에서 오리건 주에 이르는 산길: 19세기 초 개척자들이 많이 이용했음)에서 서부개척자 모험에 대한 프랜시스 파크먼

(Francis Parkman)의 자세한 이야기, 그리고 윌리엄 컬런 브라이언트(William Cullen Bryant)의 "죽음에 관한 고찰(Thanatopsis)"과 같은 시는 사라져가는 미국의 야생보전에 대한 대중의 관심을 불러일으키는 데 일조했다.

문학과 예술이 결합된 힘은 자연지역의 보전에 영향을 미쳤다. 1872년 3월 1일 옐로스톤 국립공원의 설립은 미국뿐만 아니라 세계적으로 야생자연환경보전에 있어 최초의 공식적 행동이었다. 그날 그랜트 미국 대통령은 말하기를 북서 와이오밍(Wyoming)의 200만 에이커를 "공립공원 혹은 국민의 편익과 즐거움을 위해 기쁨을 주는 땅은…… [내무부장관은] 보전을 위해 제공할 것이다…… 상술한 공원 내에 모든 목재, 비축광물들, 자연적인 진기한 것들, 혹은 경탄할 만한 것…… 그들 자연 상태 내에서."[17] 그러나 옐로스톤은 특별히 야생자연환경보전을 위해 고려된 것은 아니었다고 내시는 주장한다. 옐로스톤의 야생자연은 단지 상업적 이용이라는 목적을 위해 간헐천, 온천, 그리고 폭포를 보호하고자 한 관심의 산물이었다. 나중에 가서야 사람들은 옐로스톤의 국립공원 지정이 또한 야생자연환경을 보전했다는 것을 깨달았다. 옐로스톤이 설립되고 13년이 지난 후 뉴욕 주는 애디론댁(Adirondacks)에 715,000에이커의 땅이 "야생산림지로서 영구히 보전되도록" 만들었다.[18]

19세기 말 야생자연환경보전에 대한 중요한 첫출발과 동시에 우연하게도 옐로스톤과 애디론댁 산림의 보전이 일어났다.[19] 내시는 이들 초기 성공의 여세를 이어가는 데 필요한 것은 국가적 운동과, 당연하게도 그 운동을 시작한 리더들이라 생각했는데 그 리더 중 한 명이 존 뮤어였다. 야생자연환경보전운동에 대한 그의 공헌에 대해 내시는 8장 "존 뮤어: 공표자(John Muir: Publicizer)"에서 상술한다. 뮤어는 월간 『애틀랜틱』(Atlantic Monthly: 1857년 보스턴에서 창간된 미국의 일류 문예잡지)과 같은 국민적 잡지에 논문을 발표했을 뿐만 아니라, 야생자연환경보전과 산림관리 사이의 차이를 더욱 명백히 정의하는 데 기여했다. 그리고 그것은 또한 19세기 후반에 이르러 국가적인 이슈로 등장하게 되었다.

산림관리의 목표는 장기간 땅의 생산 능력을 훼손하지 않으면서 상품(필수품) 생산을 위한 산림자원을 이용하는 것이었다. 이에 대조적으로 야생자연환경보전은 어떤 목적을 위해 자연자원의 수확을 피했고, 산림이 완전히 자연적 과정에 지배되도록 유지하는 데 목적이 있었다. 처음으로 뮤어는 산림과 야생자연환경보전이 양립 가능하도록 만드는 산림관리를 지지했다. 이 과제에 대한 뮤어의 초기 입장은 그를 상업적 산림관리의 두 지지자인, 기포드 핀쇼와 루스벨트(이 책의 1장과 5장 참조)와 동료가 되게 해주었다. 그러나 수개월이 지나서 정당의 정치적인 입장의 윤곽이 그려졌고, 그리고 뮤어는 핀쇼와 루스벨트 두 사람과 헤어졌다.

1897년 여름 내시는 시애틀 호텔에서 일어났던 뮤어와 핀쇼 사이의 마지막 만남을 묘사한다. 주요 이슈는 공공산림지에서 풀을 뜯는 양(羊)이었다. 뮤어는 산림보전을 위해 용납할 수 없었던, 그가 양이라고 불렀던 "발굽 달린 탐식자(hoofed locust)"를 크게 반대했다. 반대로 핀쇼는 시애틀 신문에 산림지에서의 양의 방목을 지지하는 글을 발표했다. 호텔 로비에서 뮤어는 핀쇼에게 다가가, 그에게 긍정적으로 대답했던 것이 신문이 제대로 인용되었는지를 물었다. 뮤어는 등을 쏘아보면서, "그렇다면…… 나는 당신과 함께 어떤 것도 더 이상 하기를 원하지 않는다…… 당신 자신이 이전에 양들은 엄청난 해를 입힌다고 말했다."[20] 내시는 뮤어의 거리낌없는 언사와 애교스런 솔직함 때문에 기포드 핀쇼와 대통령이 뮤어를 좋아한 것이라고 말했다. 뮤어는 루스벨트 대통령이 사냥을 좋아하는 것을 알고서 언젠가 대통령에게 "당신은 동물을 죽이는 소년 같은 짓을 언제 그만둘 것입니까…… 그것을 하지 않고서는 잘 지낼 수 없겠습니까?"라고 나무랐다.[21] 이들의 개인적인 만남은 후에 상업적인 산림관리와 야생자연환경보호의 싸움에서 나타난 특징적 가치들의 갈등을 상징화한다.

19세기가 끝나갈 무렵 적어도 미국 국민은 내시가 "야생자연환경 예찬"(그것은 9장의 제목이다)이라고 이름 지은 야생자연에 매혹되었다. 그 예찬은 내시에 따르면 세 가지 면에서 중요하다.[22] 첫째 독립, 혁신성, 그리고 자기 신뢰와 같은 — 미국 국민의 크게 바람직한 국가적 특성이라는 신념은 과거 미국 개척시대 동안 야생자연환경과 관련해 도출되었다. 둘째, 남성적 성격, 강인함, 그리고 야수, 다윈의 표현을 빌리면, 적응도(fitness)의 원천으로 여겨졌다. 셋째, 많은 미국인들은 야생자연환경을 명상과 찬양의 배경을 제공한 미적이고 윤리적인 가치를 부여한 장소라고 보았다.

야생자연환경에 대한 예찬을 진척시키는 데 중요한 지적 기여를 한 사람은 프레드릭 잭슨 터너(Frederick Jackson Turner, 1861~1932)였다. 터너는 위스콘신 주, 포티지(Portage)에서 태어난 역사학자였고, 위스콘신 대학과 존스 홉킨스 대학에서 교육을 받았다. 그는 1885년에서 1910년까지는 위스콘신 대학에서, 1910년부터 1924년까지 하버드 대학에서 가르쳤다.[23] 책과 논문에서 터너는 개척자는 미국인을 유럽인과 다르게 만들었을 뿐만 아니라 더 훌륭하게 만들었다고 주장했다. 사실 그는 산림 야생자연환경은 특히 강하고 바람직한 민주주의를 형성하는 데 기여했다고 말했다. 터너는 가장 원시적인 상태로서 야생자연환경에서의 삶은 개인주의, 독립성 그리고 자치 정부를 촉진하는 것이었다고 주장했다.[24] 따라서 터너는 미국에서 가장 신성시된 덕목으로써 그들 본토의 야생자연을 그의 동포의 마음에 연결했다. 내시는 터너의 저작의 논조가 "야생자연환경 상태의 소멸에 대한 비관을 암시했고, 일반인들의 향수 어린 회한을 불러일으켰으며"[25] 그로써 미국인들로 하여금 남아 있는 야생자연환경의 특성을 보전하도록 촉진했다고 말했다.

20세기 초 야생자연환경 보전에 대한 가장 훌륭한 최후의 대결은 의심할 여지 없이 캘리포니아의 헤츠 헤치 댐 사건이었다(내시의 10장 주제; 또한 이 책 1장과 5장 참조). 샌프란시스코 시는 수도 공급을 위해 헤츠 헤치 계곡을 가로질러 흐르는 투얼럼 강(Tuolumne River: 요세미티 국립공원에서 발원해 동쪽에서 서쪽으로 흘러 샌와킨 강과 샌프란시스코 만을 경유해 태평양으로 흘러들어감)에 댐 건설을 추진했다. 물론 댐을 세우는 것은 웅장한 국립공원인 요세미티 계곡에 가까운 헤츠 헤치 계곡을 없애는 것이었다. 댐 건설이 시작된 것은 보전주의자 뮤어와 그를 반대하는 핀쇼, 루스벨트 그리고 개발주의자들 간의 격렬한 공공투쟁이 있은 후였다. 그러나 공정하게 말하자면 내시는 루스벨트가 댐에 찬성한 것이 조금도 불협화음을 내지 않았다고 말한다. 사실 그는 보전과 개발 양쪽을 찬성하는 상당히 조화된 감정을 가진 것처럼 보였으나 최종적으로는 후자(개발)를 선택했다.[26]

　　헤츠 헤치 댐 프로젝트는 1913년 12월 10일 우드로 윌슨(Woodrow Wilson) 대통령에 의해 최종적으로 승인되었다. 법령에 서명할 때, 그는 "이 법안이 너무나 많은 애국심이 있는 사람들이 반대해서 나는 당연히 그 법안을 매우 세밀하게 검토했다. 나는 그들의 두려움과 반대 근거가 충분하지 않았다는 것을 깨닫고 자유로움을 느꼈다"고 선언했다.[27]

　　헤츠 헤치 사건으로부터 비롯된 주요 변화는, 비록 댐 건설을 막을 수 있었다 해도, 미국 대중은 점점 자연 파괴에 관해 염려하게 되었을 거라고 말한다. 내시는 "미국 국민들이 자극받을 준비가 되어 있었기 때문에 뮤어[그리고 다른 사람들]는 [제안된 댐에 대해] 항의할 수 있었다. 야생지에 대한 평가와 그 땅의 보전에 대한 욕망은 19세기의 마지막 10년 동안 소수의 지식계급으로부터 꽤 큰 인구의 부분으로 확산되었다."고 말했다. 더욱이 내시는 "그들이 야생자연환경을 반대했기 때문에 거의 모두가 댐 건설에 호의를 보였고, 심지어 샌프란시스코의 열렬한 지지자들도 그 문제를 선[가령, 문명]과 악[가령, 야생자연환경]이 아니라, 두 개의 상품 사이의 선택의 문제로 표현했다. ……3세기 동안 그들은 주저 없이 문명을 선택했다. 1913년이 되자 그들은 더 이상 그렇게 확신할 수 없게 되었다"고 말했다.[28]

20세기가 되면서 미국 시민들의 야생자연환경보전에 대한 관심은 정말로 성숙해졌다. 야생자연환경운동, 또는 내시의 명명법에 따르면, "예찬"은 지도자들을 배출했고, 몇 가지 중요한 업적을 만들었다. 그러나 실제적인 미래의 결과를 산출하기 위해 요구된 것은 그 운동을 이끌기 위한 윤리 — 다시 말하면 철학이었다. 내시에 따르면 이 철학을 제공할 사람은 알도 레오폴드(11장, "알도 레오폴드: 예언자")였다.

1908년 예일 대학 임학과를 졸업한 레오폴드는 한때 당시 미국 영토이던 뉴멕시코와 애리조나 주에서 미국 산림청의 야생동물 관리인으로서 일했다. 산림청에서 근무하는 동안 레오폴드는 평생 동안의 열정을 쏟아붓게 될 야생자연환경지역의 설립에 관한 생각을 발전시켰다. 그의 관심과 끈기 덕분에 기관 관리들은 레오폴드가 야생자연환경 레크리에이션을 위한 보전지역 지침을 개발토록 허락했고, 이 활동은 후에 뉴멕시코에 위치한 힐라(Gila)라는 최초의 공식적인 야생자연환경지역의 설립으로 이어졌다. 레오폴드는 또한 1929년에 국유림 시스템 안에 다른 야생자연지역의 보전을 위한 산림청 정책 개발을 고취시켰다.[29]

그러나 아마 이러한 업적들보다 훨씬 더 큰 업적은 레오폴드가 토지 윤리에 관한 지도적 철학을 수년에 걸쳐 전개해온 것이었다. 내시에 따르면 레오폴드가 신문기사와 『모래 땅의 열두 달(Sand County Almanac)』과 같은 책을 통해서 현대인간은 "자연세계를 향한 태도의 근본적인 변화"가 필요하다는 것을 주장했다. 레오폴드는 인간들은 전체로서 땅을 보고, 개별 집단의 복지보다는 오히려 공동체의 관점에서, 그리고 장·단기적 시각에서 땅을 생각할 필요가 있다고 말했다.[30] 그러므로 알도 레오폴드는 인간이 "흙, 물, 식물, 그리고 동물, 혹은 총괄해 땅을 포함하는 공동체의 경계를 확장"하는 "토지 윤리"를 개발할 것을 주장했다. 레오폴드에 의하면, 이 토지 윤리의 채택은 "토지 — 공동체의 정복자로부터 그것의 평범한 구성원과 시민에 이르기까지 인간의 역할을 바꾸는 것이다."[31]

레오폴드의 "토지 윤리"와 야생자연환경보호를 위한 그의 관심은 오늘날에도 야생자연환경 옹호자들을 고무한다. 내시는 말하기를 "레오폴드는 그것들이 얼마 지나지 않아 보전주의자들에게 복음이 되었고, 지속적인 야생자연 존재의 정당성이 구조화되도록 설득력 있게 웅변했다."[32]

로버트 마셜은 내시가 12장 "영속을 위한 결정(Decisions for Permanence)"에서 언급한 또 다른 중요한 20세기의 야생자연환경운동의 공헌자였다. 부유한 뉴욕 시 검사의 아들인 마셜은 생의 초기부터 야외생활에 깊은 관심을 나타냈다. 고등학교 1학년 때 마셜은 "나는 숲과 고독을 사랑한다. ……나는 숨막히는 사무실과 복잡한 도시에서 나의 생애의 많은 부분을 소비하는 것을 증오할 수밖에 없다"라고 선언했다.[33]

마셜이 야생자연환경의 중요성에 대한 가장 독창적인 학생들의 부류에 속하지는 않았다 할지라도, 보전을 위한 운동에 있어 그의 열성과 성취를 따라갈 사람은 거의 없었다. 그의 위대한 힘은 생각을 행동으로 바꾸는 데 있었다. 야생자연환경운동에 있어서 그의 수많은 탁월한 공헌들 중에는 워싱턴 DC에 있는 야생자연보호협회 설립과 이 협회를 위한 개인적인 기부가 포함된다 — 야생자연보호협회는 오늘날까지도 미국의 숲과 야생자연환경보호에 주도적인 환경 조직의 토대이다. 불행하게도 마셜은 1939년 38살의 비교적 젊은 나이에 심장마비로 죽었다. 그의 뜻대로 야생보호협회에 2003년도 달러 평가로는 거의 500만 달러에 맞먹는 400만 달러의 유산이 남겨졌다.[34] 내시는 『야생자연환경과 미국 정신』의 발문에서 1964년 야생보호법에 의해 확립된 국가 야생자연환경보전 시스템을 간단히 언급했다. 그 시스템과 법에 관한 내시의 간단한 언급은 그의 책이 출판되었던 해에 그 법이 만들어졌다는 점에서 이해할 수 있다. 이미 언급한 것처럼, 1964년의 야생보호법은 야생자연환경보전에 어떤 국가에 있어서도 가장 강한 공약으로 나타난다. 이법은 야생자연환경을 근본적으로 인간에 의해 속박받지 않는 지구의 한 부분으로 정의한다. 그곳에서 일차적인 효과는 자연적인 것이고 인간의 흔적도 눈에 띄지 않는다. 그곳은 적어도 면적이 5천 에이커에 달하는 지역으로서 고독을 즐길 수 있는 곳이다. 그리고 그것은 과학적, 생태적 또는 역사적 흥미를 주는 야생자연환경과는 다른 특징들을 포함할지도 모른다.

1964년 야생보호법은 "긴급한" 야생자연지역 900만 에이커를 명시했고, 국가 야생자연환경보전 시스템에 산입(算入)한 다른 지역을 연구하기 위한 행동 프로그램을 두었다.[35] 새로운 야생자연지역의 지정을 위해 의회의 공식적 승인이 요구되었다. 새로 지정된 각각의 지역은 최초의 야생보호법과 야생자연환경으로서 그것을 명시했던 특별법에 의해 관리되었다. 국가 야생자연환경보전 시스템은 많은 연방기관에 소속된 토지를 포함한다. 국립공원 시스템, 국가야생동물보호 시스템, 국가산림 시스템, 그리고 토지관리청 등의 관리기관들은 비록 몇몇의 기존의 활동들이 계속될지라도(가령, 방목과 광업), 땅의 야생의 특성을 보전되기를 요구한다. 새로운 구조물, 도로, 그리고 동력화된 차량들은 구조(救助)와 긴급 목적을 위해 사용된 지역을 제외하고는 금지된다. 광물 임대는 금지되고 목재 수확은 일반적으로 산불 화재, 질병, 혹은 소유권을 위태롭게 하는 곤충의 통제를 위한 것을 제외하고는 허용되지 않았다.

많은 사람들은 내시의 『야생자연환경과 미국 정신』의 중요성과 공헌을 극찬했다. 『로스앤젤레스 타임지』는 미국에서 지난 4반세기 동안 출판된 가장 영향력 있는 백 권의 책들 중에 하나로 선정하며 환호했다. 『아웃사이드 매거진(Outside Magazine)』은 "세계를 바꾸었던 책들 중에 하나"이며, 나아가 "현대 환경주의를 창시한 책"이라고 불렀다.[36]

　　캐나다 강(江) 탐험가 사이몬 로드릭 프레이저(Simon Roderick Fraser)의 후손인 로드릭 내시는 위스콘신 메디슨 대학에서 역사학 박사학위를 취득했다. 그는 후에 다트머스 대학과 산타바바라에 있는 캘리포니아 대학에서 역사와 환경연구 전공 교수로서 30년간 일했다. 캘리포니아 대학에서 그는 환경역사학 과정을 미국 최초로 설립했다. 환경연구 전공을 만들고자 한 그의 노력은 미국에서 그가 의장을 맡기도 한 최초의 학제적 프로그램들 중의 하나로 이어졌다. 내시는 6개국 언어로 번역된 『자연의 권리: 환경윤리학의 역사(The Rights of Nature: A History of Environmental Ethics)』(1989)를 포함한 몇 권의 다른 주목할 만한 책들을 썼다. 미국 서부에 최초의 상업상(통상교역)의 강 가이드 중의 하나인 『The Big Drops: Ten Legendary Rapids of the American West』(1989)에서는 전설적으로 유명한 급류를 항행한 자신의 경험을 묘사했다. 내시는 급류타기, 가루눈 스키타기, 바다낚시 등을 즐기고자 1994년 캘리포니아 대학에서 은퇴했다. 환경책임과 야생자연환경보전을 위한 주창자로서 그의 활동은 계속된다.

| 주석 |

1. Glicksman and Coggins, *Modern Public Land Law*. p. 307.

2. 16 U.S.C.A, 1131-1136.

3. Glicksman and Coggins, *Modern Public Land Law*, p. 307.

4. Fred Nielsen, 『로드릭 내시와 미국의 야생자연환경(Roderick Nash and American Wilderness)』. 토론 역사(Talking History): Aural 역사 제작소(Aural History Productions)는 로드릭 내시와 2002년 17:45분에 인터뷰를 녹음했다.
   http://www.albany.edu/talkinghistory/arch2002jan-june.html(2004년 12월 15일 입수).

5. Ibid.

6. 서부문학협회(Western Literature Association) 웹사이트 *http://www.unomacha.edu/-wla/Rod erickNash.html* (2004년 12월 15일 입수); *Nielsen, Roderick Nash and American Wilderness.*

7. Quotations from Nielsen, *Roderick Nash and American Wilderness*, pp. 1, 7.

8. Ibid., p. 8.

9. Ibid.

10. Ibid., pp. 14, 22.

11. Ibid., pp. 23-24.

12. Ibid., p. 24.

13. Ibid., p. 43.

14. *Encarta Encyclopedia online, s.v.* "Romanticism (literature)."
    http:/encarta.msn.com/encyclopedia_761573164/Romanticism_(literature).html (accessed December 21, 2004).

15. Nash, *Wilderness and the American Mind*. p. 45.

16. Ibid., p. 44.

17. Ibid., p. 108.

18. Ibid.

19. Ibid., p. 122.

20. Ibid., p. 138.

21. Ibid.

22. Ibid., p. 145.

23. *Encarta Encyclopedia Online, s.v.* "Turner, Frederick Jackson,"
    http://encarta.msn.com/encyclopedia_761555885/Turner_Frederick_Jackson.html (accessed December 29, 2004).

24. Nash, *Wilderness and the American Mind.* p. 146.

25. Ibid., p. 147.

26. Ibid., p. 162.

27. Ibid., pp. 179-80.

28. Ibid., p. 181.

29. Ibid., pp. 187, 191.

30. Ibid., p. 196.

31. Ibid., p. 197.

32. Ibid., p. 199.

33. Ibid., p. 202.

34. Ibid., p. 207.

35. Glicksman and Coggins, *Modern Public Land Law*, p. 307-23.

36. 이들 멘트와 다음의 경력 소개는 서부문학협회에서 관리되는 웹사이트로부터 입수했음.
http://www.unomaha.edu/wla/RoderickNash.html (2005년 1월 2일 입수).

07

A. C. 피구, 로널드 코즈, 그리고
환경경제학의 발달

환경 문제에 대한 『침묵의 봄』 메시지에 대한 최초의 반응으로서 학술 공동체는 곧 그 주제에 대한 저술들을 쏟아내기 시작했다. 정치학자, 생물학자, 사회학자 할 것 없이 누구나 모종의 행동을 취했던 것이다. 1960년대 중반, 대학의 경제학자들은 환경경제학(environmental economics)이라 불리는 연구 분야를 만들었다. 호기심을 자아내는 이 새로운 방향은 인간은 왜 땅, 물, 그리고 공기를 남용했는지에 관한 개선된 경제이론의 탐구였다.

그러나 실제로 환경경제학이 1960년대 중반에 생긴 새로운 연구 분야였다고 말하는 것은 반만 옳다. 환경경제학의 기원은 그보다 수십 년 앞선 영국 빅토리아 왕조 시기이다. 그때 애덤 스미스, 토마스 맬서스, 그리고 데이비드 리카도의 고전적 경제이론들은 경제학자들에 의해 정밀한 검토를 받고 있었다. 이렇게 출현한 신고전학파 사상의 비공식적 지도자는 캠브리지 대학의 위대한 경제학자인 알프레드 마셜(Alfred Marshall)이었다. 마셜과 그의 제자들의 관심사 중에는 사회복지에 대한 경제적 측정 기준을 마련하는 것이었다. 그들이 이 신고전주의 분파를 기술하는 데 사용한 용어는 오늘날처럼 빈곤층을 위한 정부의 지원이라는 함축을 가지지 않았던 어구, '복지경제학'이었다. 복지경제학은 상품과 서비스의 생산 및 소비의 결과로부터 오는 인간의 만족도를 측정하는 데에 초점을 두고 있다.

당시 공학문제를 해결하기 위해 유행한 동일한 분석 방법을 사용해, 마셜과 그의 동료들은 그들의 연구를 돕기 위해 경제세계의 수학적 추상 개념을 세웠다. 시장 공급이나 수요 곡선과 같은 새로운 장치를 고안함으로써 그리고 미분학으로부터 고안된 한계해결을 사용함으로써, 신고전주의자들은 보다 깊고 보다 정연한 경제학에 대한 이해를 제공할 수 있었다. 일반적으로, 그들은 또한 선배보다는 먼 미래에 대해 낙관적인 생각을 갖고 있었다. 맬서스와 리카도는 자원의 가용성과 향후 문명의 궁극적인 생존 능력에 관해 의혹을 표현했던 반면, 이 새로운 계통의 경제학자들은 인류가 위험한 세계의 문제들을 극복할 수 있다고 보았다. 해럴드 바넷과 챈들러 모스가 표현했던 것처럼, 그들의 신념의 근거는 인류가 장기간의 조정과 개선을 위해 잘 기능화된 시장으로부터 오는 끊임없는 정보의 흐름을 사용할 수 있다는 것이었다. 소비자들은 시장의 가격 변화에 대응해 그들의 소비 패턴을 바꿀 수 있었다. 마찬가지로 생산자들은 생산의 투자와 산출을 개선함으로써 그리고 중요하게도 새로운 비용절약 생산기술의 채택을 통해서 시장 신호에 적응할 수 있었다. 따라서 시장 그 자체는 사회가 미래로 나아갈 때 끊임없이 개선하고 보충하는, 일종의 경제적 회전 운동을 하는 물체(gyroscope)로 여겨졌다.

경제복지에 대한 신고전주의적 연구에서 사회복지시장을 토대로 한 측정은 궁극적으로 두 부분으로 나타났다. 첫 번째 부분은 생산자의 잉여(producer's surplus)는 본질적으로 이익의 측정이다. 즉, 시장에서의 상품 가격과 그 상품을 생산하는 데 들어간 비용의 차이다. 따라서 생산자의 잉여는 사업 부문의 복지에 대한 최상의 측정이라고 말한다. 두 번째 측정, 소비자의 잉여 (consumer's surplus)는 개념적으로 훨씬 더 복잡하다. 그것은 소비자가 상품소 비로부터 받게 되는 만족의 가치와 그 상품에 지불해야 하는 가격 사이의 차 이이다. 예를 들어 만약 소비자가 한 상품에 대해 1달러를 지불하고 그 상품 으로부터 향유하는 가치가 1.5달러라면, 소비자의 잉여는 50센트이다.

생산자와 소비자의 잉여는 사회복지 분석을 시작하려는 경제학자에게 자리를 마련해주었지만, 개념적 틀은 불완전했다. 또한 인간 복지에 영향을 미치는 오염과 같은 시장-외적 사건을 설명할 수 있는 수단이 여전히 부족했 다. 마셜의 제자 피구(Pigou)가 그의 『복지경제학(The Economics of Welfare)』이 라는 책에서 빠진 그 빈자리를 채웠다. 1920년에 처음 출간된 피구의 책은 거의 1천 페이지에 달하는 후기 에드워드 왕조 시대의 허풍스런 산문체로 구 성된(혹은 그렇게 보이려고 노력한) 풍부하고 폭넓은 저서였다. 경제복지의 주요 척도는 동료 신고전주의자들이 주장했듯이 상품 및 서비스의 생산과 소비에 서 비롯된 인간 만족에 대한 돈의 가치라는 데 동의했다:

> 경제복지는 대체로 금전적 측정 관계로 환원될 수 있는, 집단들의 만 족과 불만족에 따르는 것이다…… 그러므로 경제 분석의 가장 일반적 인 목적을 위해 화폐요구 가격을 개의치 않고 만족의 측정 도구로서 간주하는 경향이 그렇게 해로운 것은 아닌 듯하다.[1]

만일 피구가 거기서 멈췄다면, 역사는 그를 망각했을지도 모른다. 그러 나 다행히도 그는 좀 더 깊게 탐구했다. 그는 경제복지에 대한 정의에 따라 "수많은 난폭한 역설들(a number of violent paradoxes)"이 존재한다고 말했다.

이에 따라 역설들에는 "잦은 석탄 또는 금 채취로 인한 아름다운 경관의 황폐화, 공장들의 무절제한 매연 배출로 인한 대기오염, 공중광고에 의해 훼손된 아름다운 자연" 등이 있다.[2] 따라서 피구는 사람들이 생산하고 소비했던 상품과 서비스의 가치만큼이나 인간 복지에 영향을 미치는 금융무역의 대차대조표로부터 생겨난 활동들이 있었다는 것을 깨닫게 되었다. 그리고 사회경제복지를 제대로 측정하려면 이처럼 숨겨진 활동들이 고려되어야만 했다.

피구는 또한 복지에 대한 이러한 수정이 유익한 효과와 유해한 효과 모두를 가져올 수 있는 두 가지 측면을 간과할 수 있다는 것 또한 알았다. 그는 이들 효과를 "보상되지 않는 서비스와 피해"라 불렀고, 그것들이 어떻게 일어나는지를 다음과 같이 기술했다.

> 여기서 문제의 본질은, 서비스가 이루어지는 과정에서 어떤 사람 A가 그것으로 인해 두 번째 사람 B에게 지불이 전가되어졌고, 부수적으로 또한 그 같은 종류의 다른 사람 C · D 그리고 E에게 이익을 주거나 피해를 주게 된다. 이 서비스는, 기술적 고려 때문에 그 지불을 수혜 집단으로부터 뽑아내거나 피해받은 집단에게 보상을 강요할 수도 없는 그러한 것이다.[3]

따라서 A는 생산자인 반면, B는 소비자이다. 다른 사람 C, D와 E는 보상되지 않는 서비스 혹은 피해를 받는 시장 거래에 있어서 제3의 외부 집단이다. 그는 '보상되지 않는 서비스(즉 유익한 부작용)'와 '피해'의 예를 들고 있다: "그것은 유리한 기후적 효과가 숲을 책임지고 있는 사람들에 의해 소유된 사유지의 경계를 넘어 확장됨에 따라 식림(植林)에 봉헌된 땅과 같은 것이 된다." 그리고 "대도시의…… 공장 굴뚝에서 나온 연기는 건물을 침식하고 채소를 상하게 하며, 옷 세탁과 방 청소에 비용을 들이게 만들고, 쓸데없는 조명과 많은 다른 측면에서의 준비 비용 등 책임을 지지 않으면서도 공동체에 엄청난 피해를 입힌다."[4]

피구는 산출의 직접 측정 가능한 가치를 무역 생산물로 여긴다. 그의 보상되지 않은 서비스와 피해를 무역 순생산으로부터 더하거나 뺐을 때, 그는 그 결과를 사회적 순생산(Social Net Product)이라고 불렀다. 상품과 서비스에 대한 금전적 가치뿐만 아니라 간접적 환경 영향으로도 설명되기 때문에 사회적 순생산은 인간 복지에 대한 피구의 신뢰할 수 있는 경제학의 측정이었다.

이 캠브리지 교수는 또한 보상되지 않은 효과의 조정을 통한 사회적 순생산과 균등한 거래는 사회복지를 최대화하기 위한 필요조건이라고 인정했다. 그리고 정상적으로 기능하고 있는 시장이 이것을 수행할 수 없으므로, 피구는 "보조금과 세금(bounties and taxes)"의 부과를 통해 거래와 사회적 비용 사이에 어떤 불공평을 정정하는 것은 정부의 책임이라고 주장했다.[5] 이 같은 책임의 행사는 잘 작동하는 시장의 회복을 통해서 인간 복지의 전면적인 개선을 가져온다. 따라서 정부는 현금시장이 존재하지 않았던 자연미학과 같은 바람직한 서비스 생산을 촉진하기 위해 보조금을 지불하면서, 오염자에게 생산을 조정해 폐해를 제거하도록 과세를 강요할 것이다. 이 같은 이론들로 피구는 환경 위기에 관한 현대 경제연구의 토대를 놓았다.

개인적인 이력에 따르면, 아서 세실 피구(Arthur Cecil Pigou)는 1877년 영국 남쪽의 해안에서 조금 떨어진 와이트 섬(Isle of Wight)에서 프랑스 위그노교도인 부모로부터 태어났다. 1897년 그는 알프레드 마셜의 지도하에 역사와 경제학을 공부하기 위해 캠브리지로 갔다. 1908년 마셜이 은퇴하자 서른 살의 피구는 캠브리지 대학의 정치경제학 주임교수로 마셜을 계승하게 되었다. 1914년 피구는 1차 세계대전에 군복무 징집을 받았지만 양심적인 반대자로서 거절했다. 대신에 그는 퀘이커파가 운영하는 야전병원의 긴급구조단원으로 근무했다. 전쟁 경험은 명백히 피구에게 정서적으로 깊은 영향을 끼쳤고, 결과적으로 그는 서서히 자진해서 스스로를 사회로부터 격리시켰다. 그리고 그는 생의 마지막까지 은둔자로 남았다. 이 은둔에 대한 흥미로운 증거는 교수로서 그가 옆 방의 비서에게 반쯤 열린 문을 통해서 원고를 불러주고 받아쓰게 했다는 사실이다. 그 원고는 그렇게 타이핑되어 대학 우편국을 통해 다음날 그에게 돌아왔다.[6]

여러 해에 걸쳐 몇 가지가 추가되면서 피구의 아이디어는 교수는 물론 학생에게까지 퍼졌다. 피구의 보상받지 못한 서비스와 피해에 새로운 이름이 적용되었다. 그들은 각각 외부경제와 불경제(external economics and diseconomics), 그리고 총괄해 간단히 경제적 외부성(economic externalities)으로 명명되었다. 조세와 보조금을 통해서 줄어들었던 외부성의 과정은 내부화되고 있다고 불려졌다. 또한 상상적 분석 기법은 시장에서 정상적으로 거래되지 않는 그들의 미적·심리적 가치에 대한 손해를 평가하기 위해 개발되었다.

1950년대 경제학자들은 대부분의 외부성이 그들이 자유롭게 접근할 수 있는 개가식(open-access, 도서관에서 열람자가 원하는 책을 자유롭게 찾아볼 수 있도록 하는 운영제도) 특성의 문제 때문에 생기는 것이라는 매우 중요한 사실을 인정했다. 이처럼 대기와 수질 오염은 다른 사람에게 반드시 악의적으로 해를 끼치려는 사람만의 문제는 아니었다. 공기와 물은 누구에게나 열려 있고 누구나 이용할 수 있기 때문에 오염 저장소였다. 사실상, 그것들은 자유로운 — 적어도 오염시키는 사람에게는 자유로운 — 쓰레기 처리장이 되었다. 개가식 특성이라는 개념은 아마 피구가 오염 피해에 대해 "기술적 고려 때문에 변상을 받아낼 수 없었다"고 말했을 때 생각하고 있었던 것이었다.[7] 그러나 피구가 가깝게 접근했던 곳을 후에 캐나다인 스코트 고든(Scott Gordon) 같은 경제학자들은 정확하게 문제의 대상으로 포착했다.[8] 문제의 핵심은 할당되지 않은 재산권이었다. 사람들이 오염 행위를 한 것은 그것이 자신들에게 경제적으로 유리했고, 그 행위를 막을 다른 방법이 없었기 때문이다. 경제학자들은 개가식 특성이 자연계의 시장 가격을 오염퇴적이 되지 않도록 하는 과정을 묘사하고자 '시장 실패(market failure)'라는 용어를 만들어냈다.

1950년대 말에도 피구의 이론은 도전받지 않는 경제적 이론으로 확립되어 있었다. 정부는 시장 실패를 유발한 개가식 특성 때문에 경제적 외부성을 수정하는 데 책임이 있는 것으로 여겨졌다. 그러나 1960년에 버지니아 대학교수인 코즈(Ronald H. Coase)라는 이름을 가진 영국 경제학자는 정부 개입의 피구적 해결에 대한 대안을 담은 "사회비용의 문제(The Problem of Social Cost)"라는 제목의 독창적인 논문을 발표했다. 코즈 이론의 근본적 차이점은 그 문제에 대한 그의 독특한 시각이었다. 오염과 개가식의 특성 문제의 치료에 대한 연구에서 코즈는 전통적인 의미의 정의에는 관심이 없었다. 즉, 누군가 오염에 대한 처벌을 받아야 한다는 생각에는 관심이 없었다. 대신 그의 소망은 모든 당사자들에게 이익이 될 수 있는 경제적 공평 상태를 추구하는 것이었다. 그의 목표는 모든 참가자들이 그들의 상태를 악화시키지 않고 가능한 경제적으로 부유하게 되는 것이었다. 이 경제 상태는 경제 공평에 대한 동일한 규정을 하고자 한 이탈리아의 경제학자 빌프레도 파레토(Vilfredo Pareto) 이후의 경제학자들에 의해 잠재적 파레토 최적성(Potential Pareto Optimality)이라고 명명되었다.

코즈는 당사자들 사이에서 협상을 통한 결정이라는 아이디어를 해결책으로 제공했다. 그에 따르면 이것은 피구가 제안했던 과세를 통한 의무 부과보다 우수하다. 우선 그는 조세의 적절한 양을 결정할 때부터 엄청난 문제들이 생긴다고 보았다. 피구는 세금이 경제적인 손실에서 균등해야 한다고 말했지만, 코즈는 손실의 가치가 사실상 측정하기 불가능하다고 생각했다. 그리고 비록 정부 관리들이 세금의 크기를 정확하게 측정할 수 있다고 해도 파레토의 최적 상태를 달성하기에는 여전히 문제가 있었다. 오염물을 배출하는 회사는 세금이 부과될 경우 산업생산을 줄일 것이다. 이것은 제3자에게 오염 피해의 최적의 감소를 이루는 데 기여하는 반면, 회사는 이윤을 얻지 못하게 되고 소비자는 회사의 생산품을 소비하려고 팔을 걷어붙이게 될 것이다. 그 결과로서 한쪽의 승리자와 다른 쪽의 패자가 생기게 된다. 가장 효율적인 해결책은, 코즈에 따르면, 교섭 비용이 아주 크지 않다면 정부의 관여 없이 협상을 통해 해결하는 것이다. 생산자는 계속해서 이전 수준으로 생산을 계속할 수 있고, 마찬가지로 소비자는 상품 소비로부터 만족감을 유지할 수 있을 것이며, 오염 피해를 겪은 이들의 고통은 손실을 보상받을 것이다. 신고전주의적 낙관주의를 계승하는 코즈의 연구가 함축하는 것은 만약 인간이 자유시장 접근에 의존하려고 한다면 — 협상을 통한 피해 보상 — 기능부전의 시장 시스템을 고치기 위해 어느 정도의 환경 악화와 함께 살 수 있다는 것이다.

코즈는 또한 협상 이전에 어느 집단이 '공유재산에 대한 권리'를 처음 소유하는가의 문제를 제기했다. 그것은 피해자여야 하는가 혹은 오염자여야 하는가? 코즈에 따르면 결국 생산자는 피해자 쪽에서 오염이 적은 만큼은 생산할 권리를 갖지 않는가? 건전한 상식은 피해자가 그 권리를 소유해야 한다고 대부분의 사람에게 제안할 것이다. 그리고 피해자는 따라서 오염시키는 자가 오염 처리를 위해 공유재산의 이용을 멈추고, 그것에 의해 야기되는 피해에 대한 대가를 지불하라고 말해야 한다. 그러나 코즈의 주목할 만한 결론은, 어느 당사자에게 먼저 공유재산에 대한 권리가 양도되는가는 중요하지 않다는 것이다. 이론적으로 만약 두 당사자가 그때 해결책을 협상하도록 강요받는다면, 누구에게 재산권이 먼저 양도되었는가와 관계없이 동일한 오염

감축이 이루어질 것이다. 오염 피해자가 재산권을 양도받고 회사가 오염 피해에 대해 피해자에게 보상해야 하는가, 혹은 양자택일로 회사가 그 권리를 양도받고 피해자가 오염을 멈추기 위해 그것을 매수해야 하는가는 그리 중요하지 않다. 오염을 감소시키는 결과는 두 경우에 동일하다. 따라서 누가 공유재산을 소유하는가의 문제는 경제적으로 효과적인 결정과는 무관했다. 그러나 수입 배분에 있어 재산권의 양도는 엄청난 파급 효과를 갖는 것이었다.

마침내 1991년 노벨 경제학상을 수상하게 된 그의 유명한 이론을 만드는 데 코즈는 피구의 사상을 지적인 출발점으로 사용했다. 그것은 보상되지 않은 서비스와 피해에 대한 피구의 생각과, 코즈에게 동기를 주었던 과세를 통한 정부 개입이라는 해결책이었다. 그러나 책의 마지막 페이지에서 코즈는 그의 동료의 업적에 대해서 칭찬을 아꼈다.

> 사실, 이 논문에서 고려된 문제들에 대한 피구의 취급 방법은 매우 알기 어렵고…… 그의 견해는 해석에 있어서 극복하기 어려운 것이었고…… 비록 이것이 한 경제학자 피구의 위업이 매우 훌륭하다 할지라도, 피구가 자신의 입장에서는 한 번도 생각하지 못했던 모호함의 주요 원천이 있다는 결론을 바꾸기는 어려울 것이다. 비록 그 학설의 성공, 부분적으로는 아마 해설의 불명확함 때문일 테지만, 피구에 의해 전개된 불완전한 학설이 영향력을 가질 수 있었던 것은 이상하다. 그것은 애매했기 때문에 결코 분명히 틀리지 않을 수 있었던 것이다.[9]

이 같은 비판에도 불구하고, 코즈의 연구와 결부된 피구의 연구는 『침묵의 봄』이 현대 환경시대를 열었을 때에도 주류 경제학자들을 유리한 입장에 서게 해주었다. 사실 환경운동과 함께 그들의 경제이론들은 마침내 적용되게 되었다. 1960년대 중반, 환경경제학에 대한 연구의 관심이 대학, 정부기관, 그리고 미래를 위한 자원과 같은 단체에서 증가했다. 크루틸라(John V. Krutilla) 와 니즈(Allen V. Kneese)와 같은 유명한 자연자원 경제학자들은 그 분야에 수상이력들을 만들기 시작했다. 마침내 환경경제학에 대한 몇몇 교과서들이 출간되었고, 매년 약 24개 정도의 학술 잡지가 그 과제에 관한 수백 편의 논문을 실었다. 늘어나는 저작들에서 다루어진 문제들은 환경오염, 지구온난화, 야외 휴양, 어장(업), 공공이용물, 그리고 다수의 이론적 논제들을 포함한다.

피구와 코즈의 중요한 기여는 어떤 학문 분야 못지않게 경제학이 그들의 이론에 의해 정의된 것이라는 사실을 알게 되면 더욱 분명해진다. 이것은 늘 경험적 연구가 대개 뒤늦게 발전한, 2차 세계대전 후 현상이었던 경제학에서의 전통이 되었다. 공식적인 경제사상에 있어서의 서구세계의 첫 2세기 동안 자료와 빠른 속도의 컴퓨터가 부족했기에 이론적 분석만이 유일하게 이용할 수 있는 연구방법이었다. 오늘날조차도 그 분야의 훌륭한 학문적 진보는 대개 사람들이 그 이론을 어떻게 잘 이해하고 이용하는가에 따라 결정되어진다. 경제학자들은 아마도 어떤 환경학자들의 집단에 대해 가장 체계적인 연구를 수행하기 위해 코즈와 피구의 훌륭한 업적을 사용했다. 그들의 발견과 전문용어는 다른 학문 분야로 확산되었다. 가령 비경제학자들이 "외부성의 내부화(internalizing externalities)"를 말하는 것을 듣는 것은 전혀 특별한 일이 아니다.

그러나 그들의 성취에도 불구하고 환경경제학자들은 공공환경정책에 영향을 미치는 데에는 기껏 부차적인 역할을 했을 뿐이다. 세금과 시장 협상 어느 것도 실제 사회에서 많이 받아들여지지 않았다. 대부분 경제학자들에 의해 무시된 접근법인 오염자들에 대한 직접적인 규제가 오히려 오염 통제의 가장 널리 사용된 방법이었다. 확실히, 어떤 사람들은 오염 치료에 있어서 경제적 토대를 둔 메커니즘, 그 이론 수용의 증거로서 — 지구 기후 변화에 대한 한 해결책으로서 탄소배출 시장 거래, 그리고 1990년 미국의 대기정화법 (the Clean Air Act)에 나타난, 이른바 양도 가능한 배출 허용과 같은 예들을 지적할지도 모른다. 배출 허용으로서 오염을 수용할 수 있는 총체적 수준은 큰 지리적 단위로 지정되고, 그 지역에서 각각의 오염 배출 회사는 그때 총 허용 오염의 지정 부분의 배출 허용(허가증)을 받게 된다.[10] 개개의 회사들은 차후 이들 허가증을 양도할 수 있지만, 모든 회사에 의해서 배출된 오염총량은 지속된다. 그러나 배출허가증은 오염 통제에 대한 검증되지 않은 접근법으로 남아 있다. 사실 환경단체들은 오염허가증이 존속할 경우, 대기정화법을 반대해 법적으로 도전할 거라고 위협해왔다. 환경 문제를 해결하는 데 있어서 경제이론을 수용하지 않은 다른 예는 대규모의 연방 연구 프로그램에서 볼 수 있다. 국가 산성낙하평가 프로그램과 미국 지구변화 프로그램과 같은 10억 달러 규모의 연방 환경 프로그램에서조차 경제학자들의 역할은 크지 않았다.

적어도 환경정책에 대한 신고전주의 경제학의 깊은 영향에 못 미치는 두 가지 설명이 있다. 첫째, 환경경제학은 순전히 이론적이고 아마도 심지어 이해할 수 없는 지식체(body of knowledge)라는 인식이다. 실무자들은 종종 실세계에서 복제가 불가능한 조건들을 상정한다. 예를 들어, 오염 해결책을 협상하기 위해 당사자가 함께 가지는 생각은 다수에게 무리한 것처럼 보인다. 전적으로 불가능하지는 않다 해도, 그와 같은 과정은 매우 비쌀 것이고 코즈가 규정했던 가정들 중 하나를 위반하는 것은 사실임에 틀림없다. 그 이론 자체는 학자들에게조차 지적으로 이해 불가능한 것일 수 있다. 가령, 비록 고차원의 수학이 없다 해도 코즈의 연구들이 어느 정도 이해되기 위해서는 우선 다른 경제학자들에 의해서 몇 단계 해석을 거쳐야만 한다. 그리고 기억해보건대 심지어 코즈는 피구를 이해하기가 어려웠다고 말했다. 복잡한 수학

공식으로 생각을 표현하는 경제학자의 강박은 그들에게 충분한 이유가 되지 못했다. 몇 가지를 제외한 모든 공식들은 빈약하고 모호했다.

그러나 피구와 코즈에 의해 제기된 오염개선책의 수용에 있어 보다 큰 장애는 그들의 생각이 정치인들에게는 가시방석과 같은 것이었다는 점이다. 세금과 시장 메커니즘이 오염의 "최적화 수준"을 달성하는 데 사용되어야만 한다는 생각은 많은 공무원들에게는 수용하기 어려운 것이다. 정말로, 심지어 세금과 시장 메커니즘에 오염의 최적화 수준이 존재한다고 말하는 것은 불경스러운 언동으로 해석될 수 있었다. 오염에 대한 최적수준은 총체적인 제거가 비용 편익이 아니기 때문에 사회가 항상 약간의 환경적인 손해를 묵과하는 것을 의미할 것이다. 행동을 최적화하는 것은 확실히 많은 현상들에 관해 정확한 공공선택의 서술이다. 가령, 사회는 모든 범죄를 제거하거나, 모든 교차로에 교통신호를 설치하려 하지 않는다. 시민 보호의 최적수준은 감지된 편익, 비용, 그리고 연합된 위험에 근거해 결정된다. 그러나 오염은 다른 문제다. 환경주의자들은 확실히 오염이 허용될 수 있다는 생각에 반대한다. 평범한 시민들조차도 이 생각이 모순이라는 것을 알 것 같다. 따라서 사회의 선한 부분을 위해서 유일하게 받아들일 수 있는 정치적 목표는 비록 그것이 비현실적일지라도 말끔한 오염의 제거이다.

오늘날 환경경제학자들은 환경의 질과 관련된 문제에 대한 연구에 있어서는 일반 경제학의 분야 내에서 가장 영향력 있는 집단을 대표한다. 피구와 코즈의 이론을 따르는 신고전주의 경제학파는 여전히 주류 환경경제학과 관련해 주요한 이론적 토대를 구성한다. 초기의 두 공헌자, 피구는 1959년에 세상을 떠났고, 코즈는 현재 시카고 대학에서 은퇴한 명예교수이다.

| 주석 |

1. Pigou, *Economics of Welfare*, pp. 23-24.
2. Ibid., pp. 31, 32.
3. Ibid., p. 159.
4. Ibid., pp. 160, 160-61.
5. Ibid., p. 168.
6. J.de V. Graaff, "Pigou, Arthur Cecil (1877-1959)."
7. Pigou, *Economics of Welfare*, p. 159.
8. Gordon, "Economic Theory of a Common Property Resource."
9. Coase, "Problem of Social Cost,"p. 39.
10. Field, *Environmental Economics*, p. 248.

08
케네스 볼딩과 우주선 지구호

1966년 콜로라도 대학 교수 케네스 볼딩(Kenneth Boulding)은 『다가오는 우주선 지구호의 경제(The Economics of the Coming Spaceship Earth)』를 출판했다. 이 간결하면서도 복잡한 에세이의 주요한 주제는 세계 자연자원 가용성, 특히 에너지 자원의 감소와 이러한 변화가 함축하는 경제적 귀결이었다. 그의 분석은 지구의 에너지, 물질, 그리고 정보 시스템을 조사하는 물리학적 개념을 사용했다는 점에서 참신한 것이었다. 환경사상에 물리학 법칙을 도입한 것은 기념할 만한 기여로 판명될 것이다.

볼딩이 지지한 이론은 활동 중인 경제학 교수에게서 기대할 수 있는 종류의 신고전주의적 경제학은 아니었다. 사실 그는 경제학 개념의 주류를 이루고 있는 몇 가지의 표준과 관행에 대해 놀랄 만큼 비판적이었다. 개척 경제에서 도래할 우주인 경제로의 이행에 대해 논의한 바대로 볼딩은 점점 감소하는 지구의 에너지 공급에 관한 신맬서스주의적 우려를 표명했다. 『우주선 지구호(Spaceship Earth)』는 또한 존 스튜어트 밀이 그의 저서에서 공식적으로 처음 말한 권고, 즉 자발적으로 자원 소비를 감소시킬 것을 요청했다.

볼딩은 인간이 얼핏 무한한 듯 보이는 에너지와 자연자원의 열린 시스템(open systems)의 세계로부터 제한되고 닫힌 시스템(closed system)의 세계로 발전해온 것이라고 생각했다. 이 교수가 두려워한 것은 닫힌 시스템의 귀결은 지구의 문명이 결국 물리학 법칙에 따른 에너지 부족으로 인해 파멸의 운명에 처할 수밖에 없다는 것이었다. 그의 저서 전반에 걸쳐 그는 한정적인 특성을 가진 지구를 묘사하기 위해 우주인(spaceman)이라는 재치 있는 은유적 표현을 사용해 환경주의에 일조했다. 그가 붙인 제목은 또한 불확실하지만 잠재적 파국의 미래를 향해 달음박질하는 세계 인구에 대한 절박하고 불안한 분위기를 포착했다. 불과 몇 년 만에 『우주선 지구호』는 자주 인용되는 논문이 되었고, 종국에는 환경 분야의 고전이 될 것이었다. 볼딩은 1910년 영국 리버풀에서 가스 배관공과 전업주부의 아들로 태어났다.[1] 젊은 시절 그는 평화주의에 깊은 관심을 보였고, 결국 퀘이커 교도가 되었다. 일생에 걸쳐 그는 신앙으로부터 큰 위로와 통찰력을 끌어낸 헌신적이고 활동적인 기독교인이었다. 우수한 학생이었던 볼딩은 처음에는 리버풀 대학에서, 그 다음에는 옥스퍼드 대학에서 경제학을 공부했다. 1932년에 시카고 대학에서 경제학을 계속 연구할 수 있는 장학금을 받았으며, 나중에는 하버드에서도 수학했다. 그는 잠시 동안 에딘버러 대학에서 가르치기 위해 영국으로 돌아갔다. 그러나 결국 북미로 돌아가 미국과 캐나다의 여러 대학들(콜게이트, 피스크, 아이오와 주립대, 맥길, 미시간, 스탠퍼드, 그리고 최종적으로 콜로라도)에서 성공함으로써 전문가로서 이름을 날렸다.

경제학 교수로서 볼딩은 창의적이면서도 어느 정도 진보적인 사람으로 알려졌다. 그의 견해와 생각 대부분이 전문가 동료들에 의해 충분히 받아들여진 적은 없었다. 사실 그의 전문적인 관심과 능력은 공급과 수요곡선의 협소하고, 이성적인 세계를 훨씬 더 넘어서는 것이었고, 이것이 그를 동료들로부터 멀어지게 했다. 각기 다른 시기에 평화와 경제학 두 부문에서 노벨상 후보에 오른 케네스 볼딩은 동료 사회과학자들이 도전했던 저작과 통찰력에 있어서 최고라고 인정받았다. 그의 정신적이고 철학적인 관심은 결국 그를 틀에 박힌 경제학의 울타리를 훨씬 넘어서도록 만들었다. 그의 생애 동안 36권의 책, 800편의 논문, 그리고 흥미롭게도 3권의 시집을 썼다. 그의 길고 흰 머리카락, 더듬거리는 말, 정곡을 찌르는 위트는 그를 인기 있고 재미있는 강사로 만들었다. 언젠가 한 동료가 "절반은 밀턴 프리드먼(Milton Friedman) 그리고 절반은 마하트마 간디(Mahatma Gandhi)인 사람을 상상해보라. 그의 말과 글은 어떤 요약도 그것들을 공평하게 평할 수 없는 눈부신 속삭임(독백)으로 가득 차 있다."고 말했다.[2]

『우주선 지구호』에서 볼딩은 지나가고 있는 무한자원의 시대를 "카우보이 경제(cowboy economy)"라고 언급했다. 그가 생각하기에 이 어구는 성숙한 사회의 자원개발의 특질에서 종종 연상되는 무모함의 이미지를 포착한 것이다. 확실히 인간은 자신들이 구형의 닫힌 지구에서 거주한다는 것을 알았다. 그러나 적어도 땅과 자연자원에 있어서 지구는 무한한 것으로 여겨졌다. 끝없이 이용 가능한 개척지로서 지구를 보는 것은 인간에게는 가장 오래된 이미지 중의 하나였다. 그러므로 그것은 지워버리기가 어려운 개념이라고 볼딩은 말했다. 그러나 세월은 변화를 가져왔다. 지구 공동체는 개척시대 환경으로부터 닫힌 유한한 자원인 우주경제를 향해 빠르게 이행하는 중이었다.

볼딩은 신·구 경제학의 주된 차이점은 에너지와 다른 자연자원의 소비에 대한 태도에 있다고 말했다. 카우보이 경제에서 소비와 생산은 훌륭한 것으로 여겨졌다. 사실 성공한 사회는 일반적으로 처리량 즉, 생산요소들로 소비된 자원의 양에 의해 측정되었다. 볼딩의 시대에 가장 널리 사용된 경제활동의 척도인 국민총생산(GNP)은 총 물질 처리량의 화폐가치의 척도 외에 아무것도 아니었다. 카우보이 경제의 목표는 GNP를 극대화하고 자연자원의 소비를 극대화하는 것이었다.

카우보이 경제와는 대조적으로 다가오는 우주선 경제(spaceman economy)는 물질 처리량을 최소화하기 위해 노력할 것이다. 자연자원 보고의 보전, 즉 처리량이 아니라 아직 이용하지 않은 자원을 보전하는 데 보다 큰 강조점이 놓였다. 처리량은 소비자에게로의 자원의 흐름을 나타낸다. 예를 들어, 카우보이의 경제는 기름과 목재 채취 그리고 마케팅 채널을 통해 최종 소비자에게 전달되는 것에 가치를 둔다. 그것은 어떤 곳에 남아 있는 비축자원의 가치를 국가수입 계정에 포함시키지는 않는다. 대조적으로, 우주선 경제는 보존되어 있는 자원 저장을 유지하는 것을 유동률을 증가시키는 것보다 더 중요하게 생각한다.

볼딩은 자원 저장의 중요성이 GNP와 같은 경제성과의 국가적 척도에 포함될 수 있다고 생각했다. 볼딩에 따르면 우주선 경제에서는 사회가 재생 가능 자원에 반대되는 고갈시킬 수 있는 자원으로부터 나온 GNP의 양과 구분하기를 원하게 될 것이다. 소모적인 자원을 고갈시키는 GNP의 양은 대체될 수 없는 자원의 소비를 뜻하므로 국가적 재산 가치의 감소를 가져오게 될 것이다. 오염을 발생시킨 소비와 생산 활동의 부분 또한 GNP에서 공제된다. 볼딩은 GNP의 계산에서 자원 고갈과 오염에 대한 그 같은 보충이 사회복지의 보다 의미 있는 측정을 가능케 할 것이라고 믿었다.

볼딩은 그의 동료 경제학자들에게 우주선 경제로의 순조로운 이행을 위한 몇 가지 책임을 부과했다. 그 이행은 그들에게 전래의 경제적 관행에 있어 철학적으로 변화를 감행할 것을 요구했다. 특히 그는 미래를 위해 시간을 할인하는 장차 일어날 일에 대한 경제학자의 실제 행위에 초점을 맞추었다. 경제학자들은 전통적으로 가까운 시기에 일어날 미래 사건의 가치를 도외시했다. 사실 현금 지불과 같은 50~100년 내의 일의 가치는 수학적 할인에 의해 실제적으로 0까지 감소되었다. 예를 들어 장차 백년간 일어날 100만 달러의 가치에 달하는 자연자원의 손실이 연간 5%씩만 할인되어도 그것은 약 7,600 달러와 같게 될 것이다. 그러므로 시간의 할인이 현재의 환경 파괴와 과도한 자원 소비에 대한 미래 영향을 감소시킴으로써 미래 세대의 복지가 현재 세대의 복지보다 덜 중요하다는 함의를 갖는 것이다. 볼딩은 "후손에 대한 지각과 미래에 대한 긍정적인 이미지를 잃은 사회는 현재의 문제를 다룰 능력을 상실해 곧 실패하게 된다"고 말했다.[3]

볼딩 논문의 초점은 닫힌 지구의 시스템의 세 가지 형태(에너지, 물질, 정보)에 관한 엔트로피로 알려진 현상에 대한 탐구였다. 일반적으로 엔트로피는 시스템 내의 무질서 정도 혹은 혼란의 척도라고 부른다. 볼딩의 좀 더 구체적인 관심은 열역학에서 사용된, 에너지 형태로 열을 다루는 물리학의 분야에서의 엔트로피의 개념이었다. 열역학의 제2법칙은 열에너지는 늘 뜨거운 것에서 차가운 것으로 흐르며 반대로는 흐르지 않는다고 말한다. 나아가 이 법칙에 따르면 기계적 에너지는 열로 변환될 수 있지만, 열은 결코 완전히 기계적 에너지로 되돌아갈 수 없다. 밀폐된 열역학 시스템 안에서 엔트로피는 ― 즉 사용 불가능한 에너지 ― 항상 증가하고 결코 감소하지 않는다.

열역학 제2법칙에 의하면, 지구에 새로운 에너지원을 도입하지 않고서는 현존하는 에너지는 엔트로피 때문에 소모되어 바닥나게 될 것이다. 해서 이론상으로 엔트로피는 문명의 생존 능력에 절대적인 제한을 가하게 된다. 제2법칙은 우리가 결국 쓸모 있는 유용한 에너지를 고갈시킬 것이라고 말한다. 그리고 에너지가 없으면 문명도 없다.

또한 볼딩은 물질과 정보에 있어서의 엔트로피라는 문제도 탐구했다: 물질과 정보도 결국 엔트로피 때문에 인간을 위해 사용될 수 없게 될 것인가? 질량보존의 법칙이라는 또 다른 물리학의 법칙에 따라 볼딩은 물질자원의 고갈로 인해 인간 존재에 제한이 가해질 수 없음을 알았다. 이 법칙에 의하면 물질은 창조될 수도 파괴될 수도 없다. 그러나 후에 폴 에를리히(Paul Ehrlich)는 물질 보존이 사회에 어떤 환경적 딜레마를 초래하게 되는지를 보게 된다(10장을 참조).

볼딩은 정보의 엔트로피에 관한 문제는 예견하지 못했다. 대신 그는 인간 지식을 모든 것 중에 가장 복원력 있는 시스템일 뿐 아니라 역시 가장 중요한 것으로 생각했다: "우리는 일본이나 독일처럼 전쟁으로 인해 물질자본이 파괴된 경험을 갖고 있음에도 지식의 탁월성을 분명히 보여준 국가들을 알고 있다…… 인간의 지식은 파괴되지 않고 대부분의 물질자본이 다시 재건되는 데는 오랜 시간이 걸리지 않았다."[4]

동시대인들에게서 볼딩은 상상력이 풍부하고 생산적인 인습타파론자로서 명성을 얻었다. 이런 점에서 "우주선 지구호"는 창작자의 정신을 반영한다. 세련되진 않았지만, 선형적으로 잘 구성된 그 학술 논문은 환경 및 미래 문명과 관련 있는 것들의 잡학사전이었다. 그러나 조직적인 수집에도 불구하고, 그것은 학술 집단에서 지속적으로 통용되었으며, 주류 경제학자보다 생태학자나 생물학자들에게 더욱 관심을 받았다.

물론 엔트로피 개념은 볼딩에게서 나온 것이 아니다. 그것은 엔진의 열 관련 재료를 연구해온 프랑스 엔지니어 사디 카르노(Sadi Carnot)에 의해 1824년 도입된 이후 물리학의 한 부분이 되었다. 그러나 볼딩은 분명히 환경에 그 생각을 적용한 최초의 저자들 중의 한 사람이다. 수년에 걸쳐 엔트로피는 계속해서 환경저술에 있어서 다양한 저자들에 의해 되풀이해서 재고된 까다로운 논제가 되었다. 가령 현재의 환경연구 교과서에서 열역학과 질량보존의 법칙은 환경과의 관련하에서 보통 논의된다.

어떤 의미에서 환경적 이슈로서 엔트로피는 자원 소비와 경제 결핍의 보다 오래된 맬서스주의적 주제의 새로운 버전이다. 엔트로피의 문제는 물리적 특성에서 기인한 에너지 고갈로부터 생긴다. 많은 환경론자들에게 열역학 제2법칙은 지구에서 인간이 생존할 수 있는 시간은 정해져 있다는, 부인할 수 없는 과학적 증거다. 에너지 소비를 엄격히 제한하는 것은 적어도 문명의 존재를 연장할 유일한 희망이 된다.

"우주선 지구호"가 나오고 5년이 지난 1971년, 루마니아 출신 니콜라스 조제스쿠–뢰겐(Nicholas Georgescu-Roegen) 교수는 볼딩에 의해 처음 제기된 것보다 훨씬 더 깊이 탐구한 "엔트로피 법칙과 경제과정(The Entropy Law and the Economic Process)"을 출판했다. 조제스쿠–뢰겐은 볼딩처럼 비정통파 경제학자였다. 사실 "비정통파(Unorthodox)"는, 정확하게 말하자면, 그가 자신을 묘사하기 위해 사용했던 용어였다.[5] 조제스쿠–뢰겐은 인간과 그들의 환경에 대한 관계의 변화를 서술하는 것으로 논문을 시작했다. 산업혁명이 시작된 이래 일반적으로 인류는 기술에 압도당해서 대개는 자연환경에 관해 망각했다고 그는 말했다. 당시의 인간은 분명히 자연자원과 관련된 어떤 문제도 기술 발전으로 극복할 수 있다고 믿었다. 마찬가지로 신고전주의자들에서 출발한 경제학자들은 자연환경에 대한 걱정을 떨쳐버렸고, 대신 기술의 가능성에 흥미를 갖게 되었다. 그러나 그에 따르면 자연과 인간경제가 서로 연결되어 있었으며, 더욱이 세계가 이 같은 연계를 이해하는 것은 좋은 문명에 있어서 본질적이라고 주장했다.

조제스쿠–뢰겐에게 경제와 물질적 환경 사이의 주요한 연계는 물론 에너지 엔트로피였다. 경제 시스템의 목표는 인간의 필요를 채우고 즐거움을 주는 것이었다. 이 과정에서 인간은 에너지 자원을 기계적 에너지로 변환했다. 그것은 보다 높은 엔트로피의 상태를 유지하는 것이고, 닫힌 열역학 시스템에서 영구적인 열에너지의 손실을 초래한다. 경제발전을 끊임없이 추진하는 것은 에너지량의 증가를 가져왔고, 그로 인해 엔트로피 즉 에너지 손실의 증가를 가져왔다. 조제스쿠-뢰겐은 보다 높은 경제발전을 향한 끊임없는 경쟁은 인간의 전망 결여(발전의 정도가 높으면 높을수록 문명의 수명은 더 단축된다)라고 설명했다. 에너지 낭비와 사치를 향한 노력 대신에 인류는 인간이 존재하기 위해 꼭 필요한 상품과 서비스를 생산함으로서 훨씬 더 크게 기여하게 될 것이다. "결론은 명백하다. 한 대의 캐딜락을 생산할 때마다, 우리는 그렇지 않았다면 쟁기나 삽을 생산하기 위해 사용될 수 있었을 낮은 엔트로피의 양을 돌이킬 수 없을 정도로 파괴한다."[6]

볼딩 이후 에너지 엔트로피는 조제스쿠-뢰겐의 작업을 통해서 처음으로 환경 분야의 영구적인 주제가 되었다. 에너지 엔트로피는 인간문명 앞에 놓인 하나의 피할 수 없는 맬서스주의적 방해물처럼 보였다. 이 에너지 엔트로피라는 어려운 문제를 제외하면 인간은 어떤 환경적 곤경으로부터 그들의 길을 뚫고 나아갈 수 있었을 것이다. 모든 에너지가 엔트로피에 발목이 묶일 때, 문명은 불가피하게 쇠퇴할 것이다.

하지만 시간과 엔트로피의 문제는 어떠한가? 스스로를 소모하는 이 과정은 얼마나 오래 걸릴 것인가? 10년이 걸릴까? 혹은 100억 년이 걸릴까? 조제스쿠-뢰겐에 대한 응답으로 페터 아우어(Peter Auer)는 인간 존재는 어떤 실제적인 의미에서 에너지 엔트로피에 의해 제한받지 않을 것이라고 주장하면서 시간이라는 주요 이슈에 대해 성찰했다.[7] 풍부한 태양 에너지, 핵분열 방사성 물질의 활용성, 그리고 핵융합의 가능성은 현재 인간 활동의 수준에서 예상되는 지구 자체의 생명보다 더 길 것이라는 예상을 뒷받침한다. 비록 지구의 인구가 10배로 증가하거나 인간의 욕구가 그만큼 늘어난다 해도, 아우어에 의하면, 태양 에너지, 분열 에너지, 융합 에너지는 실제적으로 고갈되지 않는 공급원이 될 것이다. 따라서 아우어의 견해에 따르면 볼딩과 조제스쿠-뢰겐의 맬서스적 두려움은 근거가 없다.

볼딩은 GNP는 사회복지의 부적절한 척도라고 말함으로써 복잡한 문제를 제기했다. 먼저 GNP의 진정한 정의를 이해한 소수의 경제학자들은 그것이 사회복지의 척도로 의도된 것임을 시사하곤 했다. 1946년에 미국 국가수입계정의 한 부분으로서 채택된 이후 GNP는 한 나라에 의해 생산된 최종 산물과 서비스의 연간 화폐가치를 측정하도록 의도된 것이지, 완전한 삶의 질의 계량을 구성하도록 의도된 것은 아니었다. GNP는 시장 재화와 서비스의 사회적 생산과 소비 그 이상도 이하도 아닌 하나의 척도이다. 그러므로 GNP가 사회복지를 측정하기 위한 부적절한 시도였다고 말하는 것은 왜곡이다.

그러나 만약 GNP가 진정한 복지의 한 척도로서 잘못 간주된다면, 그것의 최대화는 주요한 사회 목표가 될 것이고, 그럴 경우 이는 똑같이 오도하는 것이다. 분명히 GNP는 비즈니스 활동의 척도일 뿐이지 전체적인 사회적 행복의 척도는 아니다. 사실 GNP 자체가 잘못된 복지의 척도라는 것을 예증하기는 쉽다. 오염을 한 예로서 들어보자. 회사가 공장으로부터 발생하는 매연을 줄이기 위해 장비를 설치하거나 정부가 기름으로 오염된 바다를 정화하기 위해 수십억 원을 소비할 때, 그때 GNP는 재화와 서비스의 화폐 흐름의 증가에 따라 증가할 것이다. 그러므로 GNP를 증가시키려면, 우리는 단지 오염을 증가시키고 다시 그것을 정화하기만 하면 된다. 그러나 확실히 이성적인 사람이라면, 오염이 사회복지를 향상시킨다고 주장하지는 않을 것이다. 문제는 GNP가 비즈니스 활동을 측정하는 데는 우수하지만, 사회복지, 건강, 그리고 행복, 특히 이것들이 환경과 관련될 것일 경우에는 적절하지 못한 척도라는 데 있다. 이 같은 이유로 볼딩은 보다 적절한 척도가 필요하다고 제안했다.

1991년 이래 GNP는 대개 미국 경제생산성의 공식 척도로서 국내총생산으로 대체되었다. GNP와 GDP와의 차이는 생산시설의 소유권과 관련되어 있다. GNP에 따르면, 그 나라의 국민이 소유하고 있는 생산시설로부터 나온 산출물만 계산된다. 이와 대조적으로 GDP는 소유권의 국적과 관계없이 국내에 토대를 둔 회사들로부터 나온 모든 산출을 계산한다. 이 같은 변화는 별다른 게 없는 듯하지만, 그것은 환경 계리(計理)에 있어서 큰 연관성을 갖는다.[8] 가령, 개발도상국가에 위치한 미국 회사들은 GDP에 따르면 그 나라의 경제적 생산을 향상시켜주는 것처럼 보인다는 점에서 논쟁거리로 되어왔다. 자연자원과 이윤은 미국으로 흘러들어가고, 저개발국가의 GDP가 올라가는 것으로 기록되므로 실제 경제적 이익을 과장하게 되는 것이다.

GNP가 삶의 질을 보다 적절하게 측정하도록 재설정되어야 한다는 볼딩의 제안은 그 이후 거의 25년에 걸친 연구가들의 노력의 전조가 되었다. 1989년 로버트 레페토(Robert Repetto)와 워싱턴 DC에 소재한 세계자원연구소(World Resources Institute)에 소속되어 있던 그의 동료들은 순국내생산(NDP)이라 불리는 보다 확실한 사회복지의 척도를 개발했다.[9] 이 척도는 석유, 산림, 그리고 토양과 같은 현지 내 비축자연자원의 고갈을 GDP로부터 차감함으로서 계산된다. 어떤 이들에게 NDP는 정부들이 현재 그들의 자연자원의 가치에 관해서 편향된 생각을 극복하는 데 있어서 중요한 실험적 단계로 간주된다.

재정의(再定義) 과정으로 불렸던 또 다른 조직 역시 GDP의 대안을 제안했다. GPI(Genuine Progress Indicator)라고 불린 이 지표는 GDP에 의해 무시되었던 경제적, 환경적, 그리고 현재 사회적 삶의 질에 관한 약 20개의 지표를 포함한다. 이 20개의 항목 가운데는 자원 고갈과 환경 파괴로 인한 경제적

복지의 차감에 대한 허용이 들어 있다. 그러나 모두가 이 같은 지표를 선호하는 것은 아니다. 웨스트버지니아의 한 의원은 만약 GPI가 석탄비축의 고갈과 대기오염의 영향을 포함한다면 "누군가 석탄 산업이 국가에 기여한 것이 아무것도 없다고 말할 것이다"라고 했다."[10]

　NDP와 GPI는 향상된 삶의 질 척도를 제공할지 모르지만, 그것들 또한 GDP와 비교해 보아도 약간의 부정확한 측정의 문제를 가진 것도 사실이다. 국가의 GDP의 측정은 적어도 개념적으로 간단한 과정이다. 정부는 단지 국가경제를 통한 최종 산물과 서비스의 연간 물동량을 측정하고 그들 각각의 현재 시장가격의 구성요소를 증가시키면 된다. 다른 한편 NDP는 정부가 단순히 산출물의 흐름보다 오히려 환경과 자연자원의 저장품을 현재 측정하고 평가해야만 하기 때문에 계산에 있어서 어느 정도 실제적인 문제를 일으킨다.

　물리적 비축의 측정은 중요한 문제이다. 한 국가 내의 석유, 산림, 그리고 어떤 다른 자원의 총량을 결정하는 것은 정부와 사적 분야의 협력을 요구하기에 항상 도전과 같은 과업이었다. 물리적 측정이 어렵다고 해도, 그 같은 자원의 가치를 결정하는 것에 비하면 하찮은 어려움이다. 자연자원이 제공해 주는 환경적 서비스에 대해 사회는 어떤 가치를 두어야 하는가? 우리는 산림의 산소 생산과 탄소 저장 능력에 어떠한 가치를 두어야만 하는가? 나아가 우리는 그것들의 사회적 이용이 장차 급진적으로 변할 때, "자원"이란 가치를 어떻게 표현할까?

　자연자원의 미래 이용과 가치를 정의하는 문제는 사소한 것이 아니다. 제4장에서 버몬트 화강암에 관한 바넷과 모스로부터 인용한 사례를 떠올려 보라: "20년 전에 그것은 단지 건축과 비석 재료였는데 지금 그것은 잠재적인 연료이다." 그러니까 우리는 비축된 버몬트 화강암을 비석 재료로서 값을 매겨야만 하는가, 아니면 잠재적 연료로 값을 매겨야 하는가? 환경과 자연자원 비축을 평가하는 어려움은 이론적인 것에 그치지 않는다. 그것은 사회복지를 더 나은 방법으로 측정하고자 했던 케네스 볼딩의 꿈을 의미 있게 실현하는 데 있어서 현저한 장벽이 된다.

비록 정부가 이처럼 민감한 문제를 해결할 수 있고, 사회복지와 향상된 지표를 만들어낼 수 있다 할지라도, 그 지표가 대중에 의해 받아들여질 것인지?라는 의문은 여전히 남게 된다. 실제로 그들의 총체적 행복의 지표라고 주장하는 정부의 숫자들에 미국 시민은 어떻게 반응할까? 그 같은 지표를 내놓고자 하는 시도가 어느 정도 냉소주의에 맞닥뜨린 것임은 누구나 알 수 있는 일이다. 전통적인 GNP와 GDP 측정에 대한 불만은 그것들이 공평하지 않다는 것이었다. 다시 말해서 그것들이 경제성과를 나타내주는 숫자 이상이라는 것이다. 그것들은 또한 정부와 시민의 가치를 표현하는 것이기도 하다. 마찬가지로 NDP와 GPI와 같이 훨씬 더 복잡한 지표가 적은 가치를 지니는가?라는 물음을 우리는 생각해보아야 한다.

볼딩이 제기한 또 다른 시간 할인은 누구인가 환경경제학자들에게조차 재고해볼 것을 요청하는 것이었다. 미래의 일에 대한 할인의 실행은 자연자원과 관련되어 있든 그렇지 않든 경제학의 표준 관행이었다. 그것의 정당화는 경제학자들이 시간선호(time-preference)라고 부르는 것, 즉 가까운 장래에 일어날 일이 먼 장래에 일어날 일보다 우선한다는 생각에 바탕을 두고 있다. 흔히 사용되는 예는 현금대출이다: 당신이 누군가에게 오늘 1달러를 빌려준다면, 이제부터 1년 후에 그 보답으로 1달러만을 기대하겠는가? 표준적인 대답은 아니오이다. 빌린 사람은 빌려준 자의 돈의 이용이 미루어졌기 때문에 그 빚에 대한 이자를 지불해야만 한다. 그러나 볼딩과 같은 몇몇 학자들은 환경과 자연자원 문제에 대한 이 같은 개념의 적용에 도전했다. 예를 들어, 지구 기후온난화의 경우에 랄프 다쥐(Ralph D'Arge)와 그의 동료들은 할인이 미래 세대의 복지와 권리를 평가절하하기 때문에 부적절하다고 주장했다.[11] 따라서 만약 현세대가 화석연료를 소비하고 이산화탄소 배출을 통해 온실효과를 가져오는 데 기여했다면, 그들은 자신들의 행위가 그 후에 이 행성에 거주할 무고한 자들에게 미칠 모든 영향을 고려(즉, 할인 없이)해야만 한다.

케네스 볼딩의 "우주선 지구"는 도발적인 아이디어, 특히 엔트로피의 문제에 관한 것으로 환경사상에 중대한 기여를 했다. 그것은 또한 환경 문제에 관한 주류 경제학자 집단에 거대한 도전이 되기도 했다. 케네스 볼딩은 콜로라도 대학의 경제학자로서 인생을 끝마쳤다. 그는 긴 투병생활 후에 1993년 3월 19일에 암으로 생을 마감했다. 사망할 당시 부인과 5명의 자녀, 16명의 손자가 있었다.

조제스쿠-뢰겐은 환경에 관한 엔트로피 문제를 아마 볼딩이 고찰했던 것보다 훨씬 더 깊게 고찰했다. 슬프게도 일생 동안 학문적 업적 또는 엔트로피라는 주제에 대해 당연히 받으리라고 생각했던 정도의 관심을 그는 결코 받지 못했다. 조제스쿠-뢰겐이 1994년 10월 30일에 생을 마감한 직후, 허먼 데일리(Herman Daly)가 쓴 약력에서는 "그의 말년은 자신의 업적이 진정으로 가치 있는 것으로 인정받는 데 실패함으로써 느끼게 된 비통함과 허탈함으로 기억된다. 비통함이 너무나 커서 그는 심지어 자신의 기여를 크게 평가하는 사람들과의 관계조차 끊었다. ……그러나 그는 덧붙인다. "그 중 어느 것도 매우 중요한 그의 평생 업적을 떨어뜨릴 수 없다…… 그는 많이 요구했지만, 그는 더 이상을 주었다."[12]

| 주석 |

1. Silk, "Kenneth E. Boulding."

2. Nasar, "Kenneth Boulding,", p. 6B.

3. Boulding, "Economics of the Coming Spaceship Earth," p. 129.

4. Ibid., p. 124.

5. Georgescu-Roegen, "Entropy Law and the Economic Process," p. 39.

6. Ibid., p. 46.

7. Auer, "Does Entropy Production Limit Economic Growth?"

8. Cobb, Halstead, and Rowe, "If the GDP Is Up, Why Is America Down?" p. 68.

9. Repetto et al., *Wasting Assets*.

10. Cob, Halstead, and Rowe, "If the GDP Is Up, Why Is America Down?" p. 70.

11. D'Arge, Schultz, and Brookshire, "Carbon Dioxide and intergenerational Choice."

12. Daly, "On Nicholas Georgescu-Roegen's Contributions," p. 154.

09
린 화이트와
「우리 생태적 위기의 역사적 뿌리」

미국 과학진흥회(AAAS)는 세계적으로 훌륭한 학자 집단 중의 하나이다. AAAS의 주요한 간행물은 대개 분자생물학, 유기화학, DNA 구조 및 다른 불가사의한 과학적 주제들을 다루는 논문들로 가득 채워져 있는 『사이언스(Science)』라는 유명한 잡지다. 『사이언스』지에 원고를 싣는 것은 대개는 도달하기 어려운 생의 목표다.

1967년 『사이언스』지는 범상치 않은 논문을 실었다. 린 화이트(Lynn White jr.)의 「우리 생태적 위기의 역사적 뿌리(The Historical Roots of Our Ecologic Crisis)」라는 제목의 이 논문은 전통적 과학에 관한 것은 아니었다. 거기에는 환경 파괴를 몰고 온 인간의 동기에 초점을 둔 사회학과 역사학에 관한 내용이 더 많았다. 특히 그것은 조직화된 종교와 기술이 서방세계의 "자연법칙에 어긋난 자연에 대한 취급"[1]에 미친 영향을 — 혹은 적어도 그 영향에 관한 화이트의 관점 — 다루었다. 이 논문을 집필한 화이트의 목적은 환경에 대한 인간 남용의 근원을 탐구하고, 아마 그 해결에 관해 몇 가지 실마리를 제공하는 데 있다.

그의 저술에 표현되어 있는 것처럼, 화이트의 환경철학은 명백히 신맬서스주의적인 것이었다. 그는 우리의 "사물의 본질과 자연에 대한 인간 중심적 관점"이 우리의 운명을 이끌어가고 있다고 생각했다. 그리고 그는 그 끝이 멀지 않았다고 생각했다: "우리는 우리가 생각하는 것보다 더 큰 위험에 처해 있다." 화이트는 지구에 대한 우리의 철학을 바꿈으로써 미래 역사의 과정을 바꾸는 인간의 능력에 대해 쓰고 있다. 그러나 이 같은 철학적 전향에 대한 화이트의 바람은 크지 않았다: "우리는 증가하는 생태 위기를 극복하기 위한 가능한 척도를 만들 수 있는 가치구조의 변화에 직면해 있는지도 모른다. ……그러나 전망이 밝지는 않다."[2]

기술과 종교가 환경 파괴의 원인이라는 화이트의 논제는 심지어 『사이언스』지의 발표 이전에도 어느 정도 혹평을 받았다. 그는 1966년 크리스마스 바로 다음날에 워싱턴 DC에 있는 미국예술과학아카데미(American Academy Arts and Sciences) 연례회의에서 그 주제에 대해 토론을 했다. 그로부터 15개월 후, 1967년 3월에 그 논문은 발표되었고, 학계의 훨씬 더 많은 사람들이 종교, 기술, 그리고 환경 파괴 사이의 관계에 관한 화이트의 도발적인 아이디어를 이해할 수 있게 되었다.

화이트는 1907년 샌프란시스코에서 태어났다. 1928년 스탠퍼드 대학을 졸업하고 그 후 뉴욕 유니온 신학교에서 석사학위를 받았다. 후에 그는 하버드 대학교에서 석사학위를 받고, 1934년에 같은 대학에서 박사학위를 받았다. 대학원을 마친 후 그는 계속해서 올더스 헉슬리와 같은 저명 인사와 종종 교제하면서 유명한 아카데미 회원으로서 입지를 굳혀나갔다. 그는 15년 동안 캘리포니아 오클랜드에 소재한 여자대학 밀스 칼리지(Mills College)의 총장으로 근무했다. 그러나 화이트의 주요한 학문적 경력은 중세 역사와 기술 혁신을 연구한 학자로서 행한 것이었다. 이들 논제에서 그는 상을 받은 몇 권의 책뿐 아니라, 전문적이면서도 대중성 있는 저널에 엄청난 수의 논문을 발표했다. 『사이언스』지에 논문을 기고할 당시, 그는 로스앤젤레스 캘리포니아 대학(UCLA) 역사학과의 땅딸막한 은발의 교수였다.

그 논문은 인간이 수세기에 걸쳐서 저지른 몇몇 굵직한 생태 교란에 대한 논의로 시작된다: 과다한 방목과 산림벌목, 네덜란드의 습지대 제거, 이집트에 있는 아스완 댐 건설. 화이트에 의하면, 전 범위에 걸친 변화들은 — 타이밍, 위치, 그리고 영향 — 잘 이해될 수 없었지만, "20세기 후반의 1970년대에 들어서면서…… 생태학적 반동의 문제에 대한 관심이 열광적으로 일어나고 있다."[3]

환경 문제의 원인과 해결책에 대한 화이트의 탐구는 과학과 기술 사이의 관계를 논의하는 데서 시작했다. 그는 자연과학과 기술은 수세기 동안 아무 부작용 없이 병존했다고 주장했다. 그러나 약 4세대 전에(즉, 아마 19세기 말에), 그 균형은 서유럽과 북아메리카의 과학자들 양 진영이 결합하면서 이동하기 시작했다. 새로이 발견된 자연세계에 빠르고 광범위한 통제를 가할수 있는 인간의 능력은 "환경에 대한 인간 경쟁의 충격이 너무나 커져서 그것이[즉, 환경] 본질적으로 변화되어버린 상황을 몰고왔다." "확실히 인간 외의 어떠한 피조물도 이제까지 자기의 보금자리를 더럽게 관리하지 않았다."[4]고 그는 말했다.

화이트는 환경 파괴를 감소시키거나 제거하려는 과거의 수많은 시도를 인정했지만, 그러한 접근법은 전통적으로 단편적이었기 때문에 효과적이지 못했다고 주장했다. 그들이 제시한, 문제에 부분적인 해결책들은 너무나 방대해서 수긍할 만한 답변이 필요했다. 이해 가능한 해결책을 찾고자 화이트는 역사적인 맥락에서 현대 기술과 과학의 기저에 놓인 가정을 응시함으로써 우리의 사고를 명백히 해야 한다고 말했다.

동료들 사이에서 린 화이트는 과학사와 기술 분야의 존경받는 학자였고, 그의 저작은 그 주제에 대한 그의 재능을 입증해준다. 그는 현대과학을 특징짓는 몇 가지 중요한 사실을 열거했다. 첫째, 가장 엄밀한 의미에서 현대과학은 서구문명의 산물이다. 화이트에 의하면, 유럽과 북아메리카는 사실 과학과 기술에 있어서 모든 실질적인 업적에 대한 공로를 주장할 수 있다. 둘째, 그는 현대과학의 기원이 산업혁명보다 몇 세기 정도 앞선다고 주장했다. 그는 그 기원을 11세기 그리스인과 아라비아인이 과학적 저술을 처음 라틴어로 번역했던 시기로 보았다. 라틴 원본은 서구인의 마음을 자극했고, 13세기 무렵 유럽은 과학적 발견과 혁신에서 우위를 점했다. 후에 코페르니쿠스, 갈릴레오와 뉴턴과 같은 이들의 업적은 기술적인 문제에 있어서 서방세계가 탁월하다는 것을 입증했다. 화이트는 이런 종류의 것은 동방에서는 발견되지 않는다고 말했다.

현대과학은 중세 서구문명에 뿌리를 둔 현상이었다고 주장하면서, 그는 두 번째 중요한 요소로 기독교를 꼽았다. 화이트에 따르면 기독교는 동시대에 성장하고 번성하기 시작했고, 현대과학과 기술의 발전과 맞물리게 되었다. 화이트는 "이교도에 대한 기독교의 승리"는 "역사에서 가장 커다란 심적 혁명이었다"고 말했다. 화이트에 따르면 기독교는 서구의 지배적인 종교로서 출현했고, 자연세계에 대한 우리의 집합적인 사고와 행동 방식을 형성했다. 그는 "현대 서구과학"은 "기독교 신학의 모체가 되었다"[5]고 말했다.

화이트에 따르면 기독교는 기독교인과 서구문명, 그리고 자연환경과의 관계를 확립했다:

기독교는 반복적이지 않고 일차원으로서의 시간 개념뿐만 아니라 창
조에 대한 놀라운 이야기 또한 유대교로부터 물려받았다. 사랑과 전능
의 신은 단계에 따라 빛과 어둠, 천체, 지구와 지구의 모든 사물, 동물,
새 그리고 물고기를 창조했다. 마지막으로 신은 아담이란 남자를 창조
했고, 후에 남자가 외로움에 떨지 않도록 이브를 창조했다. 아담은 모
든 동물들의 이름을 지었고, 이리하여 그들에 대한 지배권을 확립했
다. 신은 인간의 이득과 규칙에 대한 이 모든 것을 명확하게 계획했다:
물리적 창조의 어떠한 것도 인간의 목적에 이바지하는 것 이외에는 어
떤 다른 목적도 가지지 않도록. 그리고 비록 인간의 몸은 흙으로 만들
어졌지만, 인간은 단순히 자연의 부분이 아니었다. 인간은 신의 형상
(image)으로 만들어졌다.[6]

따라서 화이트는 기독교가 인간과 자연 사이의 구분을 초래했다고 주장
했다. 기독교인의 믿음은 인간이 자신의 목적을 위해 자연을 이용하는 것은
신(神)의 의지라고 주장했다. 린 화이트는 이것이 현재 생태 위기의 근원이라
고 주장했다. 기독교는 서구문명에 지구와 자연환경을 착취하도록 위임장을
주었다. 이러한 위임장을 가지고서 오늘날 너무나 큰 피해를 몰고 온 불가피
한 남용이 자행되었다. 그는 부가적인 과학기술적 지식의 획득이 우리로 하
여금 현재의 생태 위기로부터 피해 입지 않게 할 것이라고 생각했다. 그리고
이것은 기술혁신에 있어서 세계적인 전문가라 불리는 사람의 주장이다. 그는
"자연은 인간에게 봉사하는 것 외에는 아무런 존재의 근거도 갖지 않는다는
기독교적 공리를 거부하기 전까지는 악화일로의 생태 위기는 계속될 것이
다."[7]라고 썼다.
전통적 기독교에 대한 화이트의 비난은 놀랄 만한 것이었을 수 있지만,

그것은 다른 한편으로 1960년대 후반의 우상파괴와 보조를 맞춘 것이었다. 이 기간 동안 많은 미국인과 그리고 특히 학자들은 사회제도가 시대에 적합한 것인가를 묻는 도전을 시작했다. 대학교, 군대, 정치적 리더십, 전통적인 가치체계 등 모든 것이 비판적 고찰의 대상이다. 린 화이트의 글을 읽을 때, 그의 글이 사회적 혹은 지적 진공 상태에서 표면화된 것이 아니라는 것을 깨닫는 것은 중요하다. 전통적 제도에 대한 거부는 크게 유행했고, 때때로 비판을 위한 다음 목표를 정하는 경쟁이 일어날 정도였다.

문제 해결에 대해서 화이트는 기독교인들은 다시금 종교를 바라보고 있다고 말했다: "우리 문제의 뿌리가 대부분 종교적인 것이기 때문에 그 치유 또한 근본적으로 종교적인 것이어야만 한다"는 것이다. 개혁을 위한 모델로서 그는 통설에 의하면 전형적인 기독교인의 자연관과 아주 다른 성(聖)프란체스코의 자연관의 예와 가르침을 따르라고 말했다. 성 프란체스코는 인간과 자연은 전능한 창조자의 영광을 위해 설계된 모든 생물과 무생물에 마음이 있다는 범신론에 따라 연결되어 있다고 생각했다. 나아가 화이트는 "성 프란체스코는 인간의 제한 없는 창조의 원리라는 사상에서 인간을 포함한 모든 창조물은 동등하다는 생각으로 바꾸려고 했다. 그는 실패했다. 우리의 현재 과학과 기술 모두 자연을 향한 전통 기독교도의 교만의 냄새를 너무나 강하게 풍겨서 생태 위기에 대한 어떠한 해결책도 그들 스스로부터 기대할 수 없다"고 말했다.[8]

「우리 생태적 위기의 역사적 뿌리」의 출판에 대해 열광과 분노의 반응이 일어났다.[9] 열광은 대부분 학자들과 신학자들로부터 왔고, 분노는 대개 기독교도와 목사들의 실제 행동으로 나타났다. 화이트는 자신의 논제가 많은 기독교인들에게는 받아들여질 수 없다는 것은 예상했지만, 그 분노의 깊이를 과소평가했다. 그의 이전 대학원생 중의 한 사람인 버트 홀(Bert S. Hall)은 화난 기독교인들의 항의 물결이 강처럼 화이트의 책상을 가로질러 흘렀다고 말했다.[10] 어떤 혹평가는 그를 "크렘린 궁에서 급료를 받는 애송이 적그리스도"[11]라고 부르기까지 했다. 대중의 항의는 화이트 교수로 하여금 농담을 하게 만들었다. "과학자를 비난할걸 그랬군."[12] 그의 동료 기독교인들은(린 화이트는 그 자신을 신앙심이 깊은 기독교인이라 생각했기 때문에) 분명히 환경 이용 때문에 그들 자신뿐만 아니라 그들의 종교도 비난받기를 원치 않았다.

학술공동체는 화이트에게 대체로 관대했다. 사실 많은 신학자들은 종교적인 태도가 환경을 향하는 인간 태도에 영향을 준다는 그의 중심적인 생각에 동의했다. 화이트에 대한 그들의 일반적인 동의에도 불구하고 그의 연구의 어떤 특수한 관점에 대해서는 강력히 반발했다. 특히 화이트는 종교 이외에 환경을 향하는 인간 태도에 영향을 미치는 다른 요소들을 고려하지 않았다는 점에서 비판을 받았다. 환경학자들은 또한 화이트가 명백히 인정하지 않았던 사실, 즉 비기독교인의 문화가 생태학적 피해에 몫이 있다는 것을 인정했다. 일반적으로 학술회원들은 린 화이트의 결론에 가치의 편중과 객관성의 결여가 있었다고 생각했다.[13] 결론적으로 단지 기독교만이 생태학적 위기를 초래했다는 주장은 신빙성이 없는 것이다.

화이트의 논문은 물론 모호함을 갖고 있다. 가령 그가 환경 악화에 대한 궁극적인 책임이 기독교에 있다고 비난하고 있는지에 대해서는 단정하기가 어렵다. 본질적으로 기독교에 잘못된 것이 있다고, 혹은 사람들이 기독교를 실천하는 방법에 잘못이 있다고 그는 생각했던가? 이 애매함에 대한 실마리는 서구사회가 "새로운 종교를 찾든가 혹은 옛 종교에 대한 생각을 고치든가"[14] 해야 한다는 언급에서 찾을 수 있다.

화이트 교수의 논문에 남아 있는 비판의 미묘한 모순점은 기술로 인한 환경 파괴의 중요한 예인 아스완 댐(Aswan Dam)에 대한 그의 언급에 있다.

후에 그 논문에서 그는 기독교가 환경 문제의 근원이라고 말했다. 그러나 아스완 댐은 이전 소비에트 연방의 무신론적 정권의 자금에 의해, 그리고 회교 국가인 이집트에 건설된 것이다. 이처럼 분별 없이 사례를 듦으로써 화이트 교수는 본의 아니게 자신의 가설을 부정한 셈이다.

그 논문에서의 논쟁과 학술적인 문제로 인해 린 화이트는 종교와 환경에 대한 그의 입장을 재고해야만 했다. 이 같은 재고에 대한 결과는 그의 1973년 논문 「계속되는 대화(Continuing the Conversation)」로 나왔다. 그 논문의 테마는 그 표지를 상실했던 일단의 학문성을 우아하게 되살리려는 시도를 담고 있었다. 그러나 그 주제를 재고했던 것은 바로 화이트의 신망에 있었다. 그의 말로 하자면, "역사가는 겁을 먹기보다 실수를 하는 편이 낫다."[15]

「계속되는 대화」에서 화이트는 여전히 미국은 심각한 생태학적 위기에 직면하고 있다고 주장했다. "나는 공개적으로 오염을 옹호하는 사람을 보지 못했다. 모두가 그것에 반대한다고 말한다. 그러나 위기를 치유할 모든 특별한 수단이…… 약화되었기 때문에 그 위기는 더 깊어지고 있다." 그리고 그는 계속해서 그 위기에 기술을 밀접하게 관련지었다: 즉 "오늘의 생태학적 상황은 중세에 최초로 출현해 파도처럼 쇄도한 기술의 부산물이다."[16] 그러나 화이트는 기독교가 기술 진보의 유일한 원인이었고, 이로부터 생태 위기가 초래되었다는 그의 애초의 논지를 바꾸지 않을 수 없었다. 그의 새로운 입장은 기독교가 기술 진보를 야기한 것은 아니었지만 촉진시켰다는 것이다: "기독교는 분명히 동적인 기술 발전에 대한 필연적인 토대는 아니었지만…… 기술의 공세를 위한 아주 유리한 전제조건이 되어주었다."[17]

더 이상 최초의 논제를 방어할 수 없었기 때문에, 화이트는 기독교와의 논쟁을 피했다. 이제 그는 특별히 기독교가 아니라 해도, 종교 일반이 환경과 인간 상호작용에 영향을 미치는 가장 중요한 요소라고 주장하기에 이르렀다:

수백만의 사람들이 우리의 가치가 무엇인지를 보다 분명하게 이해하
게 되고, 모든 오염의 양상을 효과적으로 극복하기 위해 우선 해야 할
일을 바꾸기를 결정하기 전에는 생태 위기를 극복할 수 없을 것이다.
이것은 단순히 경제적·정치적 시스템을 재고하거나 고치는 것보다는
훨씬 더 중요하다. ……모든 문화는…… 일차적으로 각 나라의 종교에
의해 형성된다.[18]

화이트의 새로운 입장은 최초의 논제는 단지 부분적으로 잘못되었을 뿐
이라고 말하는 것처럼 보였다. 즉 종교가 얼마큼이라도 환경 악화와 관련되
어 있다는 그의 전반적인 의심은 본질적으로 옳았고, 단지 기독교에만 한정
된 이전의 초점은 잘못되었다.

그러나 자세히 음미해보면 화이트의 새로운 논제 또한 문제를 가지고
있는 것이다. 문제는 종교에 대한 그의 정의(定義)에 있었다. 그것은 「우리 생
태적 위기의 역사적 뿌리」에서 이끌어낸 결론만큼이나 광범위했다. 그는 인
간과 전반적인 인간 가치의 스펙트럼을 둘러싸고 있는 인간과 창조자 사이의
관계에 관한 철학으로서의 전통적인 종교의 관념을 훌쩍 넘어서 있었다. 그
리하여 모든 사회적 가치는 종교적 전례법규(典禮法規) 아래로 떨어졌다. 화
이트의 자의적인 재정의의 예로서 마르크스주의는 일종의 종교적 표현이라
는 주장을 들 수 있다: "마르크스주의 역사는 종교적 가치가 문화와 사회적
변화의 동력에 근본이 된다고 설명한다."[19] 그러나 마르크스주의 철학을 말
하는 것은 자신의 전통적인 정치·경제적 기초를 무시하는 또 하나의 종교이
다. 모든 인간 가치를 포괄할 만큼 너무 넓게 종교를 정의했기 때문에 환경
악화를 야기하는 주요한 요소는 종교라는 그의 논제를 받아들이지 않는 것은
불가능했다. 첫 논문에서처럼 화이트의 주장은 결함이 있어 보였다.

「우리 생태적 위기의 역사적 뿌리」가 나오고 25년 이상이 지난 후에 역사가 엘스페스 휘트니(Elspeth Whitney)는 환경사상에 대한 린 화이트의 영향을 연구했다. 그녀의 판단은 그의 논제들에 인지된 약점에도 불구하고, 환경철학에 있어서 화이트의 영향은 매우 컸다고 판단했다. 즉 그는 신학을 "녹색화"했다는 공로, 환경에 대한 논의에 신학을 도입한 공로를 인정받은 것이다. 생태신학이 형성되고, 신학자들을 포함한 현대 환경운동과 종교가 환경문제 해결을 지향하도록 시도하는 평신도들을 규합하는 데 그는 도움이 되었다. 환경에 대한 인간 관계의 의미를 세우고자 노력하는 많은 신학자들과 종교인들은 일반적으로 환경을 돌보는 것은 도덕적이고 종교적인 이슈의 중심이라는 화이트의 생각에 동의한다. 종교와 환경 사이의 이 같은 연결을 공공의 관심으로 만든 것은 환경사상에 있어서 화이트의 중요한 공헌이었다.

신학자들은 환경의 상태가 근본적으로 도덕적이고 종교적인 문제라는 데에는 동의했지만, 그들은 종교적 교리가 인간에게 환경의 이기적 이용에 대한 위임(장)을 주었다는 견해에는 동의하지 않았다. 사실 오늘날 많은 신학자들의 관점은 인간에게 땅(지구)을 통치하도록 할 때 신이 이기적 이용이나 착취가 아니라 청지기의 역할을 부여했다는 것이다. 그러므로 지배의 특권은 지구를 돌보는 책임으로부터 나왔다. 오늘날 일부 신학자들은 자연에 대한 폭력적 행동은 인간에 대한 폭력적 행위와 마찬가지로 동일한 죄라고 해석한다.

오늘날에도 여전히 종교와 환경 사이의 관계에 대한 관심은 있다. 그러나 널리 인정되는 바 환경정책에 대한 직접적인 영향은 그다지 중요하지 않을는지도 모른다. 아마 관심과 행동 사이에 이처럼 깊게 갈라진 틈의 가장 분명한 증거는 종교 지도자와 의회 지도자들이 가진 일련의 글로벌 포럼일 것이다. 그것은 1988년과 2004년 사이에 국제적인 회합에서 여러 번 논의되었다. 세계적으로 훌륭한 정치, 종교 지도자들이 대거 지난 회의에 참석했다: 마더 테레사, 캔터베리 대주교, 달라이 라마, EU 수상, 미국 상원의원들과 대표자 등. 2004년 7월 14일 스페인의 바르셀로나에서의 회의는 많은 지구적 문제에 초점을 맞추었는데, 그중 하나는 인간 소비와 미학적인 목적 양자의 차원에서의 수자원 보호였다.

미국에서는 주류 기독교 교파들이 지속적으로 환경 문제에 관한 관심, 즉 경제정의나 여권신장과 같은 그 당시의 다른 중요한 사회적 문제와 종종 연결되는 관심을 보여주고 있다. 환경을 위한 국가종교연합과 환경정의를 위한 목회자 모임 같은 이름을 가진 교회 단체들은 콘퍼런스를 개최하고 기업체와 환경의 질 사이의 관계를 탐구하는 제반 활동을 활발히 펼치고 있다. 또 다른 단체로는 종교와 생태를 위한 북미연합, 워싱턴 DC에 있는 비영리 교육조직 등이 있다. 종교와 생태에 관계하는 세계적 수준의 국제공동체는 세계 환경 문제에 대한 윤리적 차원에서 일하는 네트워크 조직체 연합이다.

많은 기독교인들이 종교와 환경의 결합을 환영했지만, 어떤 사람들은 그렇지 않다. 이러한 반대자 중 하나는 미시간 그랜드래피즈에 있는 종교와 자유를 연구하기 위한 액턴연구소(Acton Institute)의 전임 소장인 성 바울의 신봉자 로버트 시리코(Robert A. Sirico) 신부다. 시리코 신부는 이른바 환경주의라고 하는 것의 양상들에 대해 "분명하게 종교적인 어조"로 혹평했다. 그는 오늘날 많은 사람들은 환경주의 그 자체를 하나의 종교로 간주한다고 생각한다. 그리고 그것을 추종하는 사람들은 전통적인 교회교육 위에 숭고한 자연관을 덧씌우려 애를 쓰고 있다고 생각한다. 시리코 신부는 이것은 개인적인 죄를 피하고 구원을 얻는 종교의 기본적인 목적을 손상시키는 것이라고 말했다. 아마도 의식하지 못한 채 린 화이트의 본래 가설에 따라 행동하면서 말하기를 "자연이 그 자체로 손을 타지 않고 보전되며 숭배되는 독립적이고

형이상학적인 권리를 가지고 있다는 것은 신앙에 대한 유대인과 기독교인의 이해에 속하지 않는다"고 말했다. 그러나 그는 "지속적인 생산을 위한 지력 (地力)은 영구히 손상되어서는 안 된다…… 그러나 교양 있는 양심은 그 차이를 안다"[20]고 덧붙였다.

시리코 신부는 또한 지구는 살아 있는 생명체라는 가이아*Gaia*("GUY-uh"로 발음되는)의 상승하는 인기를 이단이라고 비난했다. 그리스어에서 온 가이아는 "대지모(mother earth)"를 의미한다. 가이아의 개념은 1972년 영국의 레딩 대학의 대기(大氣)과학자 제임스 러브록(James Lovelock)에 의해 처음 쓰였다.[21] 가이아 가설을 전개하면서 러브록은 지구는 그 자체가 대기와 기후의 자기조절 기능으로 인해 마치 살아 있는 것처럼 활동한다고 주장했다. 지구의 기후는 생명을 수용할 수 있도록 적응했고, 이 같은 수용은 일치되기에는 너무나 협소하고 고의적인 길을 따른 것이었다고 그는 말했다. 또한 러브록은 지구의 현재 대기는 어떤 비생물학적인 화학적 구성과는 아주 동떨어진 것이어서 대기가 의식적으로 생명을 유지하기 위해 협력했음이 틀림없다고 주장했다. 마지막으로 그는 만약 생명이 지구로부터 사라진다면, 자발적으로 지구의 대기는 생명이 없는 행성의 대기로 변화할 거라고 말했다. 러브록은 지구는 매우 큰 살아 있는 생명체와 같은 것이라고 결론을 내렸다. 가이아–지구는 자기 자신에 맞도록 대기, 해양, 그리고 지구 표면을 계획했다. 러브록의 본래 생각은 가이아는 인간의 남용에도 불구하고 자기 자신을 돌본다는 것이었다. 러브록은 지구가 마치 살아 있는 것처럼 행동한다고 주장했을 뿐이지만, 뉴 에이저(New Agers)뿐만 아니라 오늘날 많은 가이아 철학의 지지자들은 지구가 실제적인 지능을 소유하고 있다고 간주한다.[22]

1988년, 미국지구물리학회는 가이아 가설의 우수성을 고찰하고자 저명한 과학자들의 회의를 개최했다. 회의론자(懷疑論者)들에서부터 신봉자에 이르기까지 회의에 참석한 사람들은 그들이 함께 그 가설에 대한 증명과 효용을 검토했다. 제임스 키르히너(James Kirchner)는 가이아를 자명한 것에서부터 아주 사변적인 데까지 걸쳐 있는 온갖 가설의 온상으로 생각했다. 그 명증한 목표에 있어서 그 개념은 생화학적 과정과 생물학적 과정 사이의 몇 가지 유명한 조합을 반복했다. 사변적인 목표 — 즉, 생물학적 과정은 물리적 환경을 조절한다 — 는 테스트나 증명 어느 것도 될 수 없다고 키르히너는 단언했다. 그럼에도 불구하고 가이아의 은유는 사람들, 유기체, 그리고 무기물을 공동 운명으로 결합하기 위한 수단으로서 인기가 있었다.[23]

린 화이트의 논문은 환경사상에 깊은 영향을 미친 것이 확실하다고 엘스페스 휘트니는 말했다.

> 출판 이후 거의 즉시…… 「뿌리」는 환경연구, 기술의 역사, 과학, 사회, 그리고 기술 분야에서 대학의 강좌에 사용되는 참고서적들과 교과서의 표준이 되었다. 그 논문의 재판(再版)들은 역시 지구 카탈로그와 환경 핸드북에 대한 『보이 스카우트 핸드북』과 『시에라 클럽 회보』와 히피 뉴스레터, 『오라클 회보』에서 훨씬 더 균형 있는 『호라이즌』 잡지에 이르기까지 일반 대중을 지향하는 다수의 출판물에서 나타났다. 1970년 『타임』지와 『뉴욕 타임스』 둘 다 화이트의 논문에 대한 보복성 특집기사를 실었다. 위대한 역사학자 토인비는 표시도 하지 않은 채 두 번이나 그의 주장을 인용하면서 화이트에게 최대의 찬사를 보냈다. 전반적으로 「뿌리」에서의 논제는 1967년부터 현재에 이르기까지 역사가, 환경주의자, 그리고 기술철학자들에 의해 200권 이상의 책과 논문에서 되풀이되고 비평을 받아왔다…… [그것은] 환경 "민속(folklore)"의 한 부분으로서 설명되어왔다.[24]

비록 많은 사람들이 화이트를 연구해오고, 사회와 지구 환경을 지탱하는 신념이 본질적으로 도덕과 종교철학의 문제라는 그의 생각에 동의할지라도, 도덕이 널리 보급될 것이라는 큰 희망을 가지는 사람은 거의 없다. 신맬서스주의적 두려움에 메아리치면서, 이 사람들은 정치경제적 관심이 국제적이고 지방적인 양 수준에서 바로 현재에 보편화될 것이라고 믿는다.[25]

종교와 환경과의 관계성의 중요성에 관한 린 화이트에 의해 제기된 문제는 계속 현대사회의 적합성의 문제를 갖고 있다. 「우리 생태적 위기의 역사적 뿌리」가 출간된 후 린 화이트는 UCLA에서 7년 이상 동안 다작의 학문적 이력을 계속 쌓았다. 1974년에 그는 명예교수로 은퇴했다. 화이트 교수는 1987년 3월 30일 그의 80번째 생일을 한 달 앞두고 심장마비로 세상을 떠났다.

| 주석 |

1. White, "Historical Roots of Our Ecologic Crisis," p. 1203.
2. All quotations from White, "Continuing the Conversation," pp. 63-64, 64, 63.
3. White, "Historical Roots of Our Ecologic Crisis," p. 1203.
4. Ibid., pp. 1203, 1204.
5. Ibid., p. 1205, 1206.
6. Ibid., p. 1205.
7. Ibid., p. 1207.
8. All quotations from Ibid.
9. Whitney, "Lynn White," p. 153.
10. Hall, "Biographical Memoir," p. 263.
11. White, "Continuing the Conversation," p. 60.
12. Hall, "Biographical Memoir," p. 263.
13. Whitney, "Lynn White," p. 154.
14. White, "Historical Roots of Our Ecologic Crisis," p. 1206.
15. Whitney, "Lynn White," p. 168.
16. White, "Continuing the conversation,"pp. 56, 58.
17. Ibid., p. 58.
18. Ibid., p. 56.
19. Ibid., p. 57.
20. Sirico, "False Gods of Earth Day," p. 12.
21. Lovelock, "Gaia as Seen through the Atmosphere.
22. Pepper, *Eco-Socialism*, p. 37.
23. Merchant, *Radical Ecology*, p. 37.
24. Whitney, "Lynn White," pp. 157-58.
25. Ibid., p. 169.

10
폴 에를리히와 『인구폭탄』

폴 에를리히(Paul Ehrlich)의 책 『인구폭탄(The Population Bomb, 1968)』의 서두에는 제3세계의 안타깝게도 처참한 인구 과잉의 삶에 대한 너무나 적확하고도 정밀한 모든 묘사가 담겨 있다:

> 나는 오랜 시간 동안 인구폭발에 대해 머리로만 이해해왔다. 몇 년 전 지독히 덥던 인도 델리에서의 어느 날 밤 인구폭발에 대해 가슴으로 알게 되었다. 나는 아내와 딸과 함께 오래된 택시를 타고 호텔로 돌아가고 있었다. ……돌아가는 그 길에서 떼지어 법석대는 사람들을 보았다. 먹는 사람, 씻는 사람, 잠자는 사람. 방문객, 싸우고 소리 지르는 사람. 택시 창을 통해 손을 들이밀고 구걸하는 사람. 배변(排便)하거나 방뇨하는 사람. 버스에 달라붙는 사람. 동물들을 망보는 사람.
> 사람, 사람, 사람, 사람들.[1]

우울한 것이었지만, 세계의 인구 문제에 대한 저자의 열정적인 메시지에 미국의 대중들은 주의 깊게 경청했다. 1970년 『인구폭탄』은 100만 부 가까이 인쇄될 정도로 엄청난 베스트셀러가 되었다. 폴 에를리히에게는 명성과 부가 뒤따랐고, 비할 데 없는 세계적인 인구전문가가 되어 저명인사로서 최고의 시간을 보냈다. 그는 자니 카슨(Johnny Carson)의 「투나잇 쇼」에도 출연했는데, 그것은 1년 전에 미리 예약된 것이었다. 매년 130만 킬로미터의 항공여행의 기록을 남겼고, 매일 24번의 연설 요청을 받았다. 그것은 학자로서 얻을 수 있는 스타의 지위에 가까운 것이었다.

『인구폭탄』을 집필하던 시기에 그는 스탠퍼드 대학의 곤충학과 교수이자 생물학과 졸업반 학생들의 지도교수였다. 교수생활의 대부분을 그는 곤충에 대해 연구하고 가르치면서 보냈다. 그는 곤충학이 자기의 첫사랑이었다고 주장했다. 1932년 5월 29일 필라델피아 출신인 그는 이전에 『나비를 아는 방법(How to Know the Butterflies, 1960)』과 『진화과정(Process of Evolution, 1963)』이라는 두 권의 책을 집필했고, 다른 과학 분야의 70여 편의 논문을 썼다 — 그 숫자는 향후 40년에 걸쳐 7배 이상 증가하게 된다. 185센티의 키에 야위고 호리호리한, 교수다운 구부정한 자세를 가진 그는 보통 하루 16시간씩 물집이 생길 정도로 격렬히 연구하는 어마어마한 에너지를 가진 사람이었다. 성격상 개혁운동가가 되겠다고 주장하지는 않았지만, 인구 증가를 반대하는 대변자로서 새로운 "구세주적인 역할(messianic role)"로 불리는 것에 대해서는 열정적으로 받아들였다.[2]

에를리히는 『인구폭탄』을 일반 독자의 심정에서 쓴 것으로 보인다. 결국 그는 독자들의 마음속에 지구의 인구 과잉이라는 공포에 관한 관심이 커지길 바랐다. 3주 만에 씌어진 대중적인 교과서는 염가본 종이표지로 된 200페이지가 약간 넘는 비교적 간단한 책이었고, 각주와 인용 목록과 같은 적당한 양의 근거 자료를 포함하고 있다. 전문학술도서로서 『인구폭탄』은 『침묵의 봄』 혹은 『희소성과 성장』이 준 것만큼 좋은 인상을 주지는 못했지만, 이 책이 의도한 것이 그러한 것은 아니었을 것이다. 에를리히의 목표는 머리보다는 마음을 움직이는 데 있었다.

출판 후원자인 시에라 클럽의 데이비드 브로워(David Brower)에 의해, 1장의 표제는 간단하게 "그 문제(The Problem)"로 정해졌다. 그 메시지는 순전히 묵시록적인 것이었다: 지구에는 너무 많은 사람들이 있고, 질병의 감소와 두 배의 인구 증가로 인해 상황은 매일 악화되고 있다.[3] 이것은 특히 에를리히가 후진국이라고 말한 곳에서는 틀림없는 사실이다. 그는 세계가 9년 이내 (1977년쯤)에 7명 중 1명이 영양결핍으로 죽게 될 심각한 식량 부족을 겪게 될 것이라고 추정했다. 과잉인구의 치명적인 결과는 기아에 한정된 것이 아니었다. 인류가 더 많은 비료와 살충제를 사용하고, 숲을 개간하고, 시내에 침적물이 증가하며, 온실 효과가 나타나고, 핵전쟁에 몰두함에 따라 환경 또한 악화될 것이다.

2장 "길의 종말(The Ends of the Road)"에서 에를리히는 미래세계의 상황에 대한 자신의 어느 정도 환상적이라고 할 수 있는 몇 가지 각본을 제시하면서 필사적인 어조로 강조했다:

- 밀 공급을 받으려는 투쟁으로 미국은 중국에 대해 전략상 핵공격을 감행할 것이다.
- 대통령의 환경고문들은 90 이하의 지능지수를 가진 사람을 모두 불임 (不妊)케 하도록 권고할 것이다.
- 1979년 수소폭탄 전쟁 후에 지구의 3분의 2는 사람이 살 수 없고, 단지 바퀴벌레만이 살아남을 수 있는 곳으로 변할 것이다.

- 에를리히의 가장 낙관적인 각본에 따르면, 지구 인구 중 5억 명이 굶어 죽는다.

이러한 악몽 같은 견해를 제시한 후에, 에를리히는 좀 더 낙관적인 미래를 그리려는 독자들과 대립각을 세웠다.

3장 "무엇이 이루어지고 있는가(What Is Being Done?)"는 인구 통제에 있어서 사회의 실패들에 관해서 말하고 있다. "힘있는 입장에 있는 사람은 문제를 무시하거나, 부적절한 범위의 것이나 실패가 입증된 부적절한 해결책을 권고한다"고 말했다. 비판의 주된 대상은 에를리히가 바티간 룰렛(Vatican roulette)이라 불렀던 방법인, 소위 주기피임법(rhythm method of contraception)을 지지한 로마 가톨릭 교회였다. 전통적인 가족계획 역시 최악의 실패로서 비난받았다. 반대로 그는 태아 상태의 유산을 "인구 통제 병기공장의 가장 효과적인 무기"[4]로 보았다. 이 장(章)에서 에를리히는 또한 대중을 먹이기 위한 식량생산 증가의 가능성을 말했다. 그가 보기에 변두리에 비옥한 땅을 경작하는 것이나 양식어업과 같이 덜 전통적인 농업 형태로의 전환에는 희망이 없었다. 그러나 그는 농작물, 특히 곡물생산의 진보적 변화의 전망에 대해서는 어느 정도 낙관적 견해를 내비쳤다. 이 장(章)은 환경 악화에 대한 몇 가지 경고로 결론을 짓고, 그리고 몇몇 페이지를 미국 농무부의 개미박멸운동에 대한 비판에 집중적으로 할애하고 있다(『침묵의 봄』에서 레이첼 카슨이 이 연방곤충박멸 프로그램으로 야기된 손해를 검토한 것을 상기하라).

4장 "해결하는 데 무엇이 필요한가?(What Needs to Be done?)"는 인구 과잉에 대한 해결책을 찾는 어려운 일에 착수했고, 이때 요구되는 과제는 "생각보다 복잡한 것"이었다.[5] 비록 해결이 어렵다 해도, 그 과제를 시작할 수 있는 장소는 미국에서는 쉽게 찾을 수 있었다. 에를리히는 자연자원이라는 밥그릇에서 가장 큰 몫의 폭식을 하며 지구 공동체에서 우위를 점하고 있으므로 미국은 인구 통제에 있어서 리더 역할을 맡을 필요가 있다고 주장했다. 그는 저출산을 장려하기 위해 고안된 수도살포제와 경제적 인센티브를 생각했다. 그는 "섹스를 인간 생리의 근원으로서 인간에게 중요하고 가장 지속되는 활동"[6]으로 강조하는 학교에서의 성교육과 낙태에 대한 모든 여성의 권리를 보장하는 연방법을 주장했다.

이 장에서 에를리히는 세계를 좀 더 살기 좋게 만들기 위한 그의 새로운 운동의 "경찰관"이 되도록 인구와 환경에 관한 강력한 연방부처를 설립할 것을 권고했다.[7] 가톨릭 교회의 위계질서는 아직도 낙태에 대한 보수적인 관점을 벗어던지지 못하고 있다. 그는 자유기업 체제의 움직임을 거칠게 비난했고, 환경 문제를 그 경제적 시스템과 연결하려 했다. 기독교는 우리로 하여금 자연을 지배하고 이용하도록 만든 권력으로서 책임이 있다. 에를리히는 "우리 문제의 뿌리는 대개 종교적인 것"이라고 말했다.[8] 그는 미국은 개발도상 국가들이 식량 지원을 받아들이는 조건으로 인구 억제 프로그램을 이행하라고 요구할 것을 주장했고, 이들 나라에 만약 필요하다면 불임도 강제로 이행하도록 해야 한다고 말했다.

끝에서 두 번째의 장 "당신은 무엇을 할 수 있나?(What Can You Do?)"에서는 대중들에게 인구 증가를 억제하는 투쟁을 이행하도록 촉구하고 있다. 선출직 공무원들은 사람들에게 대중 우편으로 안내서를 보냈고, 또한 인구폭탄을 의심하는 사람들을 위한 확실한 반증 자료로서 좌담 내용의 샘플을 주었다. 에를리히는 "무엇보다도 우선 인구폭탄에 대해서 소요를 일으키라고" 권했다. 결론 부분에서 그는 부모들에게 "여러분의 아이에게 자궁 내 피임기구를 주어서 '보고 말하도록'"[9]하라고 권했다.

그 책의 간략한 마지막 장은 "내가 틀렸다면 어떻게 될까?(What If I'm

Wrong?)"라는 표제가 붙어 있다. 에를리히는 인구 증가의 위험에 관한 오류의 가능성은 헤아릴 수 없을 정도로 적다고 생각했다: "당연히 나는 이것이 큰 가망이 없다는 것을 안다. 그렇지 않았다면 나는 이 책을 쓰지 않았을 것이다." 그러나 그는 "만약 내가 틀렸다면, 사람들은 더 좋은 먹을거리, 더 좋은 집을 갖게 될 것이고, 훨씬 더 행복해질 것이며, 우리의 노력에 감사하게 될 것"[10]이라고 덧붙였다.

『인구폭탄』에 대한 대중들의 첫 반응은 그 메시지를 환영하는 쪽과 반대하는 쪽으로 나뉘었다. 그러나 에를리히의 견해를 반대한 사람들의 비판은 혹독했다. 『샌프란시스코 신문』의 칼럼리스트 찰스 맥케이브Charles McCabe는 폴 에를리히가 "히틀러보다 더 나쁘다"고[11] 말했다. 투쟁적인 흑인 지도자들은 그가 주장한 출산통제계획을 소수인종을 겨냥한 학살 프로그램에 다름 아니라고 간주했다. 가톨릭 교회는 종교적 믿음과 성직자들에 대한 그의 비난에 격노했다.

이러한 독설들이 흘러나온 것은 분명히 이해할 만한 것이었다. 『인구폭탄』은 서구문화의 가장 소중한 가치들 중 일부를 짓밟았다. 에를리히는 인구 성장과 환경 악화 문제를 해결하기 위한 작지만 훌륭한 조절에 대해서 대중과 상의하지 않았다. 그보다 그는 주요한 사회 혁신을 호소했다. 그는 목욕물에 있는 아기뿐만 아니라 또한 목욕통까지 내던지려고 했다.

『인구폭탄』 비판의 대부분은 사회적 쟁점에 대한 그 책의 입장에서 유발되었다. 그러나 또한 그것은 학문적으로도 문제가 될 수 있었다. 사실 그 책의 많은 주요한 견해들은 성급하게 착상된 것으로 보였고, 어떤 부분에 있어서는 약간의 선입견이 없지 않았다. 가령 에를리히는 "최적인구 크기"를 "남자 혹은 여자가 바라는 대로 개인에게 군중이 되든 혼자가 되든 내버려두는 것으로"[12] 정의했다. 이것은 사람들로 하여금 그들이 바라는 모든 여지를 제공받을 수 있게 하는 것을 달리 말하는 방법일 뿐이다. 모두가 만족스럽고 좋지만, 그럴 경우 어떻게 사회적 목적이 이행될까? 사람들이 너무 밀집하면 누구에게 불평할 것이며, 공무원들은 그 상황을 어떻게 수정할 수 있는가? 그리고 그 개념은 지구의 인구 문제를 푸는 데 거의 아무런 도움이 되지 않는다.

『인구폭탄』이 인구 성장에 관한 새로운 발전 이론을 지향하는 데 크게 기여한 것은 아니다. 사실 그 책의 핵심 개념들 중 많은 것들은 종종 맬서스 이론을 상기시켰다. 가령, 인구는 "두 배로 증가하는 시간", 즉 지구 인구가 두 배가 되는 데 필요한 시간은 계속해서 짧아지고, 그래서 기하급수적인 인구 성장이 이루어질 것이라고 이 책은 주장하고 있다.[13] 토마스 맬서스는 1798년 그의 유명한 『인구론(Essay on the Principle of Population)』에서 동일한 개념과 전문용어를 사용했다. 이상하게도 비록 명백한 생략인 것처럼 보이는 곳에서도, 『인구폭탄』은 맬서스에 대해 전혀 언급하지 않았다.

더욱이 텍스트에는 비논리적인 부분이 자주 눈에 띄고, 산만하며 중복이 많았다. 아마 그것은 3주 만에 씌어졌기에 당연한 결과일지도 모른다. 이유가 무엇이었든 간에 주제는 표면화되고 은폐되면서 몇 번이고 재포장되었다. 로마 가톨릭 교회에 대한 지속적인 비난은 이 같은 반복의 예이다. 게다가 많은 경우에 저자는 자가당착에 빠진 것처럼 보였다. 책의 처음부터 끝까지 에를리히는 "우리 문제의 근본 원인"이라고 이름을 붙이려 했으나, 그 근본 원인은 다양해 보였다. 인구에서 종교, 과도한 자동차, 연중 내내 계속되는 여성의 성적 욕구, 가족의 진화 등.

『인구폭탄』은 비판에도 불구하고 거대한 추종자를 끌어들였다. 특히 대학공동체가 에를리히의 메시지에 공감하는 것으로 보였다. 에를리히를 히틀러에 비유하는 맥케이브의 반응에 대한 응답으로서 대학동아리연합은 이 스탠퍼드 교수를 지지하는 서안을 작성했다. 그의 동료들은 또한 과학위원회가 줄 수 있는 가장 훌륭한 상(賞)을 에를리히에게 주자고 제안했다. 에를리히는 미국과학학회 및 미국예술과학아카데미의 회원으로, 미국생물학회 회장으로 지명되었고, 수많은 환경과 공익 조직의 지도위원으로 선출되었다. 『인구 폭탄』은 또한 대학생들에 의해 수용되었고, 이들 중 많은 학생들은 에를리히의 제로 인구 성장을 지향하는 조직에 앞다투어 가입했다.

『인구폭탄』은 에를리히에 있어서는 하나의 시작일 뿐이었다. 학문적으로 그 책의 부족함을 알았던 그는 많은 부분에서 부족한 부분을 보완하려고 노력했다. 그의 아내이자 공저자이며 생물학 삽화가인 앤(Anne Howland Ehrlich) ─ 그녀는 스탠퍼드 대학의 연구보조원이었고, 남편의 사무실 밖에서 일하고 있었다 ─ 의 도움으로 에를리히는 「생각하는 사람의 『인구폭탄』[14] (a thinking man's Population Bomb)」을 집필하기 시작했다. 그 결과로 나온 두 번째 시기의 업적은 『인구, 자원, 환경: 인간 생태계의 문제(Population, Resources, Environment : Issues in Human Ecology)』로서, 이 책은 1970년에 출판된 교과서였다. 좀 더 새로워진 교재는 대강의 밑그림으로 『인구폭탄』을 사용했지만, 그것은 크게 확장되었고 훨씬 더 많은 양의 꼼꼼한 문헌자료가 첨부되었다.

『인구, 자원, 환경』의 처음 절반 부분은 인구, 과학, 기술, 그리고 생태학에 대한 논의를 담고 있다. 그 중의 한 논의는 물질보존의 법칙을 다루었고, 많은 환경주의자들에게 물리학의 한 부분적 관심인 열역학 제2법칙은 산업발전과 경제성장이 문명에 있어서 절대적 제한을 가한다는 증거로 활용되었다(「다가오는 우주선 지구호의 경제학」에서 케네스 볼딩이 이미 물리학과 환경에 관련된 이들 문제들을 제기했다는 것을 상기하라). 물질보존의 법칙은 물질이 창조될 수도 파괴될 수도 없다고 설명한다. 열역학 제2법칙은 이용 가능한 전체 에너지의 일부분은 폐쇄된 체제 내에서는 지속적으로 감소되어 간다고 말한다. 따라서 물질보존은 환경오염이 지속될 것이라고 암시하며, 열역학 제2법칙은 이용

가능한 에너지의 양에는 어느 정도 근본적인 제한이 있다고 주장한다. 따라서 이 두 법칙은 공히 인간의 오염 배출과 빠른 에너지 자원의 소비는 인간 법칙에 의해서가 아니라 물리학의 법칙에 의해 지배되는 피할 수 없는 부정적인 환경 결과를 수반한다는 것을 암시하고 있다.

책의 중간 부분에 에를리히는 "많은 사람이 과학과 기술이 오늘날 생태위기를 해결해주리라고 보는 것은 헛된 것일지도 모른다"[15]고 썼다. 이러한 선언으로써 인구 성장과 환경 악화의 주요한 치료로서 그들의 강조점이 과학과 기술에서 사회적 제도로 이동했다. 『인구폭탄』에서 사회적 이슈에 관한 에를리히의 이전의 주장은 화를 돋울 만큼 충분히 대담했는데, 이 책도 만만치 않았다. 가령 "법은 세 번째 아이를 낳는 것은 위법이고, 모든 임신을 차단하도록 낙태를 보장하는 내용으로 씌어질 수 있다. 유산의 실패는 중죄가 될 수 있다."[16] 에를리히는 또한 선출직 공무원에 대해 65세의 제한 연령을 더 강화할 것을 요구했다: "우리가 살고 있는 복잡한 세계에서 국가를 운영하는 실제적인 일을 나이 든 사람에게 맡기기에는 너무나 거대하다."[17] 서양 문화와 기독교는 다시 한번 격렬하게 요동쳤다. 그러나 그 불손한 어조(경향)에도 불구하고 — 혹은 아마 그것 때문에 — 『인구, 자원, 환경』은 이전의 내무부장관인 스튜어트 유달과 노벨 수상자 라이너스 폴링(Linus Pauling)과 같은 유명한 사람들에게 확고한 지지를 받았다.

학술 문헌으로서 『인구, 자원, 환경』은 『인구폭탄』에 비해 의미심장한 개선이었다. 그러나 두드러진 변화는 아직 완성되지 않았고, 아직 한 걸음이 더 필요했다. 1977년 폴과 앤 에를리히, 그리고 캘리포니아 버클리 대학의 에너지와 자원학 교수 존 홀드린(John P. Holdren)은 함께 이 3부작 저서의 마지막 권을 출판했다. 『생태과학: 인구, 자원, 환경(Ecoscience: Population, Resources, Environment)』이라는 제목의 이 최후 저작은 무엇보다 교과서로서 집필된 것이었다.

생태과학의 토대 구성은 이전 책의 구성과 현저하게 다르지는 않았다. 이 책의 결론 부분은 사회적 문제와 정책적 해결을 논의하는 반면, 앞 부분의 장(章)들은 인구, 과학, 그리고 기술의 문제를 다루었다. 그러나 구조적인 유사성에도 불구하고, 생태과학은 이전 책들에서는 볼 수 없었던 범위의 폭을 갖고 있었다. 양질의 인쇄와 풍부한 참고문헌을 갖춘, 1천 페이지가 넘는 이 책은 인구학의 역사, 맬서스의 인구증가율, 토지-이용 패턴, 에너지 기술, 자원 결핍, 그리고 생태계 파괴와 같은 주제들에 대해 매우 광대한 범위를 다루었다. 조그마한 대학원생 단체가 이 걸작을 완성하는 데 있어서 매우 수고했음에 틀림없었다.

그렇지만 기술 문제에 대한 확장된 논의와 함께 『생태과학』은 인구 성장과 환경 악화는 단지 사회적 제도의 변화를 통해서 중단될 수 있다는 생각을 집요하게 고수하고 있다: "정책과 기술의 어떠한 결합도 만약 그들이 그 문제에 대한 비기술적 근원을 극복할 수 없다면, 그 곤경을 개선할 수 없다는 것은 명백하다."[18]

그러나 이 마지막 권에서 저자의 어조는 어느 정도 부드러웠고, 제안된 사회적 교정수단(조치, 법안)은 덜 엄격해진 듯 보였다. 날카롭고 신랄한 사회적 비판의 많은 부분이 제외되었다. 세 번째 임신이 중죄로 다루어지고, 의무적인 낙태로 결론나던 에를리히의 권고는 사라졌다. 중장년층은 이제 권위를 얻게 되었다: "나이 든 사람에게 있어 문제는…… 그들이 무시되어왔다는 것이다. 만약…… 용기를 얻는다면…… 나이 든 사람들은 고령의 나이에도 계속해서 사회에 가치 있는 기여를 할 수 있을 것이다." 이것은 나이 든 국회의원들에게 강제 은퇴를 요구하던 에를리히의 초기 생각과는 아주 다른 것이었다. 그리고 서구문명에 대한 선택적 비난 또한 완화되는 듯 보였다: "다산하고 번식하라, 신이 부양할 것이다.' 이러한 생각은 동서양 종교 어디에서나 공통적이다."[19]

『생태과학』은 저자들이 환경 문제에 관한 두 개의 주요한 학파로 규정한 "기술지향주의자 대 신맬서스주의자[20]에 대한 간단하고 최종적인 논의로 끝난다. 기술지향주의는 기술적 낙관주의자를 특징으로 한다. 개인들이 인류가 환경에 최소한의 손실을 유지하면서 미래 에너지와 자연자원의 공급을 확보하기 위해 필요한 기술적 진보를 이루어낼 수 있고 이루어낼 거라고 기대한다. 신맬서스주의자들은 기술을 인류의 구원의 방책이라고 보지 않는다. 저자들은 신맬서스주의 진영으로 거리낌 없이 들어섰다. 그러나 최종 요약에서 그들은 인구와 환경 문제는 오직 두 그룹의 협력을 통해서만 해결될 수 있다고 말했다: "현실적인 해결에 대해 고민하는 사람들에게 있어서 진정한 문제는 모든 분야의 학자들과 의사결정자들이 인간 행위와 자연적 실제가 조화될 수 있는 방법을 고안할 수 있느냐는 것이다."[21]

『인구폭탄』은 학문적 결함에도 불구하고 1798년의 맬서스의 논문 이래 다른 어떠한 출판물보다 세계 인구 문제에 대한 공공적 관심을 크게 불러일으켰다. 확실히 오늘날 인구 추세는 세계 각국 정부의 지속적인 주요 관심사가 되고 있다. 이 관심은 1994년 인구와 개발에 대한 유엔 국제회의가 이집트 카이로에서 개최됨으로써 입증되었다. 이 회의에는 180개의 유엔 회원국약 2만 명의 대표와 대개 여성의 권리 조직으로 구성된 다양한 비정부조직들(NGOS)이 참여했다. 10일간의 회의는 세계 인구 성장을 안정시키기 위한 종합적 전략을 모색한 16장의 프로그램을 내놓았다. 이 프로그램에서 가장 논쟁적인 이슈는 낙태였다. 이슬람, 가톨릭, 그리고 페미니스트 집단들은 그 문제에 대해 공격적으로 로비를 했고, 어느 편이 이길 것인지에 관해 많은 고찰이 있었다. 최종 문서에서 이 프로그램의 입장은 낙태에의 요구는 회피되어야 하고, 어떤 경우에도 가족계획의 한 방법으로 사용되어서는 안 된다는 것이었다.

세계 인구에 관한 현재의 불안은 맬서스 시대처럼 빠른 인구성장률과 그에 따른 자연자원과 환경에 대한 충격에서 유래한다. 맬서스가 그의 유명한 논문을 썼던 1798년, 세계 인구는 어림잡아 9억 명이었다. 현재 세계 인구는 200년 만에 놀라울 정도로 성장해 7배인 대략 64억 명이다. 최근 매년 세계 인구의 높은 증가율은 1970년대 초의 성장분포를 보면 2%를 갓 넘는다. 2004년도 연성장률은 1.21%로 떨어졌다. 비록 상황이 다소 개선되었다 해도 세계 인구는 2050년까지 90억 이상이 될 것이라는 예측이 나왔다.

인구 성장의 압박은 아프리카, 라틴 아메리카, 그리고 현재 세계 인구의 82.3%가 살고 있는 아시아와 같은 후진 지역에서 가장 심각하다. 아프리카는 연 2.18%, 라틴 아메리카 1.42%, 그리고 아시아가 1.21%의 성장률을 나타내고, 이들 모두가 현재 세계 평균 1.21%를 상회한다. 이 같은 높은 성장률은 불과 몇 년 안에 치명적인 결과를 가져올 수 있다. 가령, 연간 2.18%의 성장률을 가진 아프리카는 약 40년 후에는 인구가 2배로 증가하게 될 것이다. 반면, 미국과 유럽의 연 인구성장률은 상대적으로 0.97%와 0.00%가 될 것이다.[22]

해마다 0.97%의 미국 인구 성장은 세계 표준에 비하면 낮지만, 산업화된 국가 중에서는 가장 높다.[23] 이 같은 비율로 미국은 2080년도쯤이면 현재 2억 9,800만 명의 2배가 될 것이다. 최근 미국 인구는 북동과 북쪽으로 남과 서쪽으로 그리고 특히 태평양의 해안, 멕시코 만, 그리고 동쪽 플로리다로 이동했다. 이 인구이동은 특히 화학오염물질, 하수오물과 도시 유거수(流去水)의 증가로 인해 습지에 부정적인 영향을 끼쳤다.

인도와 중국은 현저한 인구 문제를 가진 개발국가들이다. 11억 인구를 가진 인도와 13억의 인구를 가진 중국, 이 두 나라가 세계 총 인구의 약 37%를 차지한다. 두 나라는 엄청난 인구로 인한 부정적인 영향을 인정하고 연간 성장률을 줄이려는 국가 프로그램을 수행했다. 그러나 중국이 인도보다 훨씬 더 성공적이었다. 인도의 연성장률은 1.5%로 세계 평균을 훨씬 상회한다. 반면 중국의 성장률은 약 0.65%로서 그럭저럭 감소되어왔다. 중국 성공의 열쇠는 중국의 강력한 인구 억제 프로그램들이 가까운 미래에 부모가 될 사람들을 대상으로 삼았다는 사실에 있다.[24] 중국의 부부들에게는 결혼의 연기가 장려되었고, 결혼한 부부들은 낙태, 불임 그리고 피임용구를 준비하고 있다. 한 아이 이상 갖지 않는 부부들에게는 다양한 재정적 인센티브가 주어지는 반면, 한 아이 이상 가지는 사람들은 이러한 편익을 잃게 된다. 이와 대조적으로 비록 인도의 프로그램은 30년 이상 시행되었는데도 관료의 비능률성과 행정적·재정적 지원 부족으로 인해 거의 성공하지 못했다. 성공적이었다 해도 중국의 한 아이 갖기 인구정책은 논란거리가 되었을 것이다.

남아에 대한 강한 사회적 선호는 전하는 바에 따르면 수백만 명의 여성 태아(임신 9주 후)와 유아를 죽음으로 이끌었다. 또한 원치 않는 여자아이를 외국으로 파는 거래가 성행하고 있다는 소문이 있다. 개발도상국가 내에서 인구성장률을 줄이고자 자주 제기된 방책 중 일부는 경제발전, 가족계획, 경제적 보상, 그리고 부인들의 역할 변화 등이다.[25] 인구 성장을 늦추기 위한 방법의 일환으로 경제발전을 이용하는 것은 국가경제발전과 인구학적 천이(遷移, 출생률이나 사망률의 변화) 이론에 따른 것으로, 즉 산업화 이전의 국가에서 산업화 국가로의 사회 변천은 결국 출생률의 감소로 귀착된다.

가족계획은 1940년대와 1950년대 이래 인구 성장을 감소시키는 하나의 효과적인 수단으로서 특히 개발도상국가에서 공식적으로 인정받아왔다. 그 이후로 인구활동을 위한 유엔기금, 세계은행, 그리고 미국 국제개발부처와 같은 다양한 국내·국제적 집단이 가족계획을 증진시켰다. 그들의 노력은 인구증가율을 감소시킬 뿐만 아니라 국가 인구의 일반적인 건강과 복지에 도움이 되었다.

몇몇 전문가는 경제발전과 가족계획이 성공적이긴 하지만 개발도상국의 출산율을 더욱 빨리 줄이기 위해서는 때때로 훨씬 더 강력한 방법이 필요하다고 주장했다. 따라서 경제적 보상과 벌칙이 인간의 생식 행위를 조율하는 수단으로 제안되었다. 중국의 경우 이미 이에 대한 논의가 있었다. 가장 성공적인 프로그램은 강제적인 것보다는 오히려 부부가 소수의 자녀들을 가지도록 권장하며 출생과 재생산에 관해 현존하는 문화적 규범을 심하게 어기지 않는 것이다.

최근에 많은 주목을 받아온 인구 통제의 최종적 수단은 여성의 역할 변화였다. 어떤 사회에서는 여성에게 약간의 법적 권리는 제공되지만 가사노동의 많은 몫을 이행하며, 아이를 낳고 양육하는 책임이 부과되고, 그 대가로 종종 약간의 공식적인 교육을 받는다. 교육을 통해서 이 같은 환경의 여성은 아이를 낳는 것과는 다른 그들의 삶에 대한 기회를 깨닫고 집 밖에서 직업을 가질 수 있는 기술을 익히고자 할 것이다. 따라서 특히 국가를 발전시키는 데 여성을 위한 교육은 인구성장률을 줄일 수 있게 하는, 사실상 이 목표를 달성하는 가장 전망 높은 수단일지도 모른다.

환경의 상태와 인구의 미래에 대한 전망에 관한 에를리히의 비관론을 비방하는 자들이 있었다. 그러나 어느 누구도 메릴랜드 대학 경제학과 교수인 사이먼(Julian Simon)보다 더 솔직하지는 못했다. 사실 20년 이상 세계의 미래에 관해 "불길한 일을 예언하는 사람"과 "좋아질 것이라고 예언하는 사람" 사이의 신랄한 논쟁은 실로 현대 환경주의에서 가장 흥미 있는 구경거리 중 하나였다. 에를리히의 음울한 추정에 반대해 사이먼은 인류는 결코 생활이 그렇게 좋았던 적은 없었다고 주장했다. 사이먼은 자원 부족이 어떤 실제적인 문제를 위협하지 않으며, 환경오염의 위험은 지나치게 과장되었고, 사망률은 급락하고 있으며, 인구는 증가하고 있지만 결코 위협적이지 않고, 오히려 진보를 추진하는 엔진이 될 것이라고 주장했다.[26] 공개적으로 서로의 반대 견해에 대해서 무시했던 두 사람 사이에는 철학적인 차이와 더불어 개인적 원한이 있었다. 1980년대에 두 사람은 향후 10년 후에 어떤 광물자원의 미래 가치가 어떻게 변할 것인가를 두고 내기를 했다. 사이먼은 그것들이 더 싸질 것이라고 말했던 반면, 에를리히는 그것들이 더 희소해져 향후 더 비싸질 것이라고 주장했다. 1990년에 사이먼은 그 내기의 승자가 되었고, 에를리히는 그에게 576.07달러를 지불해야 했다.[27]

폴 에를리히의 『인구폭탄』은 환경 관련 저서에 중요한 공헌을 했다. 왜냐하면 사람들로 하여금 세계 인구 문제에 관해 진지하게 생각하도록 자극을 주었기 때문이다. 에를리히는 인구 통제와 환경의 질 연구가와 창도자로서도 활동적이었다. 그는 그의 관심사와 관련되어 있는 논문을 500편 이상 저술하거나 공동 집필했다. 1977년 이후, 그는 스탠퍼드 대학의 인구학 연구의 빙(Bing) 교수였다. 사이먼은 1998년 2월 8일 작고했다.

| 주석 |

1. Ehrlich, *Population Bomb*, p. 15.

2. "Two Apostles of Control."

3. Ehrlich, *Population Bomb*, p. 184.

4. Ibid., pp. 82, 88.

5. Ibid., p. 131.

6. Ibid., p. 140.

7. Ibid., p. 157.

8. Ibid., p. 171.

9. Ibid., p. 182.

10. Ibild., p. 197, 198.

11. Hager, "Professor Leaps," p. D5.

12. Ehrlich, p. 168.

13. Ehrlich, p. 18.

14. Hager, "Professor Leaps."

15. Ehrlich and Ehrlich, *Population, Resources, Environment*, p. 191.

16. Ibid., p. 274.

17. Ibid., p. 290.

18. Ehrlich, Ehrlich, and Holdren, *Ecoscience*, p. 956.

19. Ibid., pp. 747, 792.

20. Ibid., p. 954.

21. Ibid., p. 957.

22. UN 경제사회국(the Department of Social and Economic Affairs), 인구국(2005년 11월 20일 입수).

23. Ibid.; 세계자원연구소(World Resources Institute), "우리 지구를 형성하는 환경적, 사회적 그리고 경제적 추세에 초점을 두는 종합적인 온라인 데이터베이스," 지구동향(2005년 1월 28일 입수)

24. Miller, *Living in the Environment*, p. 224.

25. Ibid., pp. 216-23.

26. Miller, *Living in the Environment*, p. 25.

27. McCoy, "When the Boomster Slams the Doomster."

11
게렛 하딘과 「공유지의 비극」

　　1968년 12월 13일, 종교와 생태학에 대한 린 화이트의 도발적인 논문이 발표된 지 1년 9개월 만에, 『사이언스』지에는 현대 환경사상에 참으로 중요한 영향을 끼친 운명적인 또 한 편의 논문이 실렸다. 「공유지의 비극(The Tragedy of the Commons)」이라는 제목의 이 논문은 게렛 하딘이 저술했는데, 당시 그는 산타 바바라의 캘리포니아 대학 생물학 교수였다. 하딘의 논문은 전지구적 과잉인구 문제에 대한 해결책을 찾고자 하는 것이었다. 물론 인구라는 문제는 환경 분야 저서에 있어서 되풀이해 등장하는 주제였다. 이에 대한 하딘의 견해는, 적어도 과학공동체의 사람들에게는, 독창적인 것이었다.

　　게렛 하딘은 「공유지의 비극」을 쓰던 당시에 50대 초반이었다. 그는 1915년 텍사스 주 댈러스에서 태어났지만, 어린 시절 그의 아버지가 일리노이 중앙철도 사무원으로 일하게 되면서 종종 미국 중서부를 옮겨 다녔다. 네 살 때 하딘은 소아마비로 고통을 받았고, 그로 인해 오른쪽 다리가 짧아져서 일생 동안 목발을 짚었다. 바이올리니스트로서의 재능을 겸비한 배우로서의 자질은 한동안 연극을 직업으로 삼을까 하는 고민을 하게 만들었다. 그러나 그는 결국 우선 시카고 대학에서 동물학에 대한 학위를 받고, 그 다음 1941년에 스탠퍼드 대학에서 생물학 박사학위를 취득해 대학에서 삶을 보냈다.

스탠퍼드를 졸업한 후, 하딘은 해조(algae)로부터 식량생산을 조사하는 연구가로서 5년을 지냈다. 스스로 실험실의 과학자로서의 자질과 기술이 모자란다고 생각해 그는 결국 실험실에서 교실로 옮겼고, 그곳에서 수년 이상 대학 생물학 선생과 저자로서 환호를 받았다.

1960년대 후반에 시작된 그의 직장 생활은 그가 환경 운동에 관심을 가지면서 변화를 겪었다. 향후 수년 동안 그는 환경주의의 윤리·도덕적 차원과 특히 인구 증가를 다루는 몇 편의 논문을 학술지에 발표했다. 어떤 저널리스트가 "칼라마 동물원의 여행가"로 비유할 정도로 겸손해 보이는 실제 모습과 달리 그의 저작은 여러 독자에게 깜짝 놀랄 만한 생각을 담고 있었다. 그는 낙태의 합법화에 대한 솔직한 옹호자였다.[1] 그는 희망을 잃고 비참한 상태에서 살고 있는 서민들이 더 자유롭고 민주적인 생활방식에 방해가 된다고 생각했다.

아마 과잉인구에 대한 그의 윤리적인 견해의 가장 솔직한 표현은 1974년에 『바이오과학』지에 실린 글의 "구명선 위의 삶(Living on a Lifeboat)"이라는 제목에 잘 나타나 있다. 이 논문의 저자는 세계 상황을 부유한 나라의 살찐 사람은 구명선을 타고 표류하는 사람으로, 가난하고 빈곤한 나라의 사람은 계속해서 구명선에 오르기를 간청하면서 근처 바다에서 헤엄치고 있는 이들로 비유했다. 하딘은 만약 부유한 국가들이 헤엄치는 사람을 사방에 계속해서 내버려둔다면 — 즉, 식량과 도움을 제공하는 것에 대한 우화라는 의미에서 — 결국 가난한 자와 부유한 자 모두가 똑같이 파멸할 것이라고 말했다.

하딘의 생각에 구명 보트에 탄 사람들에게 있어 유일한 해결책은 노를 저어 멀리 떠나면서 그 불운한 사람들을 죽어가도록 내버려두는 것이다. 그의 처방이 불공평한 것처럼 보일 경우에 대해 하딘은 독자들에게 자연에서의 생존은 사회적 정의로 통치되지 않는다는 것을 상기시켰다. 이 이야기의 교훈은 가난한 국가에 대한 계속적인 도움은 그들의 인구 문제를 악화시킬 뿐이며, 궁극적으로 도움을 주는 국가들도 망하게 될 거라는 것이다.

하딘의 인구에 대한 철학은 그의 동료들 가운데 몇몇 학자들뿐만 아니라 정치적 좌파와 우파 양쪽의 사회적 비판가들로부터도 경원시되었다. 하딘의 생각에 대해 『Saturday Review』의 한 논설위원이 "도덕적 의식의 나쁜 감염"[2]이라고 부른 것은 놀랄 일이 아니었다. 또 다른 사람들은 그에게 무감각한 엘리트주의자라는 이름을 붙였다. 그러나 그의 생각과 다르긴 했지만, 수많은 학문 공동체는 그를 영리하고 박학한 지력과 재능 있는 작가로 생각했다.

환경운동의 지적인 기여라는 관점에서 게렛 하딘의 가장 중요한 논문은 「공유지의 비극」이었다. 비록 하딘 자신은 생물학자였지만, 그 논문은 자연의 경제학과 관련된 많은 주제를 포함하고 있다. 인구 증가와 자연자원의 과도한 사용으로부터 비참한 결과를 낳는다고 생각했다는 점에서 그의 철학은 부분적으로 신맬서스주의였다. 그러나 그는 또한 자원의 금전적 평가, 결정기준, 세금, 보조금, 그리고 재산권의 확립과 같은 문제를 포함해 신고전주의자를 탐구했다. 아이러니하게도 그는 「공유지의 비극」에서 주류 경제적 사고에 대한 비난을 쏟아부으면서도 좀처럼 경제학 논문을 참고하지 않았다.

하딘은 현대기술이 때때로 어떤 명백한 기술적 해결이 불가능한 사회적 문제를 야기했다고 말하면서 서두를 뗐다. 여기서 "기술적 해결책이 없음"의 부차적 의미는 과학과 기술 어느 것도 처방을 제공해줄 수 없고, 그보다 인간의 가치와 도덕의 변화가 요구된다는 것이다.[3] 그는 과잉인구가 그러한 문제라고 생각했다.

가설을 탐구하기에 앞서 하딘은 우리의 제한된 세계에서 인구 증가의 무가치에 대한 몇 가지 견해를 제공했다. 그의 논의는 "최대 다수의 최대 행복"을 주장한 영국 철학자 제레미 벤담(Jeremy Bentham, 1748~1832)에서 연유한 사회적 목표에 초점을 두었다. 하딘은 두 가지 논점에서 벤담의 목표를 비판했다: 첫째, 인구와 인간 만족과 같은 어떤 두 개의 상호 의존적인 변수를 동시에 최소화하는 것은 수학적으로 불가능하다는 것이었고 둘째, 인구를 최대화하려는 시도는 인류를 "미식가의 식사, 휴가, 스포츠, 음악, 문학, 예술"이 없는 일종의 무미건조한 생활로 만들 것이다."[4]

그때 최적인구는 최대보다 적은 어떤 정도로 되어야 하며, 사회는 어떻게 최적인구를 결정할 수 있을까 하고 하딘은 물었다. 서로 다른 사람은 서로 다른 것을 선호하기 때문에 그것은 결국 기호와 선호의 문제였다. 어떤 사람은 야생자연환경을, 다른 사람들은 공장을 원하며, 이들 상품들은 같은 표준으로 잴 수 없는데(즉, 비교할 수 없는데), 사회는 어떻게 적절한 비율을 결정할 수 있는가? 게렛 하딘의 해답은 ①판단기준의 개발, ②다른 사회적 욕구나 욕망에 가중치를 주는 시스템이다. 하딘은 이들 두 문제가 해결되기 전에는 세계 인구 문제에 대한 낙관적인 해결은 없을 것이라고 말했다. 판단기준의 개발과 가중치 시스템은 아마 가능하겠지만, 그것은 먼 미래에나 그러할 뿐이다.

그리고 나서 하딘 교수는 또 다른 경제학자를 겨누어 학문적으로 신랄한 비판을 가했다. 그는 다름 아닌 자본주의의 아버지인 애덤 스미스이다. 하딘은 최적인구성장은 "우리가 애덤 스미스의 정신을 결연히 떨쳐버리지 않는다면" 결코 실현될 수 없을 것이라고 말했다.[5]

하딘이 언급한 정신이란 애덤 스미스의 "보이지 않는 손"의 가설이었고, 이는 1776년 그의 불후의 저작 — 자본주의의 진정한 기초인 『국부론』에서 설명되었다. 공공복지는 보이지 않는 손이 이끄는 자유방임 정부의 체제에서 개개인이 자유로운 경제적 의사결정을 함으로써 가장 잘 이루어질 수 있다는 것이다. 선택의 자유라는 생각은 특히 인구 통제에 관해서는, 공익과는 양립할 수 없으므로 재검토가 요구된다고 하딘은 생각했다.

하딘은 애덤 스미스의 보이지 않는 손에 대한 완벽한 반증은 윌리엄 포스터 로이드(William Foster Lloyd, 1794~1852)의 저작에서 찾을 수 있다고 말했다. 하딘은 로이드의 생각을 "공유지의 비극"이라고 불렀고, 그것을 다음과 같이 설명했다:

> 모든 사람에게 개방된 목초지를 상상해보라. 각각의 목동은 이 공유지에 가능한 많은 가축을 기르려고 할 것이다. ……한 마리의 동물을 추가하는 것의 효용은 어떠한……? 목동은 추가하는 동물의 판매로부터 모든 수익을 받기 때문에, 긍정적(正) 효용[목동에 있어서]은 거의 +1이고…… 그러나 지나친 방목의 효과는 모든 목동들에 의해 나누어지므로, 어떤 개별적인 의사결정을 하는 목동의 부정적(否)인 효용은 단지 -1의 한 부분이다. 부분적 효용을 모두 합하면서 합리적인 목동이 추구하는 유일한 지각적인 과정은 가축 떼에 또 한 마리의 동물을 추가하는 것이다. 이어서 또 한 마리, 그리고 또 한 마리…… 거기에 비극이 있다. 각자는 제한 없이 자기의 가축 떼 증가를 야기하는 체제, 제한되어 있는 세계에 갇혀 있다…… 공유의 자유는 모두에게 파멸을 가져온다.[6]

하딘은 공유지의 문제에 대한 여러 사례를 인용했다: 미국 서부의 목축을 위해 연방정부의 땅을 임대해 토양 침식을 일으키고, 이에 따라 초목을 퇴화시키는 목장 주인들, 물고기떼가 사라질 때까지 조업하는 연안국가의 어업, 고독의 상태(病)가 결국 사라질 때까지 제한 없이 모든 사람에게 개방된 미국 국립공원.

하딘은 대기와 수질오염 문제는 또한 공유지 비극의 한 유형이었다고 말했지만, 앞에서 언급한 방목 논쟁과는 반대였다. 공유지로부터 어떤 것을 취하는 대신에, 오염자는 오염 물질을 공유지에 버리고 있다 — 하수 오물, 화학물질, 방사선 폐기물, 유독성 연기, 그리고 심지어는 불쾌한 광고물들까지. 방목의 상황에서 합리적인 사람은 이들 환경 훼손에 들어가는 사회적 비용이 훼손 정화의 비용보다 그들에게 훨씬 효율적이라는 것을 안다. 그래서 방목과 같은 오염이 계속된다.

하딘은 명백히 사회와 논쟁하는 네 가지 영역은 "공유지를 포기하는 것"이어야만 한다고 주장했다. 첫째, 우리는 식량 수확에 있어서 공유지를 포기해야만 한다. 농지와 목축지를 둘러막아야 하고, 이는 사냥과 어로구역도 마찬가지다. 하딘의 말에 따르면 이 문제는 선진국보다 개발도상국에서 더 심각하다. 둘째, 공유지는 자동차, 공장, 살충제 분무기, 시비(施肥)작업, 원자력 설치로부터 훼손과 오염 처리를 위한 장소로서 포기되어야만 한다. 셋째, 우리는 쾌락의 수단으로서 공유지의 이용을 피해야만 한다. 하딘은 쾌락의 사례들, 가령 쇼핑 음악(Muzak과 같은 어떤 것), 초음속 여객기로부터의 소리, 그리고 라디오와 텔레비전 광고 등을 공개적으로 일람표를 만들었다. 네 번째 마지막 영역은 번식(부화, 품종개량)에 있어서 공유지의 포기였다. 이에 따르면 하딘은 사회는 마음대로 산출하는 권리를 포기해야만 한다는 것을 의미했다. 그는 "유일한 방법으로서 우리는 산출하는 자유를 포기함으로써 다른 더 귀중한 자유를 보전하고 양육할 수 있다"[7]고 말했다. 그러나 유감스럽게도, 그는 사람들이 개인의 선택의 자유를 희생하도록 요청받는 "다른 더 귀중한 자유"의 목록을 결코 제공하지 못했다.

하딘에게 공유지를 포기한다는 것은 사회 부문에서 두 가지 행동을 뜻한다. 첫째, 그것은 모두에게 적절한 자원의 소유(재산)권 할당을 요구했다. 하딘 교수는 "공유지의 비극은…… 사유재산에 의하거나 혹은 공식적으로 그것과 같은 무엇에 의해 피하게 된다"[8]고 말했다. 따라서 그는 재산에 접근하는 것에서 사람과 동물을 배제하고, 그것에 의해 환경 훼손과 소유물의 오용을 제한하는 어떤 법적 수단에 관심을 가졌다. 재산이라 함은 산림, 농장, 그리고 목초지뿐만 아니라 또한 물과 공기를 의미했다. 두 번째로 요구한 행동은 그가 "영향을 주는 다수의 사람에 의해 상호 합의된 강제 권력"[9]이라고 말한 것이었다. 따라서 다수의 규범에 따라 피통치자들은 — 과세, 형벌, 혹은 어떤 다른 종류의 강제적 장치를 통해 — 자식을 낳거나 오염시키는 그들 자신의 자유를 제한할 것을 선택할 것이다. 하딘은 이 같은 상호 강제가 울타리나 혹은 다른 물리적 장애물에 의해 보호될 수 없었던 어떤 자원의 보호를 위해서는 필수적이라고 생각했다.

인간 행동의 통제를 위해 특별한 법적 수단을 고안할 때, 하딘은 사회는 혁신적이고 창의적이어야 하며, 낡은 정의에 대한 생각으로부터 벗어나야 한다고 충고했다. 하딘은 "우리 사회의 법은 낡은 윤리 패턴을 따르고 있어서, 복잡하고 붐비며 변화가 심한 세계를 통치하는 데 적합하지 않다"고 말했다. 그리고 사회적 행동에 대한 도덕은 어느 경우에도 그 이행을 금지해서는 안 된다: "행동의 도덕은 그것이 작동될 당시에 그 시스템 상태의 기능이다."[10] 좀 더 간단하게 말해서 게렛 하딘은 도덕이란 동시대의 사건에 관련된 것으로 간주되어야 하기 때문에 백년 전에 금지되었던 것이 오늘날에는 완전히 받아들여질 수도 있다는 것이다.

하딘은 강제에 대한 대안으로서, 우리가 처음에는 인구 성장과 환경 훼손을 제한하는 수단으로서 양심의 호소를 행사하는 데 끌릴지도 모른다고 말했다. 그러나 이 같은 노력은 적어도 두 가지 이유에서 결국 실패했다. 첫째, 몇 세대 안에 이 같은 호소에 응답했던 사람들은 그렇지 않은 사람들에 의해 밖으로 밀려났고, 따라서 우리는 우리가 시작했던 곳으로 바로 돌아갈 것이다. 또한 양심의 가책을 유발하려는 시도 — 말하자면 사람들을 죄의식에 사로잡히게 하려는 시도 — 는 사회의 과도한 양육자들을 "심리적 보균자로"[11] 만들어내는 것 이상이 아닐 것이다. 그러므로 존 스튜어트 밀과는 달리 하딘은 양심의 호소를 통한 환경 파괴를 방지하는 인간의 역량에 대해 신뢰하지 않았다.

결국 하딘 박사는 우리는 곧 행동을 취하거나 아니면 비극에 직면하게 될 거라고 말했다. 약간의 행동을 취했다는 것은 전혀 행동을 취하지 않았다는 것이고, 이것이 우리가 수천 년 동안 해왔던 것이다. 공유지에 대한 대안을 완전히 선호하기는 어렵다. 실제로 "불공평은 전체의 파멸보다 나은 것"이라고 하딘 교수는 말했다. 무엇보다도 "우리의 사유재산권에 대한 법적 시스템이⋯⋯ 공정하지 못하지만 우리는 확신을 가질 수 없기 때문에 그것을 참고⋯⋯ 누군가 보다 나은 시스템을 창안했다는 것을 인정해야만 한다."[12]

게렛 하딘이 제기했던 이슈, 즉 자연자원의 공공재산적 성격은 환경사상에서는 핵심적인 개념이다. 실제로, 공유재산은 자연자원 비축과 환경의 질 유지에 있어서 사회가 직면한 가장 커다란 장애물이라고 주장될 수 있었다. 하딘은 그 문제가 두 가지 측면에서 영향을 미친다는 것을 언급한다. 첫째, 그것은 자원의 과도한 수확이나 과도한 이용을 유발한다. 수많은 이용자들이 한정된 자원에 접근할 수 있다면, 과도한 이용을 제어할 방법은 거의 없다. 개개인의 이용자들이 다른 사람들의 접근을 막는 수단을 갖고 있지 않기 때문에, 그들이 보존을 위해 노력해도 보답을 받을 수 없다.[13] 이것은 자원 이용에 규칙이 정해질 수 있는 어업, 숲, 목장 등에서 종종 볼 수 있다. 둘째, 공유재산은 오염 문제에 기여한다. 우리가 본 것처럼, 물·공기와 같은 공유재산의 성격은 사람들이 마치 쓰레기통처럼 공짜로 그것들을 이용하기에 안성맞춤이다. 이 두 가지 예에서 개인적 이용자나 오염자에 대한 부정적인 영향은 일반적으로 사회에 대한 영향보다는 적다.

「공유지의 비극」은 학술 공동체에서 순식간에 악명을 떨쳤다. 학자들 간의 일치된 의견은 하딘이 중요한 환경 문제를 제기했다는 것이었다. 이 논문은 토론을 불러일으켰고, 공유재산 문제에 관한 연구를 자극했다. 하딘의 공헌에 대한 일반적인 호소에도 불구하고 중상자들이 있었다. 이 같은 부정적인 반응은 하딘의 논문이 나온 2년 후에 동일한 기술 저널 『사이언스』에 게재되었다. 논박을 하면서 크로우(Beryl Crowe)는 두 가지 점에서 하딘의 논문을 비판했다. 첫째, 그의 아이디어는 독창성이 없고, 둘째, 공유지의 문제에 대한 하딘의 해결책에 동의할 수 없다.

독창성의 결여에 관해서, 크로우는 말하기를 하딘의 비극에 대한 "'재발견'은 부분적으로 헛된 노력이었다. 왜냐하면 비극에 대한 지식은 사회과학에서 너무나 공통과제여서 그것은 꽤 정교한 수학적 모형을 만들었던 것이었다."[14] 확실히 공유재산 문제는 이전부터 핵심적인 환경 문제로 인식되어 왔다. 하딘 자신은 심지어 그 생각을 무명의 19세기 한 수학자 윌리엄 로이드의 공으로 돌렸다. 「공유지의 비극」에서 핵심 아이디어는 역시 1958년에 경제학자 스코트 고든(Scott Gordon)이 발표한 「경제학과 보존문제(Economics and the Conservation Question)」라는 표제의보다 현대적인 논문의 아이디어와 흡사했다. 고든은 몇 년 동안 주로 대양어업을 지켜보면서 공유재산의 문제를 연구했다. 그는 또한 공유재산은 자연자원의 과다이용으로 이끌게 될 것이라고 말했다. 고든은 아마 할당제로서 정부 간섭을 선호하는 것으로서의 재산권 확립을 통해 제도적 결함의 수정을 주창하면서 그 문제에 대한 처방책을 찾았다. 그의 논문은 또한 벤담의 공리주의를 언급하고 있다(고든은 벤담과, 벤담이 공리주의를 창안한 후 125년, 유사한 구절을 사용했던 미국 산림학자 기포드 핀쇼에게 공을 돌렸다).[15] 고든은 하딘처럼 동시에 "최대 다수를 위한 최대행복"을 극대화하려고 시도하는 무용론에 대해 논의했다.

하딘의 기여가 독창적이지 않았다고 말한 데 더해 크로우는 또한 그 논문에서 세 개의 중요한 가설의 결함을 찾았다: ①판단과 공유가치 체계의 기준은 자원할당에 관한 결정을 쉽게 하도록 개발되어야만 한다는 것. ②"서로 동의한 상호 강제"는 사람들의 공유지 이용을 막을 것이라는 것. ③정부–행정 시스템은 공유지를 과다이용으로부터 효과적으로 보호할 수 있다는 것.[16] 크로우는 오늘날 미국은 사회적으로 너무 분화되고 다원화되었기 때문에 판단기준을 세우기가 불가능하다고 말했다. 더 이상 국가는 세계의 통합된 관점으로 거대한 "멜팅팟"(melting pot: 인종·문화 등 여러 다른 요소가 융합·통합되어 있는 장소)일 수 없다. 모든 사람이 판단의 단일 기준에 동의하도록 허용하는 하나의 가치체계는 더 이상 존재하지 않는다. 상호 강제에 관해, 크로우는 사람들이 자발적으로 선택하지 않았던 것을 쉽게 강압적으로 할 수 없다는 것을 역사가 증명한다고 말했다. 베트남 전쟁의 반대와 초기 민권 운동은 사람들을 억지로 복종시킬 수 없다는 것을 보여주었다. 결국 크로우는 정부규제기관들은 그들이 공유지를 보호한다는 것을 보증하기까지는, 실제로 공공선에 봉사하기보다는 차라리 특수 계층의 이익을 옹호하는 경향이 있다고 느꼈다. 그러므로 크로우는 연방기관은 공유지 파멸을 막을 수 없다고 생각했다.

크로우는 공유재산 문제에 대한 하딘의 해결책은 적합하지 않다고 생각했다. 그는 "우리는 '파멸 직전에' 있다"고 말하면서, 공유지 이용에 관한 국제정세는 전망이 없다는 것에 동의했다. 게다가 "거의 사물에 대한 무자비한 작동"에도 불구하고 그는 과학은 자원 상태를 모니터링함으로써, 그리고 새로운 자원–확장기술을 개발함으로써 문제를 어느 정도 완화할 수 있다고 생각했다.[17] 이 점에서 크로우와 하딘은 절대 화해할 수 없었다. 크로우는 공유지 비극의 부분적 해결로서 기술 쪽을 보았고, 반면 하딘 논문의 출발점은 어떠한 기술적 해결도 존재할 수 없다는 것이었다.

하딘의 말에 따르면 자원할당에 도움을 주는 판단의 기준과 가중치 표를 개발하려는 노력들이 있었다. 한 예가 비용편익분석(cost-benefit analysis)의 실행이다. 이 경제 분석 모델은 소위 프로젝트 투자의 최적수준에 대한 연구이다. 그리고 이것은 어떤 프로젝트로부터 끌어낸 이익과 이 이익을 얻는 데 들어간 비용 사이의 차이를 극대화하는 것이다. 비용편익분석을 실행하기 위해서는 몇 가지 단계가 요구된다. 첫째, 그 프로젝트와 관련된 다양한 비용을 측정하는 것이다. 예를 들어 대기오염을 통제하는 프로젝트를 들 수 있다. 오염 통제 비용은 공장이나 자동차에 설치된 오염방지 기구의 비용을 더하는 아직 비교적 자극적이고 직접적인 과정에 의해서 결정된다. 경제학자는 가능한 모든 규제 기제에 대한 비용을 알 뿐만 아니라, 배출과 이에 따른 환경 훼손을 줄이는 데 각 옵션의 효율을 측정해야만 한다. 이 같은 정보를 끌어내는 것은 때때로 아주 어렵다. 대체로, 비록 규제 노력에 소모된 많은 돈은 결국 더 낮은 양의 오염 손실에 이를 것이지만, 일반적인 경제적 방식으로는, 더 깨끗해진 공기로부터 오는 한계손실(비용) 감소는 소모된 각 추가 달러에 의해 감소할 것이다.

오염 통제 비용이 결정된 후, 오염통제편익이 평가되어야 한다. 실제로, 편익의 평가는 비용의 측정보다도 훨씬 더 어려운 일이다. 이 같은 분석 양상은 항상 손실 평가가 실제로 발생하지 않은 손실의 예측에 근거하고 있는 손실이기 때문에 가설적인 것이다. 편익은 각각의 다양한 통제의 선택 수준에서 일어날 수 있는 손실 가치로부터 오염 통제 없이 일어나는 환경 손실의 가치를 제함으로써 계산되어진다. 그러므로 편익은 오염 통제의 각 수준에서 피한 환경 손실의 가치이다.

만약 편익 혹은 그 문제를 위한 통제 비용이 그 프로젝트 수행 기간에 현금의 흐름이 일어남에 따라 발생한다면, 분석가는 대체로 그 프로젝트의 첫 해에 이들 가치를 할인할 것이다. 적어도 이것은 관례적인 행동이다. 우리가 보았던 것처럼, 환경 손실의 분석에서 몇몇 경제학자들은 할인의 실행을 문제삼았다. 왜냐하면 그것은 미래세대의 복지가 현재 세대의 복지보다 덜 중요하다는 것을 함축하고 있기 때문이다. 비용편익분석의 경제적 목표는 편익(가령, 피한 손실)과 오염 통제 비용 사이에 최대 차이를 가져오는 오염 통제의 수준을 찾는 것이다. 이것은 또한 경제적으로 가장 능률적인 통제의 수준이라 이야기할 수 있고, 통제를 위한 지출이 가장 큰 편익의 수준에서 발생한다는 것을 의미한다.

편익의 계산에 있어서 설명된 손실의 스펙트럼은 이론적으로 넓어질 수 있다. 가령 그것은 인간의 건강 악화, 농업과 산림의 손실, 호수와 강의 수질의 저하, 그리고 건물이나 인간이 만든 다른 구조물의 손실을 포함할 수 있다. 그러나 전통적인 실행은 계정구조에는 오직 실체적인 편익만 포함했다 — 즉, 단지 시장성이 있는 목재, 농산물, 혹은 건물 그리고 인간이 만든 다른 구조물의 손실과 같은 시장가치를 가지고 있는 물건을 포함한다. 현금시장에서 거래되지 않는 것, 무형의 것들은 늘 의사결정자들을 위해 목록화되어 있었지만, 정량분석에는 포함되지 않았다.

가치편익의 문제는 많은 선택사회의 공평한 비교를 허용하는 가중치 시스템이 환경자원에 관해 제시되어 있기 때문에 그 필요성에 있어서는 하딘의 관심과 유사하다. 가중치의 발달 또는 평가, 시스템은 경제 분야 저서들에서 오랜 역사를 가지고 있었다. 문제는 두 가지다: 첫째, 가치를 표현하는 데 어떤 수단을 이용할지를 결정하는 것, 둘째, 가치 그 자체가 어떻게(무엇이) 될 것인지를 결정하는 것이다. 평가에 관한 논쟁은 종종 이 두 가지 문제를 혼동시킨다.

그 수단에 관하여, 사회적 가치를 표현하는 데 금전을 이용하는 경향이 있었다.[18]

화폐가치가 평가를 시작하는 데 적합한 장소라고 말했던 피구를 상기하라. 돈은 교환에 있어서 가장 일반적으로 받아들여진 수단인 까닭에 선택되었다. 사실 그것은 모든 가치가 쉽게 비교될 수 있도록 보편적 교환의 수단을 제공하기 위한 돈의 주요한 기능이었다. 몇몇 사람들이 윤리적 토대 위에 있는 환경의 가치평가에 돈을 사용하는 데 동의하지 않는다는 것은 놀라운 일이 아니다:

> 환경에서 이루어진 손실에서 돈에 가치를 두는 생각은 많은 사람들에게 불법, 심지어 부도덕으로 느껴진다. 금전적 평가에 대한 정당화는 돈이 효용이나 복지에서 손익을 나타내는 측정 잣대로서 사용되는 방법에 있다. 그것은 탐욕의 추구로서의…… 돈에 대한…… 대중적인 개념과 더 이상 혼동되어서는 안 된다. 몇몇 시도는 다른 주목할 만한 영향력 있는 단위를 찾아냈다. 그러나…… 화폐 단위는 여전히 우리가 가지고 있는 가장 좋은 선호 지표이다.[19]

그러나 가장 도전적인 문제는, 어떤 수단이 가치 부과(그것이 돈이든 혹은 심지어 에너지의 단위이든)를 구성하는가가 아니라, 어떻게 가치를 — 즉 상대적인 가치 — 매기는가이다. 경제학자들은 전통적으로 시장이 가치를 결정하도록 했다. 물론 분석가들은 시장가치는 사회가 평가한 것들이 많은 사람을 위해 존재하지 않는다는 것을 오래 전에 인식했다. 그리고 비록 가치가 존재한다 할지라도, 그들은 자원의 참된 사회적 가치를 반영하지 않을지도 모른다. 외부 효과를 가진 시장은 가격이 참된 사회적 가치를 반영하지 못한 하나의 예이다. 이들의 경우에, 외부 효과의 거대함에 토대를 둔 약간의 가격 조정은 자원의 참된 사회적 가치에 대한 보다 정확한 평가를 제공할 것이다.

몇몇 예들을 보면 어떤 시장도 여기서 문제되는 상품이나 서비스를 위해 존재하는 것이 아니기 때문에 가치를 확립할 수 없다. 공식적 시장에서 거래되지 않지만 사회적으로 바람직한 재화와 서비스의 예는 많다. 깨끗한 공기, 아름다운 풍광, 혹은 하늘을 나는 새는 쉽사리 측정될 수 없다. 왜냐하면 어떠한 현금시장도 이들 아이템을 위해 존재하지 않기 때문이다. 다른 가치들은 훨씬 더 포착하기 어렵다. 예를 들어 사람들이 야생자연환경이 순수하게 존재한다는 것을 알고 있는 가치, 누군가 미래세대의 이용을 위해 특별한 자연자원으로 둘 수 있는 가치, 혹은 심지어 인간의 고통과 괴로움의 가치다. 사회는 이들 무형의 것들을 명백히 비용편익분석으로 설명하도록 점점 강요하고 있다. 시장부재의 가치가 강력한 도전을 보인다는 것을 아는 것은 어렵지 않다.

시장이 존재하지 않고, 그에 따라 가치가 관찰될 수 없는 경우에 분석가들은 사회적 가치들을 평가하기 위한 다른 방법에 의지해왔다.[20] 그 중의 한 기법이 쾌락대가(Hedonic price)의 접근이다. 이 방법은 환경자원의 가치가 그 자원의 다양한 속성에 의해 결정된다고 생각한다. 분석가들은 전체 가치에 각각의 속성의 기여 부분에 통계적 모델을 이용한다. 가령, 재산 가치에 대한 대기오염의 영향은 한 필지의 땅의 전체적인 가치에 대한 오염뿐만 아니라,

위치(소재), 크기, 풍경(전망), 그리고 다른 속성의 영향을 분할하는 쾌락 모델 (Hedonic model)의 사용으로 결정될 수 있다.

일시적 평가는 환경가치를 평가하는 직접적인 접근이다. 다시 말해 사람들이 경치가 좋고 전망이 좋은 곳에 대해 환경 손실을 막기 위해 기꺼이 얼마를 지불할 것인가를 묻는 실험이 고안되고 있다. 대안적으로 그들은 조망이 좋은 곳에 일일이 열거된 환경 손실의 양을 수용하고자 할 때 얼마를 지불해야 하는지에 대해 질문받을지도 모른다. 일시적인 평가에 대한 이들 대안적인 접근은 지불하고 받아들일 의지로 알려져 있다. 임시 평가방법은 유연하며 따라서 넓고 다양한 환경평가 문제에 적용될 수 있다. 왜냐하면 그 응답은 가설적이지만, 그 방법은 종종 신뢰할 수 없는 것으로서 비판받기 때문이다. 세 번째 평가 접근은 여행비용 방법(travel cost method)이다. 여기에 사람들이 어떤 자원에 도달하기 위해 여행하는 데 걸리는 시간과 거리는 이용자에게 그 자원의 가치를 추정하는 데 사용된다. 이 기법은 특히 사람들이 자주 교외에서 자연의 미를 향유하기 위해 여행해야 하는 레크리에이션 경험에 대한 평가에 유용하다.

비용편익분석은 표준적인 경제이론과 실제에서 얻는 경험이지만, 그럼에도 불구하고 비판의 여지가 없지 않다. 경제학자 다니엘 슈바르츠만(Daniel Swartzman)은 방법론적, 정치적, 윤리적으로 나누어 다양한 비판들을 전개했다.[21] 방법에 대한 비판은 평가의 자료와 기법에 초점을 맞춘다. 정치적 비판은 정치적 목표를 위한 비용편익분석의 잠재적 오용에 집중된다. 윤리적 비판은 어떤 사람에게는 가장 당혹스럽다. 이들은 분석가들이 본래 평가하기 어려운 것들에 정확한 가치를 할당하고, 그것들을 경제적 합리성의 냉정한 잣대로 균형을 맞추는 사실에 초점을 둔다. 인간 생명으로서 아주 특별하고 가치 있는 것을 평가하는 것은 하나의 임상연습이 된다. 경제학자 폴 포트니

(Paul Portney) 박사는 미래자원으로서 "환경 비용편익분석이 가지고 있는 진정한 문제는 인간 생명에 가치를 두고 있는 것이 아니다."[22] 통설에 따르면 인간 생명과 환경자원의 가치에 대한 사실 중심적 태도는 비용편익분석이 미국 연방의회에 대한 끔찍한 평판을 낳았다.[23]

레이건 행정부 시기 백악관 경제가들은 비용편익의 틀 안에서 국가 공해방지 법규에 대한 분석을 시도했다. 인간 생명을 화폐로 표현하려는 소름끼치는 노력은 정치 지도자의 감수성을 너무나 거스르는 것이어서, 백악관은 곧 그것을 멀리했다.

비용편익분석에 대한 반대는 종종 그것이 의도하는 바에 대한 오해로부터 온다. 비평가들은 자주 정확한 관심이라기보다는 오히려 그들 자신의 부정확한 느낌에서 돌을 던진다. 철학자 마크 사고프(Mark Sagoff)는 그것이 정치적 과정으로부터 합법성을 빼앗고, 직접적 이해관계를 가진 기업과 정부를 제외한 모든 당파들의 갈등에 대한 토론을 금하는 경향이 있다는 이유로 비용편익분석을 반대했다.[24] 이 같은 비판은 비용편익분석 자체가 정치적 과정이 아니라, 단지 정치적 결정에 정보를 제공하는 것일 뿐이라 무시한다. 경제학자들은 의도적으로 대중으로부터 중요한 정보를 숨기지 않지만, 관련된 모든 정보가 공급되는 것을 보는 것 또한 그들의 기능은 아니다. 이것은 선출된 대표자들의 의무이고 출판 자유의 기능이다. 사고프는 경제학자들이 그들 스스로 설명했던 역할보다 더 중요한 역할을 경제학자들에게 주었고, 그 다음에는 그들이 그가 할당한 역할을 이행하지 않는 것에 대해 비판한다.

「공유지의 비극」의 독자들은 게렛 하딘이 이야기한 사회적 법적 문제의 넓은 범위에 감명받겠지만, 마찬가지로 그 논문의 내적 불일치에 주목해야만 한다. 동시에 하딘 교수는 사회적으로 "공평"할 필요가 없는 법적 처방책의 확립을 요구한 뒤, 단 몇 페이지 뒤에서 재산권을 다루는 현재의 법이 "불공평"하다고 불평한다. 우리는 물을 수 있다. 정의에 대한 어떤 입장이 사회를 위해 옳은가? 이와 유사하게 하딘은 자본주의와 관련된 것들 — 애덤 스미스, 이기주의적인 동기, 그리고 개인 선택의 자유 — 을 반대한다고 쓰면서도 동시에 사유재산과 관련된 법의 확장과 보다 엄격한 강화를 요구한다. 실제로 하딘은 자유기업의 철학을 비난하면서도 더 많은 사유재산과 자유기업 시스템의 토대를 요구한다.

하딘은 또한 벤담의 상징인 사회적 목표를 잘못 해석하고 있는 것처럼 보였다: "최대 다수를 위한 최대행복"을 그는 "최대 행복과 최대 다수"를 의미하는 것으로 해석했다. 그리고 그것은 분명히 벤담이 의도했던 것이 아니다. 벤담은 세계 인구의 전체적인 크기를 최대화하기를 원하지 않았다. 벤담의 목표는 오직 한 가지 — 사회의 "행복" — 을 최대화하는 것이었다. 그리고 이 "최대의 행복"이 가능한 세계의 많은 사람들에게 공평하게 분배되는 것이다. 벤담은 지구의 많은 사람들이 가능한 부유해지는 것을 보고 싶어 했을 뿐, 세계가 사람으로 가득 차기를 원한 것은 아니었다.

환경자원의 공유재산 특성은 오늘날 중히 여기는 「공유지의 비극」에 의해 제기된 중요한 논제였다. 캐나다 바이오 수학자인 콜린 클라크(Colin Clark)는 하딘과 고든 두 사람의 저작과 공유재산 문제가 환경사상에 대해 갖는 지속적인 적절성에 대해 이야기했다:

> 공유지의 비극은 아마도 지속가능한 발전을 반대하는 가장 강력한 편견을 구성한다. 인구와 기술이 발전함에 따라, 우리가 그 문제를 해결할 수 없다는 암시가 지역에서부터 세계적 규모로 퍼진다. 공유재산 문제를 다룰 수 있는 정부 제도는 지역이나 국가 수준에서 존재할 수 있지만, 그것들은 약하고 종종 정치적 영향력에 좌우된다. 국제적 수

준에서, 어떤 집행세력을 가진 제도도 전혀 없고, 우리는 이들 문제를 다루는 각 개별국가의 협력과 친선에 의존해야만 한다.[25]

오늘날 「공유지의 비극」은 환경 분야에서 가장 잘 알려진 논문들 중 하나로 남아 있다. 그것은 환경자원의 공유재산 성격이 이용의 주요 원인 중 하나라는 사실을 알리는 게렛 하딘의 능력 덕분에 하나의 고전이 되었다. 하딘과 그의 부인 제인은 헴록(Hemlock) 공동체 소속이었는데, 2003년 9월 14일, 그들의 62번째 결혼기념일 직후, 그들 부부는 산타바바라의 집에서 자살했다. 게렛 하딘은 자신이 가장 좋아하는 부처님의 말씀을 최선을 다해 지키며 살았다: "나는 오직 두 가지를 가르친다: 인간 슬픔의 원인과 그것에서 자유로워지는 방법."[26]

| 주석 |

1. Wild, "Garrett Hardin and Overpopulation," pp. 161, 162.

2. Ibid., p. 168.

3. Hardin, "Tragedy of the Commons," p. 1243.

4. Ibid., p. 1243.

5. Ibid., p. 1244.

6. Ibid.

7. Ibid., p. 1248.

8. Ibid., p. 1245.

9. Ibid., p. 1247.

10. Ibid., p. 1245.

11. Ibid., p. 1247.

12. Ibid.

13. Wilson, "Test of the Tragedy of the Commons," p. 97.

14. Crowe, "Tragedy of the Commons Revisited," p. 54.

15. Gordon, "Economics and the Conservation Question," pp. 120, 113.

16. Crowe, "Tragedy of the Commons Revisited," p. 54.

17. Ibid., p. 62.

18. Kelman, "Cost-Benefit Analysis," p. 143.

19. Pearce and Turner, *Economics of Natural Resources and the Environment*, p. 121.

20. Pearce and Turner, pp. 142-56.

21. Swartzman, "Cost-Benefit Analysis in environmental Regulation," p. 58.

22. Easterbrook, *Moment on Earth*, p. 327.

23. Ibid.

24. Sagoff, *Economy of the Earth*, pp. 95-96.

25. Clark, "Economic Biases against Sustainable Development." p. 323.

26. Smil, "Garrett James Hardin."

12
배리 코머너와 『닫힌 원』

1960년대 말에 이르러 환경론은 확고하게 공공의 관심 대상이 되었다. 의회는 1963년 청정대기법(Clean Air Act)을 포함해 1964년에 야생보호법 (Wilderness Act), 1966년 멸종 위기 야생동물보전법(Endangered Species Preservation Act) 등 생태에 관한 중요한 몇 가지 법을 제정했다.[1] 끔찍한 사건이 일어나 ─ 1969년 1월 캘리포니아의 산타바바라 근해의 기름 유출 ─ 심지어 입법 제정의 필요성은 더욱 절실해졌다. 그해에 리처드 닉슨(Richard Nixon)은 대통령에 취임해서 놀랍게도 연두교서에서 환경 문제를 크게 다루었다. 1969년 후반, 그는 오늘날까지 미합중국의 가장 중요한 법률인 국가환경정책법(NEPA: National Environmental Policy Act) 입법에 서명했고, 1970년 1월 1일에는 환경보호청(EPA)이 창설되었다.

정부의 행동과 환경 대재앙 이외에 현대 환경시대의 초기에 가장 중요한 공적 사건은 1970년 4월에 개최된 첫 번째 지구의 주(週) 행사였다. 지구의 주(Eath Week)의 중요한 활동들은 4월 22일을 지구의 날(Earth Day)로 계획했고, 이날은 환경 정화와 환경을 지지하는 대중운동으로 자리를 잡았다. 대개 캠퍼스에 근거한 활동인 지구의 주는 환경의 질에 관한 공공의식을 더 높이면서 많은 대중매체의 관심을 끌었다. 환경 위기를 설명하고 주요 부문에 있어서 공공문제로서 생각해왔던 것에 대한 잘못된 비난을 정정하고자 각각의 방식대로 노력하면서 기업가들, 학술회원들, 선출직 공무원들은 연설을 하고 글을 썼다.

환경 악화에 대한 많은 설명들에 조심스러운 주의를 기울였던 사람은 세인트루이스 워싱턴 대학 생물학 교수 배리 코머너(Barry Commoner)였다. 우연찮게도 이 대학은 해럴드 바넷이 근무했던 곳이기도 했다. 지구의 주와 이에 수반해 밀려드는 강연과 전망에 대한 언급 요청이 쇄도해 첫 지구의 날에는 네 개의 대학 캠퍼스에서 연설가였던 코머너를 성가시게 만들었다.[2] 그를 가장 놀라게 했던 것은 그 위기에 대한 원인과 처방을 확언하는 수많은 설명들이었다. 그 많은 이론들은 그에게는 객관적인 지식이라기보다 개인의 편견의 표현처럼 보였고, 문제에 대한 어떠한 사려 깊은 분석도 제시하지 못하는 것이었다.

이에 대한 응답으로 코머너는 환경 위기의 본질을 탐구하고 설명하기로 했다. 그가 말했던 것처럼, "지구의 주는 나에게 환경 위기와 그 위기의 가능한 치료에 대한 보다 깊은 공공적 이해가 긴급하다는 것을 깨닫게 해주었다."[3] 그의 연구 결과는 『닫힌 원: 자연, 인간, 기술(The Closing Circle: Nature, Man and Technology)』로 나왔다. "닫힌 원"이라는 제목의 흥미로운 비유는 지구의 생물권에 대한 코머너의 상상력 즉 "생명은 지구의 외부 표면 위에 스스로 지은 집"[4]이라는 비전을 가리키는 것이다. 그는 생태계를 끊임없는 순환, 닫힌 원으로 비유했고, 거기서 인간은 그들의 환경과 상호작용하면서 균형을 이룬다. 그러나 이제까지 여러 차례 그 원은 인간의 자기 소외와 파괴적인 행위 때문에 파괴되어왔다. 인간이 다시 자연과 균형을 이루는 상태로 돌아옴으로써 그 원을 닫을 수 있는 가능성을 탐구하는 것이었다.

배리 코머너는 『닫힌 원』을 쓰는 과업에 상당한 지식과 학문적인 관록을 투여했다. 그는 1917년 뉴욕에서 러시아 이민자 출신 부모로부터 태어나, 1937년 컬럼비아 대학에서 우수한 성적으로 동물학 학위를 받았고, 1941년에는 하버드 대학에서 생물학 박사학위를 받았다.[5] 2차 세계대전 동안, 그는 미 해군에서 복무했고, 상원군사위원회의 직원으로 임명되어 일정 기간의 병역복무를 끝마쳤다. 1947년에 그는 워싱턴 대학의 생물학 부교수가 되어 그곳에서 대부분의 학문적 경력을 보냈다. 그곳의 동료 교수들은 코머너를 종합적이고 폭넓은 지력을 소유한, 에너지 넘치는 과학자라고 상기한다. 그는 수년에 걸쳐 여러 지위를 거치면서 환경과학 분야의 대학교수의 위치로 올라갔다. 코머너는 여러 대학으로부터 적어도 11개의 명예학위를 수여받았고, 수많은 공공, 환경 그리고 반전(反戰) 단체의 지도자 위원회에 봉사했다. 학문적인 업적에 따라 많은 상을 받았는데 미국과학발전협의회, 미국화학회, 그리고 미국식물생리학회 회원으로 임명된 것을 들 수 있다. 1981년에 그는 뉴욕에 있는 퀸스(Queens) 칼리지로 옮겼고, 그곳에 자연 시스템 생물학 센터를 설립했다.

배리 코머너는 일반적으로 현대 환경주의의 "아버지"로 간주된다. 실제로 『타임』지는 그의 초상을 표지에 실었고, 그를 "생태학의 성(聖) 바울"[6]이라고 불렀다. 환경운동에 있어서 코머너의 리더십에 대한 이 같은 인정이 가능했던 것은 공적인 탁월함과 정치와 환경 문제에 대해 솔직한 의견을 개진하는 자발성 때문이다. 사실 그는 환경 문제 해결에 정치적 연관성의 중요성을 숨김 없이 인정한 초기 과학자들 중 한 사람이었다.[7] 1970년대 동안, 몇몇 다른 환경주의자와 같이 배리 코머너는 환경 악화가 근본적으로 "정치적으로 좌파적인" 해결책에 의해 가장 잘 해결될 수 있는 사회적 문제로 보았다.[8] 1980년에 그는 심지어 좌파 민중당의 공천으로 제3당 후보로서 대통령에 출마했다.[9]

워싱턴 대학에 있는 동안 코머너는 몇 가지 시의적절한 이슈들에 대한 과학적 연구를 지도했다. 순환하는 질소, 환경 발암성 물질, 에너지 부족과 농업, 그리고 현대기술과 환경은 그가 다루었던 주제들이다. 지구의 생태 과정에 대한 생물학적, 화학적 전문 지식은 『닫힌 원』에 분명히 나타난다. 그는 이 책에 지구의 생명 발생 또는 캘리포니아의 광화학 스모그의 구성과 같은 환경 문제에 대한 명쾌한 설명을 담았다. 그러나 『닫힌 원』의 힘은 지구의 바이오 물리학적 형성 과정에 대한 기술적 설명에 있는 것이 아니라, 이 과정들을 사회, 경제, 그리고 정치 시스템과 연결하려는 시도에 있다. 자연세계와 인간의 시스템 사이의 관계를 확립하려는 시도는 코머너가 환경 위기에 대한 새로운 시각을 제시하는 데 도움이 되었다. 『침묵의 봄』을 본떠 『닫힌 원』의 중요한 부분은 『뉴요커』지에 미리 발표되었다. 13장의 부분들은 또한 앞서 다른 책의 부분 혹은 정부문서로서 발표되었다. 이것은 아마 코머너 교수가 환경 위기에 관해 한동안 심사숙고하면서 썼음을 보여주는 것이다. 그러나 불행히도 미리 씌어진 장들과 합친 것이 또한 책의 흐름을 부자연스럽게 했다. 원 자료들의 문서로 말하면, 160개 이상의 인용을 포함한 21페이지에 이르는 미주가 있었다.

책의 서장에는 환경 위기의 심각성에 대한 코머너의 관심을 표현하고 있다: "갑자기 우리는 오래 전에 알아야 했던 것을 찾아냈다: ……지구생물권은 붕괴를 향해 내몰리고 있다."[10] 이어서 그는 책에서 답하고자 한 질문을 제기했다:

생태계에 대한 우리의 습격은 너무나 강력하고, 너무나 무수하고, 너무나 정교하게 상호 연결되어 있어 비록 그것들이 입힌 피해가 명백할지라도, 어떻게 그것이 이루어졌는지를 안다는 것은 매우 어렵다. 어떤 무기에 의해, 누구의 손에 의한 것인지? 우리는 지구생물권이 우리의 증가하는 인구 수에 의해 단지 파괴로 치닫고 있는가? 부(富)에 대한 우리의 탐욕스러운 축적에 의한 것인가? 혹은 우리를 둘러싸고 있는 위대한 기술에 잘못이 있는가? 이 책은 이러한 질문에 대한 것이다.[11]

그러므로 『닫힌 원』은 다소 추리소설과 같은 스타일을 띤다. 범죄는 환경 악화로 설명되고, 잠재적인 범죄자들은 개별적으로 규명된다: 과다인구, 점점 증가하는 풍요, 그리고 현대기술. 재판관과 배심원으로서 배리 코머너는 『닫힌 원』을 재판정으로 삼아 피고인을 한 사람씩 심문한다.

두 번째 장에서 코머너 박사는 제목에 걸맞게도 각각의 살아 있는 것을 그의 물리적이고 화학적인 환경과 연결된 상호 순환관계에 대한 연구로서 생태학을 설명하고 있다. 그는 이들 생태적 관계의 복잡한 예를 탐구한 후에 네 개로 요약된 "생태학의 법칙"을 제시한다. 각 법칙은 생태적 진리의 본질을 포착하는, 재미있고 유머러스한 제목이 붙여졌다. 많은 이들에게 이들 원리들은 『닫힌 원』에서 가장 인용할 만하고, 가장 기억할 만한 부분이었다.

생태학의 제1법칙: 모든 것은 다른 모든 것과 연결되어 있다.

왜냐하면 생태계 내에 있는 모든 구성요소들은 당연히 상호연관되어 있고, 아무리 작은 동요라도 생태계의 다른 부분에 영향을 미칠 것이다.

생태학의 제2법칙: 모든 것은 어디론가 가야만 한다.

이것은 물질보존의 법칙의 재진술일 뿐이다. 모든 쓰레기와 모든 오염은 불가피하게 다른 어떤 곳에 쌓이게 된다. 물론 문제는 있어서는 안 될 곳에 비자연적이고 유해한 물질이 축적된다는 데 있다.

생태학의 제3법칙: 자연이 제일 잘 안다.

간단히 말하면, 이 법칙은 생태계 안에서 인간에 의한 주요한 변화는 틀림없이 생태계에 해롭다는 것을 의미한다. 코머너는 이 법칙을 현재 세대가 기술에 대해 가졌던 강력하고 영속적인 신념 때문에 4가지 법칙 중에서 가장 논쟁의 여지가 있는 것으로 생각했다.

생태학의 제4법칙: 공짜 점심 같은 것은 결코 없다.

코머너는 이 법칙을 경제학에서 빌려왔다고 고백했다. 자연의 이기적 이용으로부터 얻은 이익은 결국 어딘가의 누군가에 의해 그 비용이 지불된다는 것을 말한다.

다음 4개의 장 "핵 연소", "로스앤젤레스 대기", "일리노이 땅", 그리고 "이리 호(Lake Erie) 물"은 환경 악화의 원인이 되는 명확한 메커니즘을 추적하는 데 있어 과학의 역할에 초점을 맞춘다. 각 장은 과학자들이 환경 문제에 어떤 과학기술적 원천이 있는가를 추적했는지에 대해 설명한다. 핵실험으로 조사(照射)된 칼슘이 먹이사슬에 의해 쌓이는 것, 로스앤젤레스 광화학 스모그 속에 들어 있는 유독성 이산화질소, 중서부 농장에서 과다한 질소 비료가 급수(給水)에 들어가는 것, 잘 처리되지 않는 폐기물이 5대호에 쏟아 버려지는 것 등의 위험에 직면해 있는 상황을 관찰했다.

이 장들은 생물권 손상을 야기하는 기술적 장치에 흥미 있는 통찰을 제공한다. 그러나 더 중요한 것은 어떤 과학자들이 이들 생태학적 수수께끼에 대한 정확한 해답을 찾는 방법을 설명하고 있다는 점이다. 코머너는 그 열쇠는 열려 있고 선입관이 없는 마음과는 다른 무엇이라고 했다:

> 과학적 기획이 자연현상에 관한 진리를 발견하는 합당한 평판을 가지는 이유는 그 기획을 실천하는 사람의 "객관성"에 있는 것이 아니라, 그들이 과학에서 오랫동안 확립된 규범을 지킨다는 사실이다 — 공개 토론과 발표. 과학이 진리에 이르기 위해서는 실수와 개인적 편견을 피할 것이 아니라 오히려 대중에게 그것들을 드러내야 한다. 그것들이 고쳐질 수 있도록.[12]

다음 4개의 장 — "생물권 내에 있는 인간", "인구와 풍요", "기술적 결함" 그리고 "사회문제" — 은 코머너 논제의 지적 핵심을 담고 있다. 이용할 수 있는 증거에도 불구하고 환경 위기에 책임이 있는 것으로 분류하기 시작한 것은 바로 여기서다. 여기서도 강조점은 과학과 생태학에서부터 인간 행위로 이동하며, 이는 책의 나머지 부분에서 유지된다.

코머너는 우리가 환경재앙에 대한 원인과 해결을 찾는 데 가장 효율적인 방법은 인간 활동을 연구하는 것이라고 생각했다. 그는 자연이 단독적으로 지구가 겪고 있던 여러 종류의 생태학적 붕괴를 야기할 수 없다고 느꼈다. 나아가 그는 문제의 원인을 인간이 생계와 물질적 이득을 추구하면서 지구를 이용했던 방법에서 찾을 수 있다고 확신했다. 그는 말했다. "나는 그 위기가 자연재앙 혹은 인간의 생물학적 활동의 잘못 지도된 강압의 결과가 아니라고 믿는다. 그 잘못은 인간사회와 함께 — 사회가 지구 자원으로부터 인간노동으로 추출해온 부(富)를 얻고, 분배하고 이용을 선택했던 방법에 있다."[13] 배리 코머너는 아주 분명하게 환경 위기를 단순히 '생태학적 문제'가 아닌 '사회학적 문제'로서 특징지웠고, 그중 하나는 세계인구의 경제활동과 연관되어 있다.

이 점에서 코머너는 자신이 범인이라고 생각했던 3개의 요인들에 대한 조사를 시작했다: '과잉인구', '점증하는 풍요', 그리고 '현대기술'. 엄격한 방법에 의한 인구 통제는 물론 폴 에를리히와 게렛 하딘 두 사람 모두 옹호했던 것이었다. 그러나 코머너에 의하면 인구는 환경 악화의 주요 원인이 아니었다. 사실 코머너는 에를리히와 하딘 두 사람의 생각을 비판했다. 양자가 제안했던 인구 통제라는 강압적 방법은 코머너의 사유 방식에 따르면 정치적 억압 이상의 아무것도 아니었다.

코머너는 미국 인구가 2차 세계대전 이후 국가의 증가하는 오염 수준의 이유가 될 만큼 충분히 빠르게 성장하지 않았다고 말했다. 그가 지적했듯이, 인구성장률은 대가족이 비농업사회에서 쇠퇴함에 따라 심지어 하락하는 경향을 보이기도 했다. 좀 더 확고한 근거 위에서 결론을 짓고자 코머너는 몇몇 사람들에게 호소했다. 그는 미국의 오염이 1946년 이후 200%에서 2천%의 범위로 증가한 것으로 추정했다. 이와 대조적으로 같은 기간 동안 인구는 단지 약 40%에서 50%로 증가했을 뿐이다.[14] 따라서 그는 초과인구가 단순히 환경오염의 주요 원인이 될 수 없다고 주장했다.

다음으로 그는 '점증하는 풍요', 즉, 1인당 재화와 서비스의 소비증가를 환경 위기의 원인이라고 보았다. 풍요에 대한 적합한 측정을 위해 배리 코머너는 1인당 GNP를 사용했다. 제2차 세계대전 이후, 인구와 마찬가지로 1인당 GNP가 약 50%까지 증가했고, 오염에 있어서는 훨씬 더 크게 증가했음을 설명할 수 있다는 결론을 내렸다. 배리 코머너는 당시 다양한 소비 패턴 형태를 조사하기 위해 총합수(aggregate figures)를 초과했다. 음식, 강철, 그리고 직물과 같은 기초 종목의 소비 수준은 다만 인구 증가에 비례해 증가했다. 코머너는 전기, 연료, 종이제품, 그리고 전기기구의 사용에서는 비례적 증가를 상회했다는 것을 발견했지만, 이런 증가도 재빠르게 가속하는 오염 수준을 설명하는 데는 충분하지 않으므로 점증하는 풍요는 가해자 측이 아니라는 결론을 내렸다.

마지막으로, 그는 물론 비난의 가장 큰 몫을 차지하는 최후의 용의자 현대기술에 대해 연구했다. 그는 제2차 세계대전 바로 직전까지 서구문명은 풍부한 과학적 발견을 약 25년간 경험했다고 주장했다. 전쟁이 끝난 후, 수년 안에 보다 빠른 과학혁명으로부터 직접적으로 유래한 기술혁신이 지속되는 시기를 경험했다. 미국인들은 이 새로운 기술이 "상대적으로 인간이 오류를 범하기 쉽다는 데에 영향을 받지 않는 자족적이고 자율적인 판단"[15]을 가능케 하리라고 보았다. 그들은 기술이 모든 것을 정복할 것이라고 믿었던 것이다.

코머너는 현대 환경 문제를 일으켰던 여러 형태의 기술들의 사례를 발표했다: 살충제, 합성 플라스틱, 수은 오염, 그리고 핵폭발물. 그는 각 기술에 의한 문제는 그것을 성공과 실패라는 근시안적인 규정 아래 발전시켰기 때문에 일어난 것이라고 말했다. 그 산물이 약간의 특수한 임무를 수행하기만 해도, 아주 성공적인 것이라고 생각했다: 그것은 결코 환경적 양립성이라는 견지에서 성공적인 것인지 질문받은 적이 없다. 따라서 현대기술의 문제는 사회적 책임에 대한 과학기술자들의 편협한 개념에 의한 것이었다. 배리 코머너는 과학기술자들이 그들의 업적에 대한 좁은 관점을 채택하는 경향을 보인 것은 과학 전문직의 불운한 특성 때문이라고 말했다.

그리고 이 특징은 코머너가 환원주의라고 부른 것인데, 말하자면 과학자들이 서로간에 그리고 그들의 연구가 오염에 미치는 영향에 대해 무지한 상태에 이를 정도로 더욱더 좁은 분야로 천착해 들어간 것이다. 코머너가 생각하기에 과학에 대한 총체적인 접근법을 진지하게 고려하게 만든 학자들 가운데 한 사람이 록펠러 대학의 르네 뒤보(René Dubos)였다.

배리 코머너는 그의 3가지 원인 요소들의 기여에 수적 가중치를 배당하기에 이르렀다 — 인구, 풍요, 그리고 기술 즉, 전체적으로 — 2차 세계대전 이후의 오염 문제. 인구 증가는 오염 문제의 약 12~20%, 풍요는 1~5%, 그리고 신기술은 95%의 책임이 있다고 그는 말했다. 그 수는 부분적으로 흥미롭기도 하고 난해하기도 하다. 그들의 총합이 100%를 초과하기도 하는 한편, 그것들이 개발한 절차는 본문 주제에서 설명될 수 없기 때문이다. 아마 그것들은 통계분석적으로는 회귀계수이지만, 이것은 텍스트로부터 식별할 수 없는 것이다.

배리 코머너는 환경 악화의 원인에 대해 이야기하면서 케네스 볼딩과 폴 에를리히처럼 열역학 제2법칙과 그것의 미래 인류의 미래에 대한 유관성을 제기했다. 다시 한번, 인간이 경제재화를 생산하고, 이에 따라 발생하는 엔트로피는 — 즉, 불가피하게 이 같은 생산에 들어가는 지속적인 에너지의 낭비 — 궁극적으로 엄연히 문명의 한계를 가져오는 것으로 설명된다. 따라서 많은 환경주의자들에게 열역학 제2법칙은 피할 수 없는 문명의 종말을 가져오는 증거로서 더욱 확고히 확립되었다.

다음 장 "생존의 문제"는 만약 환경 위기가 해결되지 않을 경우의 이야기지만, 지구에 대한 코머너의 긴박한 예언을 되풀이한다는 점에서, 다소 책의 앞부분과 중복되며, 인구 통제 문제를 재론하기도 한다. 지구의 미래에 관해 그는 다음과 같은 강력한 말을 했다: "이제 곧 증거에 입각한 나 자신의 판단은 환경 악화의 현재 추세…… 도전을 나타내는데…… 너무나 심각해…… 그것은 꽤 문명화된 인간 사회를 받치는 환경 용량을 파괴할 것이다."[16]

　　인구 통제에 관해 배리 코머너는 다시 한번 폴 에를리히의 생각을 단호히 무시한 다음 그 상황에 대처하는 언뜻 보기에 보다 적극적인 방법을 제안한다. 코머너는 사회가 풍요로워짐에 따라 출생률이 떨어지는 경향에 주목하면서 존 스튜어트 밀을 계승해 미국과 같은 번영한 국가가 더 가난한 국가들의 경제적 조건을 개선하는 데 도움을 주어야 한다고 제안한다: "우리는 세계의 개발도상국의 인구 성장은 이미 생활 조건이 개선된 다른 곳에서 성공한 동일한 방식으로 균형을 가져와야만 한다는 생각을 채택할 수 있다. ……그것이 내가 바로 지지하는 견해다."[17]

　　마지막 앞 장은 "생태학의 경제적 의미"라는 제목이 붙어 있고, 그 내용은 코머너의 생물학적 배경에 주어진 놀라운 무언가를 포함하고 있다. 그러나 환경 위기의 응답에 대한 그의 연구는 이 지점까지 끌고 왔다. 그의 연구는 생태학으로부터 물리학, 공학기술, 인구통계학, 그리고 지금은 경제학까지 경유하는 긴 방랑을 했다. 환원론은 몇몇 과학자들에게는 아마 문제가 되었을지 모르지만, 배리 코머너에게는 아니었다.

　　생태학의 경제적 의미에 대한 이 교수의 강연은 복잡하고 지루하지만 꼭 필요하다. 왜냐하면 여기서 그는 가장 중요한 것이 무엇인지에 대한 해답을 얻으려고 노력하고 있기 때문이다: 현존하는 어떠한 경제체제가 효과적으로 환경오염을 완화시킬 수 있을까? 코머너는 최종적으로 자본주의와 사회주의의 경제체제 양자에 초점을 맞추기 전에 경제적 외부 효과의 개념을 탐구한다. 분석을 통해 그는 양 체제는 환경을 오염시킨 혐의가 있다고 결론내린다. 그러나 말하자면 양 체제 모두 확증은 없다. 소비에트 연방의 오염을 조사한 경제학자 마셜 골드먼(Marshall I. Goldman)[18]의 연구는 코머너 정보에 관한 하나의 중요한 원천이었다. 오염을 통제하는 자본주의의 능력을 이

야기하면서 코머너는 두 사람의 경제학자, 로버트 하일브로너(Robert L. Heilbroner)와 카프(K. W. Kapp)의 논문에 크게 의존했다. 두 사람은 자유시장 경제체제가 성공 가능성이 없다고 결론을 내렸다. 코머너가 인정한 문제는 외부 효과의 비용을 내재화하는 어떤 시도도 회사의 비용을 증가시킬 뿐이라는 것이었다. 그리고 그 회사는 차후의 이윤을 유지하기 위해 임금을 삭감하지 않을 수 없다. 결과적으로 경영자 측과 노동자 측 사이의 분열이 격화될 것이고, 빈곤이 증가될 것이다. 또한 정상(안정) 상태를 달성하려는 자본주의의 무능력으로 인해 자연자원을 영구적으로 개발해야 될 것이다. 사회주의에 대한 코머너의 분석은 아주 자세하지는 않지만, 그는 사회주의 중심의 국가 계획이 환경오염을 제거하는 능률적인 수단을 제공하는 데 유리한 점이 있음을 알았다. 최종분석에서 그는 모든 경제 시스템, 특히 자본주의의 변화를 요구했으나 그가 지향하는 방향은 모호했다:

> 따라서 사회적 거래보다도 오히려 사적 거래에 근본적으로 토대를 두고 있는 경제적 시스템은 더 이상 적절하지 않고 더욱더 생물권을 관리하는 데는 더욱 비효과적이다. 그러므로 시스템을 바꿀 필요가 있다. 이들 고려사항들은 모든 산업화된 국가에 적합하다. 그들 모두는 생태학적으로 정상적인 수준에서 그들의 경제를 재정비할 필요가 있다.[19]

마지막 장은 맞춤하게도 "닫힌 원"이라는 제목이 붙었는데, 여기서 다시 한번 하딘의 생각은 "희미하게 감춰진…… 야만"이라 불리면서 비판된다. 이 간결한 장에서 더욱 중요한 것은 환경 위기의 종말을 인지하는 것의 중요성을 다시 말한다는 점이다: "인간은 삶의 원(circle)을 부셨다. 그것도 생물학적 필요성에 의해 내몰려서가 아니라 자연을 정복하기 위해 고안되어온 사회적 조직에 의해 내몰려서 그런 것이다. ……최후의 결과는 생존의 위기인 환경위기이다. 다시 한번, 살아남기 위해 우리는 그 원을 닫아야 한다. 우리는 자연으로부터 빌려온 풍요로운 재화를 양육하는 방법을 배워야만 한다." 그러나 놀랍게도 그 책의 바로 마지막 말들은 "원"을 어떻게 "닫을" 수 있는지에 관한 엄청난 질문표로 나타난다: "이제 우리가 행동해야 하는 것은 분명하다. 우리가 직면한 질문은 어떻게라는 것이다."[20]

출간 당시 『닫힌 원』은 환경 위기와 위기 발생의 가능성의 관점을 담은 가장 포괄적인 저작이었다. 그리고 이 저작은 우연에 의한 것이 아니라 저자의 의도된 설계에 의한 것이었다. 이미 마음속에 하나의 해결책을 가지고서 조사를 시작하고 자신의 선택을 방어하지 않고 가능한 가설을 세우고, 이용 가능한 자료와 정보로 가설의 검증에 착수했다. 물론 이것은 단순히 과학적 연구방법이다. 코머너가 다른 행위자들 사이에 편파적으로 비난을 감행하려 시도했던 방법은 단순히 단일한 원인을 비난하는 것보다 더 유익하고 실제적이었다. 몇몇 사람들은 『닫힌 원』이라는 무해결책을 비난할 수 있지만, 아마 이것은 코머너가 하딘과 에를리히가 만들었다고 생각한 성급한 결론을 피하기 위해 의도한 것이었다.

코머너의 접근법은 훌륭하지만, 가설검증을 위한 자료 분석은 앞에서 언급한 대로 다소 혼란스럽다. 몇 개의 변수를 측정하는 데 그가 사용한 방법은 — 가령, 2차 세계대전 이후 오염에 있어서 200에서 2천%까지 증가 — 검증하기에 분명치 않고, 그에 따라 독자는 그 숫자들을 단순히 믿을 수 있을 뿐이다. 또한 세 가지 원인에 대한 가중치의 할당 정도 — 인구, 풍요, 그리고 기술 — 는 뭔가 미심쩍다. 코머너의 최종적인 결과에 주목하지 않을 수 없지만, 절대적으로 설득력 있는 것은 아니다라는 느낌이 남게 된다. 과학자들이 과학적 원고가 출판에 적합한지 아닌지를 결정하는 데 자주 사용하는 하나의 기준은 그 연구가 주어진 정보로부터 복제될 수 있는 것인가, 그리고 그에 따라서 동일한 결과를 낳을 수 있는가이다. 우리가 『닫힌 원』에서 그렇게 하기란 어려울 듯하다.

환경 문제의 원인이 경제적 생활 시스템에 근거한다는 배리 코머너의 인식은 그를 낯선 근거 위에 서게 했고, 다시 말하지만 그는 이것을 알고 있었다. 『닫힌 원』에서 그는 경제학 연구에 대한 자신의 생소함에 관해 우려를 표현했지만 동시에 그는 그에 대한 위험을 무릅쓰고 과감히 도전해야 한다고 느꼈다. 마셜 골드먼(Marshall Goldman) 저작에서 코머너는 오늘날까지 이전의 소비에트 연방의 오염에 대한 권위 있는 연구로 남아 있는 것을 조사했다. 그렇지만 코머너는 처방책으로서 국가 계획을 지지하는 발언을 하면서 골드먼이 해준 충고를 무시했다: "만약 소련에서의 환경 파괴에 관한 연구가 무엇인가를 입증한다면, 그것은 민간기업이 아니라 산업화가 환경 파괴의 주된 원인이라는 것을 보여주는 것이다. 이것은 모든 생산자원의 국가 소유가 모든 문제를 해결할 수 없음을 암시한다."[21]

환경 경제학자들도 이윤의 동기 때문에 자본주의가 일차적으로 환경 위기에 책임이 있다는 코머너의 생각에 반대한다. 우리가 본 바대로 자본주의 혹은 그 어떤 시스템도 오염을 제거할 수 있을 것 같지는 않다. 그러나 오염시킨 집단의 권익과 비용을 설명하고 그들의 권익을 강화함으로써, 그들은 우리가 자본주의 하에서 사회적으로 받아들여질 수 있는 수준의 오염을 이룰 수 있다고 주장한다. 그리고 오염에 대한 "사회적으로 받아들일 수 있는" 수준을 달성하는 것은 정의(定義)상 위기를 제거하는 것과 같을 것이다. 모든 정치적, 경제적 시스템은 환경 위기를 잘못 다루었다고 본 점에서 코머너는 확실히 옳았다. 그러나 이는 의도보다는 오히려 직무수행의 문제인 것처럼 보인다.

배리 코머너에 의해 제기된 열역학 제2법칙은 오염 그 자체보다는 산업화 정도에 더 초점이 맞추어져 있는 문제다. 흔히 이야기되는 바 엔트로피는 심지어 자연 생물학적 시스템에서 일어나지만, 변환의 정도는 매우 낮다. 산업화된 사회 내에서 에너지 소산(消散)의 정도는 아주 높은 것으로 생각되어 왔고, 따라서 눈에 띄게 문명의 종말을 재촉하고 있다 — 오염 혹은 비 오염. 산업화에 관한 문제는 지구 종말이 얼마나 더 빨라질 것인가?일 것이다. 아무도 모른다. 한 작가가 물었다. "10억[년] 혹은 450억 년?[22]

환경 문제의 주된 원인에 대한 배리 코머너와 폴 에를리히 사이의 논쟁은 한동안 현대 환경운동의 가장 강렬한 개인적 논쟁 가운데 하나였다.[23] 에를리히에게는 이 같은 논쟁은 처음이 아니었다. 8장에서 기술한 바처럼, 그는 또한 줄리언 사이먼(Julian Simon)이란 경제학자와 신랄한 토론을 벌인 바 있다.

코머너-에를리히 논쟁의 요점은 환경 악화의 원인에 관한 그들의 다른 관점에 있다. 에를리히는 『인구폭탄』에서 증가하는 세계인구가 오늘날 환경 위기의 핵심이라고 주장했다. 빠른 인구 성장은 도시지역으로의 인구 집중화 경향으로 인해 더욱 악화되었고, 따라서 제한된 자연자원 압력에 초점이 맞추어졌다. 그 상황은, 에를리히에 따르면, 너무나 위협적이어서 얼마의 사회 비용을 쓰더라도 예방책을 취할 가치가 있었다. 그는 처방책으로서 유인, 형벌, 그리고 심지어 아기를 갖지 못하도록 강제하는 것 등을 제안했다. 더욱이 에를리히는 세계의 지도자로서 미국은 다른 나라에 인구 성장을 제한하는 프로그램을 받아들이도록 강요해야 한다고 느꼈다. 그 목적을 달성하기 위해 심지어 그는 군사력의 사용을 제안했다. 반대로 코머너의 주된 논제는 인구가 아니라 현대기술이 환경 문제의 근원적 원인이라는 것이었다. 그는 국가

정책은 인구의 강제적인 통제보다는 공학기술의 효율성과 인구 통제의 개선에 더 관여해야 한다고 생각했다. 실로 그는 에를리히의 인구 통제라는 우둔한 제안을 전적으로 수용할 수 없다고 생각했다.

1970년 중반 쯤, 코머너와 에를리히는 풍요, 인구, 그리고 기술, 모두가 환경 악화에 역할을 한다는 점에 일치를 보았다. 그러나 그들은 적절한 정책 선택에는 합의할 수 없었다. 환경작가 티모시 오라이어단(Timothy O' Riordan)은 코머너와 에를리히는 사람들을 계몽하기보다는 오히려 대중을 위험스럽게 잘못 인도함으로써, 그리고 정책결정자의 마음에 혼란을 일으킴으로써 큰 피해를 주었다고 주장했다. 코머너–에를리히 논쟁은 종종 환경 문제를 해결하기 위한 진지한 시도라기보다 대중이 보기에는 격한 자존심 싸움으로 비추어졌을 따름이다.[24]

『닫힌 원』이 나온 이후, 배리 코머너는 환경에 관한 많은 다른 저서와 편저를 계속해서 출간했다. 현재 그는 뉴욕 브루클린에 살고 있다. 그곳에서 그는 수세식으로 된 뉴욕 시립대학 퀸스 칼리지의 생물학 연구센터의 명예 연구부장으로 재직하고 있다.

| 주석 |

1. Buck, *Understanding Environmental Administration and Law*, p. 18.
2. Worster, *Nature's Economy*, p. 357.
3. Commoner, *Closing Circle*, p. 10.
4. Ibid., p. 11.
5. Rubin, *Green Crusade*, p. 52.
6. Ibid., pp. 53, 6.
7. Worster, *Nature's Economy*, p. 354.
8. Pepper, *Roots of Modern Environmentalism*, p. 21.
9. Rubin, *Green Crusade*, p. 52.
10. Commoner, *Closing Circle*, p. 12.
11. Ibid.
12. Ibid., p. 86.
13. Ibid., p. 178.
14. Ibid., p. 139.
15. Ibid., p. 179.
16. Ibid., p. 217.
17. Ibid., p. 242.
18. Goldman, "Economics of Environmental and Renewable Resources."
19. Commoner, *Closing Circle*, pp. 287-88.
20. Ibid., pp. 297, 299, 300.
21. Goldman, quoted in Tietenberg, *Environmental and Natural Resource Economics*, p. 40.
22. Georgescu-Roegen, "Entropy Law and the Economic Process," p. 45.
23. Details of the Commoner-Ehrlich feud are presented in O'Riordan, *Environmentalism*, pp. 65-68.
24. Ibid., pp. 67, 66.

13
허먼 데일리와 정상-상태 경제

경제학 교수 허먼 데일리(Herman E. Daly)는 30년 이상 환경과 자연자원 문제에 대한 해결책으로서 정상-상태 경제를 주창해왔다. 그 노력의 결과로서, 정상(안정)-상태이론(steady-state theory: 定常狀態理論, 경제 전체로서의 산출량 수준에 변화가 없이 생산·교환·소비 등이 같은 규모로 순환하고 있는 상태, 다른 말로 '안정상태이론'이라고도 함)은 환경사상에서 가장 빠르게 성장한, 학문적으로 다양한 학파들 가운데 하나를 형성했다. 정상-상태 경제에 관한 데일리의 지적 공헌은 참으로 중요했다. 그러나 그 이론의 기초는 데일리의 저작보다 한 세기 이상 앞서 만들어졌다. 경제학자이자 철학자인 밀(J. S Mill)은 『정치경제의 원리』(1848)에서 처음으로 정상적인 혹은 그의 말로는 "정상의 없는"(stationary) 상태 경제에 대한 비전을 표현했다. 다음은 그 주제에 대한 6쪽짜리 장에서 발췌한 것이다:

부(富)의 증가가 무한하지 않다는 것은 정치경제학자들이 항상 보아온 것임에 틀림없다. 종국에는 정상상태(定常狀態)가 있다…… 나는 낡은 정치경제학자들이 일반적으로 그것에 대해 너무나 뿌리깊은 반감을 표현하는 것처럼 생각하지 않는다. 나는 대체로 그것이 현재의 상태를 넘어 상당 부분 개선될 수 있다고 믿고 싶다…… 인성(human nature)을 위한 최적 상태는…… 아무도 궁핍하지 않고[그리고]…… 아무도 더 부유해지길 원하지 않는 그러한 상태이다…… 경제적으로 요구되는 것은 보다 나은 부의 배분이다…… 누군가는 인구에 있어서 더 엄격한 제한을 말하기도 한다…… 이 보다 나은 배분은…… 개개인의 신중함과 검소함, 그리고 부의 균등을 선호하는 입법체계에 의해 달성되었다. 사회는 거대한 부가 아니라 유복한 노동자와 [그리고]…… 여가를 보여줄 것이다. 나는 진심으로 후손을 위해, 사회는 필요가 강요하기 전에 안정이 오래 지속되는 데 만족하기를 바란다. 정상조건이…… 인간 개선의 어떠한 정상상태도 함축하지 않는다고 말할 수는 없다. 마음이 소유의 기술에 전념하기를 그칠 때, 모든 종류의 정신문화, 도덕적이고 사회적인 진보…… [그리고] 삶의 기술을 개선할 많은 여지가 있다[1]

정상상태 경제에 대한 밀의 서술은, 일반적으로 인정하는 바와 같이 간략했고, 단지 개념적으로만 그 주제를 다루었을 뿐이다. 그러나 그의 간략한 표현법은 주제가 긴 역사를 가진다는 사실에 걸맞지 않았다. 애덤 스미스 시대 이후 고전적 경제학자들은 사회가 이익과 부를 증대시키려는 시도로 인해 경제적으로 지구 자연자원을 고갈시키면서 종국에는 모두 소모시켜버릴 것을 깨닫고는 두려워했다. 사회는 언젠가 인간사의 바람직하지 않지만 영속적인 상태를 달성할 것이라는 이유로 이 불모의 상태가 정상–상태로 간주되었던 것이다.

너무 당연한 것이지만, 밀 이전의 고전적 경제학자들은 두려움 속에서 정상상태를 보았다. 맬서스가 인간의 비참함으로 가득 찬 험상스러운 세계상을 그렸다는 것을 상기하라. 이 같은 상황에 대한 밀의 낙천적인 시각은 그 이전의 고전학자들의 시각과 확연한 대조를 이루었다. 그에게 정상경제 상태의 달성은 사회가 자발적으로 그 국가의 평형상태를 결정할 수 있는 까닭에 가치 있는 목표 추구였다. 밀의 정상상태는 부(富)를 허용하지 않는다. 엄청난 사적 부를 박탈하는 대신, 사회는 충분한 물질적 안락과 고상한 지적 추구를 위한 충분한 여가를 받을 것이다. 이러한 지극한 행복(涅槃, Nirvana)을 달성하기 위해 사회는 인구 증가를 줄여야만 할 것이다. 부는 또한 현존하는 인구 사이에 더 고르게 분배되어야만 할 것이다. 이들의 목표는 차례로 귀중한 자원의 불필요한 소비로부터 자발적인 자기 억제를 통해 달성될 것이다. 그에 더해, 밀의 법이 동등한 금전적 수입을 보장하기 위해 요구된다고 제안했다. 따라서 밀의 미래 세계에서 인류는 자신들의 쾌락주의의 희생자가 되지 않는다. 인류는 인구 성장과 소비의 절제 그리고 경제적 평등에 따라 인류의 운명을 조절할 것이다.

밀에게는 유감스럽게도 자발적 정상상태에 대한 그의 비전은 다음 세기에도 그의 당대에도 진지한 관심을 끌지 못했다. 아마 공상적인 꿈을 꾸는 것처럼 보였거나 혹은 신고전주의 경제학자들이 정상상태의 이론을 무색케 하는 대안 이론들을 개발한 까닭에 밀의 생각은 사라지고 말았다. 그러나 그 사라짐은 루이지애나 주립대학 허먼 데일리 교수의 저작이 그 이론을 소생시킬 때까지로 한정된 것이었다.

1971년 앨라배마 대학에서 유명한 강의 시리즈의 하나로서, 데일리는 최초로 정상상태에 대한 논문을 발표했다. 1973년, 그는 "정상–상태경제: 생물 물리학의 평형과 도덕적 성장의 정치경제에 대해"(The Steady- State Economy: Toward a Political Economy of Biophysical Equilibrum and Moral Growth" 라는 제목으로 동일한 논문을 교정해 재판했다. 이때 데일리의 논문은 케네스 볼딩, 폴 에를리히, 게렛 하딘, 그리고 니콜라스 조제스쿠–뢰겐과 같은 다른 환경 분야의 선각자들의 논문을 담은 저서에 실렸다. 이것은 확실히 입회하기 까다로운 집단이었고, 따라서 데일리에게 나타나기 시작한 학문적 재능을 가장 여실히 증명하는 것이 되었다. 당시 그는 30대 초반이었다.

데일리의 논문은 현대사회를 고통스럽게 하는 상태인 "성장 매니아(성장에 대한 광적인 집착)"라는 비난과 함께 시작되었다. 성장 매니아는 끊임없이 팽창하는 GNP 수준을 요구했다.[2] 오로지 미국에서만 그것은 문제가 되지 않았다. 그는 그것이 소비에트 연방, 쿠바, 스페인, 그리고 또한 세계의 나머지 나라에서 발견될 수 있다고 말했다. 성장 매니아가 미친 악영향에는 혼잡하게 된 삶의 터, 산업공해, 그리고 인간의 스트레스가 포함된다. 그러나 가장 큰 문제는 성장이라는 이 강박관념이 인간과 자연생태계 사이에 불균형을 초래한 것이었다.

데일리는 GNP의 극대화가 부적절한 사회적 목표의 핵심이라고 단언했다. 첫째, 그것은 다만 편리함을 고려할 뿐 연간 국민생산에 드는 비용을 생각하지 않았다. 그는 "한계편익은 가외의 상품과 서비스의 시장가치로 측정된다 — 즉, 가치 단위에서 GNP 자체의 증가량. 그러나 그 비용을 어떤 통계적 급수로 측정하는가? 대답: 할 수 없다! 그것은 성장 매니아이다. 사실상 성장비용을 계산할 수 없다."[3] 둘째, 그에 따르면, GNP는 어느 정도의 환경비용을 편익으로 잘못 생각한다는 것이다. 가령, 산업생산의 부산물로부터 인간보호를 위해 사용된 오염규제 장치를 위한 지출은 사회적 편익으로서

GNP에 덧붙여진다. GNP는 또한 토양, 물, 그리고 광물과 같은 자연자원 고 갈에 대해 공제하는 데 실패했다. 그리하여 결국, GNP 계산은 가난한 자들 이 점점 더 가난해지는 동안, 부자들이 점점 더 부유해지는 것과 마찬가지로, 사회의 "유산자(haves)"와 "무산자(have-nots)" 사이의 부의 분배를 결정할 수 없다.

허먼 데일리에게 GNP의 극대화라는 사회의 강박관념은 무지라기보다 는 오히려 정치적 편의에서 비롯된 것이다. 그것이 가진 함축은 부유한 개인 들, 기업, 그리고 정부관료들이 자신들의 이익을 위해 유력한 패러다임을 지 지했다는 것이다. 데일리는 인류와 환경을 위해 새로운 패러다임이 필요하다 고 주장했다. 그리고 그가 제안한 해결책은 바로 밀에게서 나온 것이다. 허먼 데일리는 말했다. "그 새로운 패러다임은 무엇이 될까? 나는 그것이 존 스튜 어트 밀의 『정치경제의 원리』의 간결한 장만이 패러다임의 지위를 가질 수 있었던 고전경제학으로부터의 사상과 매우 유사할 것임에 틀림없다고 생각 한다. 그것이 정상상태 경제의 패러다임이다."[4]

데일리는 정상상태 경제에 대한 그의 견해를 인구와 물질적인 부의 부 단한 축적을 유지했던 사회적 시스템으로 정의했는데, 물질적인 부는 인구 가운데 더 고르게 분배되어졌다. 또한 작업처리율(가령, 자원소비율)은 검소하 지만 안락한 삶의 수준을 유지하기에 충분한 수준에서 지속되었다. 작업처리 율을 최소화하려는 바람은 케네스 볼딩에 의해 이루어진 보다 새로운 개념이 고, 지속적인 재고품 비축에 대한 아이디어는 밀의 영향이라고 데일리는 말 했다.

데일리는 정상–상태가 자연자원이 물리적으로 소멸되지 않도록 보호할 필요가 있다고 주장했다. 따라서 정상상태에 대한 그의 이론적 해석은 고전 적 경제학자들의 보다 복잡한 경제적 논쟁으로부터 벗어났다. 그들은 경제성장과 이익을 위한 압박이 궁극적으로 자원의 경제적 희소성을 야기할 것이라고 말했다. 즉, 어떤 점에서 자원을 획득하는 사회비용은 일인당 소비를 급격하게 떨어지도록 할 것이라는 것이다. 데일리는 물리적 희소성만이 정상상태로의 직접적인 이동에 대한 정당성을 증명한다고 말하면서 이 같은 논쟁의 적실성을 분명히 부인했다: "세계는 한정되어 있고, 생태계는 정상–상태를 유지한다. 그러므로 정상–상태는 물리적인 필연성이다."[5]

허먼 데일리는 정상상태 경제를 달성하는 주요 메커니즘으로서 "사회적 제도"를 주창했다. 사회적 제도로서 그가 의미했던 것은 그의 논문에서는 분명하지 않지만, 누구나 개개인 선택의 사회적 규제를 말하고 있다고 추측할 수 있다. 지속적인 인구 유지에 관해서 그는 가망성 있는 부모들(하나의 증명서 = 한 명의 아이)에게 시장성이 높은 인가서와 증명서의 발행을 추천했다. 그들에게 할당된 제한을 초과하는 부모들은 비록 처벌의 유형이 구체적이지는 않았지만 "처벌을 받게" 될 것이다.[6] 이 같은 시스템에 대한 도덕적인 근거는 모두가 동등하게 취급받는다는 것, 즉 어떠한 편애도 없을 것이라는 점이다.

인구와 같은 지속적인 물질적 부는 할당량의 의해 유지될 것이다. 할당량 고갈은 아마 세계의 가장 중요한 자연자원 300개로 지정될 것이다. 이들 자원할당에 대한 권리는 일단 확립되면 사기업, 개인, 그리고 공기업에게 경매될 것이다. "고갈할당량을 통해 총 고갈률을 결정하는 사회적 결정은 과잉개발의 결말을 초래하는 시장 실패의 수정으로서 간주될 수 있다"고 데일리는 말했다.[7] 그는 오염의 외적 요인을 내부화하기 위해 환경오염세 혹은 그와 유사한 계획을 확실하게 없애지 못했고, 아마 그들이 아주 강력하게 주류 경제적 사고를 실각시키지 못했기 때문에 그들을 위해 강력한 지지의 목소리를 낼 수 없었다. 그렇지만 그것들은 단기적으로는 도움이 될 수 있었다: "환경오염세는 단지 질병의 징후를 치료하는 단순한 완화제이다."[8]

부의 분배의 통제는 개념적으로는 단순하다: "부와 수입에 있어서 최대화와 최소화를 제한하는 것이다."[9] 비록 사유재산에 대한 침해인 것처럼 보일지라도, 데일리는 독자에게 이것은 그런 것이 아니라는 확신을 주었다. 약간의 지적 노력을 요구하면서 그는 개개인으로부터 사적재산을 취하는 것은 사유재산 제도를 보호하는 것이라는 주장을 했다. 밀을 인용하면서 데일리는 부는 독창력과 땀을 통해 그것을 얻은 사람들에게만 속해야 한다는 생각을 지지했다. 만약 그렇지 않으면 그것은 박탈되어야 하고 재분배되어야 한다.[10] 따라서 허먼 데일리의 정상상태 경제하에서 엄청난 상속 재산은 과거의 유물이 될 것이다.

데일리에게 정상상태는 단순히 꿈이 아니라 명백한 가능성이었다. 그러나 그것을 달성하기 위해 인류는, 그의 말에 따르면 "도덕적 성장"을 지향해야 할 것이다. 인류는 종래의 이기심을 현재와 미래 세대를 위한 형제애와 사랑으로 대체해야 할 것이다. 윤리학은 경제학보다 앞선 것이어야 한다. 이 도덕적 성장의 모델로서, 데일리는 "윤리적 사회주의"의 가능성을 제안했다. 그는 또한 정상-상태에 대한 놀랄 만한 도덕적 근거로 알도 레오폴드의 "토지윤리(land ethic)"를 인용했다.[11] 글을 맺으면서 데일리는 1960년대와 1970년대의 생태운동은 단지 일시적 유행이었지만 그 유행이 사라지자 환경 개선을 위한 운동이 계속되었다는 점이 중요했다고 말했다. 이 지속성을 촉진하기 위해 새로운 통합 사회 패러다임이 요구되었고, 존 스튜어트 밀의 정상상태는 데일리에게 바로 그 패러다임을 제공했다.

1977년까지 허먼 데일리는 자신의 최초 논문에 들어 있는 사상을 『정상-상태 경제학(Steady-State Economics)』이란 책으로 확장시켰다. 그 책은 정상-상태 경제와 경제성장 논쟁을 보다 깊이 다루었다. 1991년에 정상상태 경제학의 제2판이 출간되었다. 그의 최초 논문 출간 이후로 20년이 지났어도 데일리의 중심 메시지는 여전히 변함이 없다. 그는 필요하고 바람직한 세계의 미래로서 정상–상태를 계속해서 발전시켰다. 그는 여전히 정상상태를 달성하는 수단으로서 자유방임경제를 불신했다. 그러나 데일리는 최근 계획국가경제 — 아마 구소련과 같은 — 의 참담한 결과를 강하게 언급했다. "낙관주의를 고무하지 말라."[12]

게렛 하딘으로부터 문구를 빌려와서 데일리는 경제성장과 문명의 강박관념에는 "기술적인 해결책이 없음"을 주장했다. 그 해결책은 도덕적인 것으로서 "급진적이지만 비혁명적이고, 제도적 개혁이면서도 가치의 변화"[13]를 요구하는 것이다.

20년이 지났음에도 불구하고 데일리의 이론들은 학술 저서에서 주류 경제학자들에게 거의 인정받지 못했다. 실제로 그는 대학의 경제학자들이 자신의 책을 "공격적으로 무시했다"고 말했다.[14] 그 증거로 제2판 때까지 『정상–상태경제학』은 주류 경제학 잡지에 단 한 차례의 조명도 받지 못했다. 데일리의 생각에 대한 경제학자들의 무관심은 예측가능한 것이었다. 결국 그들은 한 세기 이상 그 주제에 대한 밀의 견해를 완전히 무시해오지 않았는가. 게다가 데일리의 견해는 신고전주의 경제학의 핵심적인 신념에 반대되는 방향을 취했다. 반대의견을 가진 경제학자 데일리에 의해 개진된 이론들은 신고전적 정신을 격분시키지 못했고 관심 밖으로 밀려났다.

몇몇의 신고전 이론에 대한 간결한 비평은 왜 정상상태 경제에 대한 생각이 이들 경제학자들에게 매력적이지 못했는가를 보여준다. 신고전주의 경제이론은 적절한 시장 기능이 사회의 상품과 서비스의 가장 효과적인 제공자라는 것이다. 더욱이 시장 시스템의 적절한 기능에 대한 가장 중요한 두 가지 조건은 개인 선택의 자유와 쉽게 변화에 적응하는 시장의 자유이다. 신고전주의적 전략 안에서 개인들은 생산적인 자원을 통제하는 데 있어 자유롭고 자신들의 소망에 따라 그것들을 이용할 수 있어야 한다. 개인의 자유는 또한 소비 선택에 있어 중요하다. 사람들이 단지 돈을 가지고 자유롭게 선택할 수 있다면, 상품과 서비스의 적절한 양과 형태를 생산하도록 적절히 자원을 할당하는 시장 선택이 이루어질 것이다. 적응성은 또한 시장경제를 유지하는 데 중요하다. 자원은 그들이 욕구의 명령을 바꿈으로써 최고로 이용될 수 있도록 자유롭게 이동할 수 있어야 한다. 따라서 만약 노동자들이 오하이오의 강철보다 오히려 캘리포니아의 컴퓨터를 생산하기를 바란다면, 그 경우 노동력은 자유롭게 조정되어야 한다. 그래서 안정적 경제를 만들기 위한 모든 수단을 통해 개개인의 선택을 제한하는 것 즉, 사유재산몰수, 재분배, 그리고 정부개입 등은 전통 경제학들에게는 전혀 터무니없는 것처럼 들렸음에 틀림없었다. 사실, 정상경제는 필연적으로 역동적인 자유시장과는 반대되는 것이었다. 신고전주의 경제학자들에게 데일리의 생각은 재난의 비책처럼 보였음에 틀림없다.

대학의 경제학자들의 방해가 있었지만 데일리는 좀 더 작은 대학에 있는 생물학자들과 독립된 생각을 가진 경제학자들에게서 적극적인 지지를 받았다. 이 그룹에 특별한 호소력을 발휘한 『정상-상태 경제학』에서의 한 주제가 경제학과 생태학을 통합하는 그의 전략이 되었다. 밀의 원래 이론에 속하지는 않지만, 생태학과 경제학의 이 같은 융합에 대한 데일리의 요구는 환경주의자들 사이에 새로운 중요한 운동의 초석이 된다.

허먼 데일리에 의하면, 경제학과 생태학을 통합하는 두 개의 현존하는 사상학파들이 있었다: 경제적 제국주의(economic imperialism)와 생태적 환원주의(ecological reductionism).[15] 두 학파는 생태계 내에서 인간경제를 하위체제로 보았지만, 각자가 경제와 생태계가 어떻게 함께 기능해야만 하는가에 대해 다른 관점을 가졌다. 경제적 제국주의는 그 둘 사이의 경계가 지워져야

하고 경제체제가 지배적으로 되어야 한다고 했다. 인간은 새로운 시스템 내에서 모든 가치들의 측정자가 될 것이고, 모든 가치는 화폐가격으로 표현될 것이다. 그러나 데일리는 추론의 일부에서 약점을 찾아냈다. 그는 경제적 제국주의는 인간경제 안에서 자연자원의 할당을 결정하는 데 적합할 수 있지만, 그것은 적절한 자원 흐름의 크기를 결정하는 데는 부적합했다고 말했다. 따라서 경제적 제국주의는 인간의 경제활동 전체의 문제를 결코 적절히 표현할 수 없을 것이다.

경제적 제국주의와 마찬가지로 생태적 환원주의 또한 경제와 생태학 사이의 경계를 지우는 것을 목표로 삼았다. 그러나 이 경우에는 생태계가 지배할 것이고 자연 에너지 흐름이 어떤 생산 과정을 선호할지 결정할 것이다. 데일리는 근래 저명한 생태학자 하워드 오덤(Howard T. Odum)을 인용하면서, 생태적 제국주의(ecological imperialism)는 "최대 힘의 원리"에 의해 지배된다고 말했다. 그리고 "경쟁에서 살아남는 시스템들은…… 더 강력한 유입을 전개하며 생존의 필요성을 충족시키기 위해 그것을 이용한다."[16] 그러나 데일리는 지배력으로서 에너지 흐름을 전적으로 신뢰하는 것의 문제는 각기 다른 과정에 있다고 주장했다. 인간의 의지를 위한 여지가 없는 할당 시스템은 결코 인간의 욕구를 적절히 만족시킬 수 없다. 따라서 데일리는 경제적 제국주의처럼 생태적 환원주의도 경제학과 생태학 통합의 모델로는 부적합하다고 생각했다.

허먼 데일리는 이들 두 학파의 사상에 대한 대안으로 "생태계의 준(準) 정상상태 하위체제로서의 경제"[17]를 생각했다. 이 철학에 따르면, 두 시스템 ─ 경제와 생태 ─ 은 분리된 실체로 유지된다. 상호관련성의 초점은 자원처리량이 될 것이다. 즉, 생태 시스템에서 경제로의 물리적 자원의 흐름이다. 그것은 자원처리량의 최소량과 최대량을 통제하는 데 필요하다. 그리고 자원

처리량에 대한 제한 때문에 사회는 일정한 양의 자원으로부터 더 많은 산출을 얻는 수단으로서 향상된 기술을 지향해야 한다.

경제와 생태의 통합에 관한 데일리의 생각은 구체적이라기보다는 개념적이었다. 그는 자원처리량이 규제되어야 하고, 사회적 제도는 이 규제력에 책임을 져야 한다는 생각을 도입했다. 바로 이 일반적인 개념을 넘어서는 특정한 것이 빠져 있었다. 사회는 최대처리량과 최소처리량의 수준을 어떻게 결정할 것인가? 그리고 규제자들은 개인의 자유를 전적으로 침범하지 않기 위해서 어떤 수단을 이용할 것인가? 불행히도 허먼 데일리는 이에 대한 답을 제공할 수 없었다. 그러나 생태학과 경제학을 융합하는 문제를 제기한 것은 많은 학자들이 관심을 갖기에 충분했다.

경제학과 생태학을 통합하는 모형을 위한 허먼 데일리의 연구는 후에 국제생태경제학회(ISEE)의 창립에 기여했다. 『생태경제학(Ecological Economics)』 저널과 40개국의 대표회원들로 구성된 이 조직은 최근 몇 년 동안 빠르게 성장해 환경주의에 힘이 되었다. ISEE의 사명은 "'자연의 가족' [생태학] 과 '인간의 가족' [경제학]의 관리연구를 통합"하는 것이다.[18]

출판과 국제적인 회합을 통해 ISEE 회원들은 경제성장의 관리, 환경성을 토대로 한 국가수입 회계체계, 미래 세대에 대한 공평성, 그리고 환경자원의 보호와 같은 논제들을 다루면서, 데일리가 제기한 주제들을 계속해서 발전시켜 나갔다. ISEE에서 근무한 데일리는 조직의 사명에 관한 견해를 표현했다: "[그것은] 불가해하고 부적절한 세부 분야를 더 세분하기보다는 오히려 우리 시대의 두 가지 주요한 분야[생태학과 경제학]의 통합을 추구한다."[19]

허먼 데일리와 존 스튜어트 밀의 철학과 관련된 ISEE의 주요 관심은 생태적으로 지속가능한 경제의 연구다. 지속가능한 경제의 문제 혹은 종종 불리듯 지속가능한 발전은 ISEE뿐만 아니라 지구공동체에게도 초미의 관심사가 되었다. 사실 지속가능한 발전의 개념은 너무나 매력적이어서 국가 경제 발전의 지도 원리로서 몇몇 국가 지도자들에 의해 채택되기도 했다. 그 개념은 세계환경개발위원회의 노력으로 특별한 관심을 얻었는데, 이 위원회는 노르웨이 최초의 여성 총리 그로 할렘 브룬트란트(Gro Harlem Brundtland) 여의장 덕분에 브룬트란트 위원회로도 알려져 있다.

브룬트란트 위원회는 유엔의 후원으로 1983년에 창립되었다. 그 위원회의 과업은 "2000년과 그 이후까지 지속가능한 발전을 이루기 위한 장기적인 환경전략을 짜는 것이었다."[20] 1987년, 이 위원회의 성과물은 『우리의 공동 미래(Our Common Future)』라는 제목의 책으로 출판되었다(한 가지 흥미로운 사례: 1973년 광고회사 임원인 에릭 담만Erik Dammann은 브룬트란트처럼 『우리 손에 있는 미래(The Future in Our Hands)』라는 제목의 책을 썼다. 그 책은 지속가능하고 생태적으로 균형을 갖춘 생활양식을 소개해 사람들의 큰 관심을 받았다. 유사하게도 미래 지향적인 제목을 가진 담만의 저작이 『우리의 공동 미래』를 위한 초기 모델이 되었다는 견해는 아주 그럴듯해 보인다).

『우리의 공동 미래』는 세계의 선진국과 후진국 사이의 부의 불공평한 배분에 초점을 두었는데, 선진국과 후진국은 각각 "북과 남"으로 지칭되었다. 선진국은 현재 가장 높은 수준의 삶을 향유하고 있다. 이들 국가의 대부분의 국민은 읽기와 쓰기를 배워왔고, 농업생산은 대체로 인구 성장을 앞질렀다. 그러나 선진국이 번성하는 동안, 후진국은 빠르게 경제적 터전을 잃어가고 있었다. 지금 이들 국가에는 이전보다 더 굶주린 사람들과 안전한 물 공급, 음식과 난방을 위한 적절한 연료를 공급받지 못하는 수많은 문맹인이 늘어가고 있다. 그 위원회에 따르면, "부국과 빈국의 격차는 줄어들지 않고 늘어가고 있으며, 이 과정을 되돌릴 만한 흐름과 제도적 장치에 대한 전망은 거의 없다."[21]

부의 격차는 넓어지는 반면 환경은, 비록 다른 방법이기는 하지만, 선진국과 후진국 모두의 제한정책에 의해 더 폐쇄적으로 추진되고 있다. 선진국의 산업화와 현대기술은 자원추출과 오염으로 주요한 환경 문제를 불러일으켰다. 특히 위원회는 과도한 화석연료 연소와 에너지 소비 문제를 언급했는데, 이것들은 산성낙하와 소위 온실효과 증가를 가져오는 지구온난화의 주범이다. 게다가 대기로 빠져나가는 클로로플루오로카본(CFCS)은 해로운 자외선을 차단해 동·식물을 보호하는 성층권의 오존층을 파괴하는 주범이다. 후진국은 열대산림 벌채, 농지의 사막화, 폭발적인 인구 증가, 그리고 압착하는 도시빈곤을 통해 환경 악화를 가속화시키고 있다.

브룬트란트 위원회에 따르면, 이 문제들의 해결책은 세계의 각국이 지속가능한 발전을 달성하는 것이었다. 위원회는 지속가능한 발전을 "그들 자신의 욕구를 충족시키려는 미래 세대의 역량과 타협하지 않고 현재의 욕구를 충족시키는 능력이라고 정의했다."[22] 물론 그 개념은 밀과 데일리의 철학의 본질적 요소를 담고 있었다: 인구 성장을 줄이고, 자원 처리를 적절히 하고, 세계의 부를 공평하게 재분배하는 것. 밀과 데일리의 말처럼, 그 해결책은 또한 사회적 제도의 변화를 요구한다. 그러나 위원회의 권고와 밀-데일리의 제안 사이에는 하나의 뚜렷한 차이가 있었다. 위원회는 최종적인 평형상태로 귀착하는 데 초점을 두기보다는 지속가능한 발전의 이행에 더 초점을 두고 있다: "지속가능한 발전은 고정된 조화의 상태가 아니라, 자원의 이용, 투자의 방향, 기술진보의 지향, 그리고 제도적 변화가 현재뿐만 아니라 미래 세대의 욕구와도 조화를 이루는 변화의 과정이다."[23] 정상(안정)-상태이론과 지속가능한 발전은 이처럼 변천 과정이 경제성장에 의존한다는 점에서 다르다. 앞에서 보았듯이 정상-상태는 경제성장의 완전한 정지를 주장하는 반면, 지속가능한 발전은 다만 경제성장의 증가를 적절히 조절하는 사회를 요구한

다.[24]

브룬트란트 위원회의 보고서 발표에서 허먼 데일리는 지속가능한 발전의 개념이 그것의 세계적인 유행의 확산에도 불구하고 정확한 정의를 결여하고 있다는 데 주목했다. 지속가능한 발전이라는 생각을 도출하면서 위원회는 경제의 최적 규모와 자원의 최적할당을 위한 방법을 결정하는 계획과 같은 중요한 문제를 무시했다. 심지어 지속가능한 발전을 달성하기 위한 최상의 경제 시스템(가령, 중심적으로 자유시장에 대한 계획시장)의 일체화만큼 중요한 주제는 『우리의 공동 미래』에서는 거의 언급되지 않았다. 데일리는 이 같은 모호함에 장점이 없었던 것은 아니라고 말했다. 그것은 이 정의하기 어려운 사회 목표를 달성하는 방법에 일관성을 내놓고자 할 때 사회에 어느 정도 유연함을 허용할 수 있었다. 그러나 최종분석에서 그의 언급은 변명이라기보다는 이론적 해석처럼 보였다. 그는 지속가능한 발전이 애매모호함으로 인해 "텅 빈 표어가 될 위험에"[25] 처해 있다는 것을 인정하지 않을 수 없었다. 아이러니컬하게도, 데일리의 정상-상태 경제에 대해서도 똑같이 말할 수 있다. 그 것도 중요한 쟁점들에서의 불명확함 때문에 비난받을 수 있었다. 정확한 방법과 수행에 대한 측정 수단이 부족해 둘 다 겉으로 보기에 공약(空約) 이상의 어떤 것을 주지 못했다.

정상-상태 경제와 지속가능한 발전이 엄격한 정의를 허용하지 않기 때문에 어떤 사람은 그것들이 환경정책을 형성하기에는 빈약한 모델이라고 말하곤 했다. 그러나 다른 사람들은 그들의 신념 때문에 자신들이 중요한 사회적 가치를 가진다고 주장하곤 했다: ①인간과 환경 간의 조화 ②경제적 평등 이 두 철학은 환경과 자연자원이 인간의 욕구를 만족시키는 데 중요하다는 것을 인정한다. 그러므로 환경은 어느 정도는 사람에 의해 "이용되어"야 한다. 그러나 이 두 철학은 인간복지의 개선을 위해 환경의 이용은 억제되어야 한다는 것도 인정한다. 그리고 자원 이용에 대한 제한은 지적 발전을 위한 여가뿐 아니라 최소한의 물질적 안락 수준을 제공하기에 필요한 자원의 양에 의해 결정된다. 삶에 대한 이 최소한 수준의 제공을 초과해 환경이 천박하고 과다한 소비적 탐닉에 이용되어서는 안 된다. 이 같은 제한에 대한 윤리적 근거는 현재와 미래 세대의 평등권에 대한 약속이다. 현재와 미래 사회의 모든 구성원은 물질적 안락과 지적 발전에 있어 동등한 기회를 가져야 한다.

그러므로 정상-상태 경제와 지속가능한 개발은 — 사실 비슷한 — 철학이며, 환경을 관리하는 데 정확한 모델 이상의 것이다. 자원 소비의 정확한 수준과 이 수준을 산정하는 방법까지 일일이 열거하는 것은 아니다. 그것들이 정확한 모델이라고 주장하는 것은 도덕철학의 중요한 사회적 기여를 무시하는 것이다. 예를 들어 레이첼 카슨의 『침묵의 봄』의 중요한 공헌은 살충제의 관리에 대한 정확한 모델적 정의의 시도는 아니다. 오히려 그 책의 지속적인 기여는 환경에 대한 인간관계에 관한 대중의 정신에 불러일으킨 철학적 변화이다. 『침묵의 봄』이 출판된 이후, 환경의 질에 관한 대중의 기대는 근본적으로 변화되었다. 그리고 이 변화는 사회적 변화를 이행하기 위해 새로운 법(예컨대, 국가환경정책법)과 제도(예컨대, 환경보호청)를 만들기에 이르렀다. 『침묵의 봄』이 가져온 변화의 효과는 극적이었다. 이 같은 드라마는 분명히 아직 정상-상태 경제 혹은 지속가능한 발전의 경우에는 아마 일어나기 힘들 것이다. 관심이 있어도 이 양자를 채택하려는 움직임은 없을 것이다. 그럼에도 불구하고, 양자는 적어도 미래의 환경 변화가 바람직하게 될 수 있다는 생각으로 대중(공중의 일부)에게 경각심을 일깨웠다. 정상-상태 경제와 지속가능한 발전의 가치는 인간 상태와 환경 모두의 개선을 옹호하는 도덕철학으로서 역할을 하는 데 있다.

허먼 데일리는 그의 초창기 글에서 알도 레오폴드의 토지윤리를 정상-

상태 경제의 도덕적 근거로서 제안했었다. 야생동물 관리자이며 과작의 수필가로서 레오폴드 교수는 데일리와 더불어 많은 환경주의자의 사고에 강력한 영향을 미쳤다. 실제로 어떤 이들은 그가 환경철학자 가운데 가장 중요한 자리를 차지한다고 주장하곤 했다. 따라서 그것은 단지 허먼 데일리가 그를 상기시키는 데 적합하다.

환경철학자 조세프 데 자르뎅은 레오폴드의 주요한 논문 「토지윤리」가 "윤리학적 전일론(ethical holism)"이라는 표현으로 큰 영향력을 행사했다는 데 특별히 주목했다; 즉, 생태적 공동체의 복지는 정상상태에서 그리고 공동체 자체의 계속된 생산성에서 찾을 수 있다는 생각. 데 자르뎅은 또한 토지윤리에 대한 두 가지 주된 비판으로서 ①자연에서 발견된 것이 무엇이 되어야만 하다는 것을 역설하는 "자연주의적인 그릇된 신념", ②공동체의 개개인들 권리가 전체로서 공동체의 구성원보다 덜 중요하다는 것을 주장하는 "환경 파시즘"을 들고 있다.[26] 그러나 이 같은 비판에도 불구하고 「토지윤리」는 레오폴드가 죽은 이후 수년 동안 보존주의자들에게 영감이 되었다. 그 책에 대한 평판과 레오폴드의 다른 논문의 인기는 『침묵의 봄』의 출판 후 급증하는 환경에 대한 관심을 타고 1960년대에 급상승했다. 오늘날 레오폴드의 논문은 환경주의자들에게 필독서가 되고 있다. 따라서 허먼 데일리가 알도 레오폴드의 철학을 정상-상태 경제의 도덕적 기초로 제안한 것은 놀라운 일이 아니다. 존 스튜어트 밀의 정상-상태 이론을 부활시킴으로써, 허먼 데일리는 환경사상에 있어서 중요한 공헌을 했다. 지속가능한 발전과 함께 정상-상태 경제는 인간 경제상태의 평등에 환경에 대한 주의를 연결하는 철학적 모델로서 기여한다.

허먼 데일리는 라이스(Rice) 대학에서 학사학위를, 밴더빌트(Vanderbilt) 대학에서 박사학위를 취득했다. 초기 학문적 이력 중 많은 부분을 루이지애나 주립대학에서 보냈고, 이곳에서 그는 경제학 교우회 교수의 타이틀을 얻었다. 1988년부터 1994년까지 그는 워싱턴 DC에 있는 세계은행의 환경부서의 수석 경제학자로 일했다. 1994년 그는 공공문제 연구소의 수석 연구학자로서 메릴랜드 대학의 교수로 있었다. 1996년 그는 스웨덴의 '명예로운 바른 생활 상'을 수상했고, 또한 1996년에는 왕립 네덜란드 예술·과학 아카데미로부터 환경과학 분야에서의 공로로 하이네켄 상(Heineken Prize)을 받았다. 1999년에는 환경과 발전의 공로로 노르웨이의 소피 상(Sophie Prize)을 수상했다.

| 주석 |

1. Mill, *Principles of Political Economy*, pp. 746-51, quoted with omissions.
2. Daly, "Steady-State Economy," p. 149.
3. Ibid., p. 150.
4. Ibid., p. 152.
5. Ibid., p. p. 157, 159.
6. Ibid., p. 161.
7. Ibid., p. 168.
8. Ibid.
9. Ibid.
10. Ibid., pp. 168-172.
11. Ibid., p. 248.
12. Daly, *Steady-State Economics*, p. 2.
13. Daly, *Steady-State Economics*, p. xii.
14. Ibid., p. 211.
15. Ibid., p. 216.
16. Ibid., p. 211.
17. Costanza, *Ecological Economics*, p. v.
18. Daly, *Steady-State Economics*, p. xiii.
19. World Commission on Environment and Develop-ment, *Our Common Future*, p. ix.
20. Ibid., p. 2.
21. Ibid., p. 8.
22. Ibid., p. 9.
23. Ibid., p. 2.
24. Daly, *Steady-State Economics*, pp. 248, 249.
25. Des Jardins, *Environmental Ethics*, pp. 195, 198.

14

MIT팀과 『성장의 한계』

1972년 케임브리지의 매사추세츠 공과대학(MIT) 연구팀은 여전히 환경 연구의 다른 랜드마크가 되었던 것에 대해 많은 관심을 갖고 연구하고 있었다. 이전의 다른 환경연구가들처럼, 그들은 환경 위기를 몰고 온 생태적, 사회적 관계를 상호 관련시키는 데 관심을 가졌다. 그러나 그들의 접근법은 좀 더 화려했다. 그들은 세계에 대한 하나의 컴퓨터 모형을 만들고 있었다.

묘한 이야기지만, MIT프로젝트의 기원은 케임브리지 매사추세츠가 아니라, 수천 킬로미터 떨어져 있는 이탈리아 로마였다. 1968년 4월, 30명의 국제교육자, 과학자, 정치가, 기업가들이 린체이 아카데미(Accademia dei Lincei)에서 이탈리아의 실업가 아우렐리오 페체이(Aurelio Peccei) 박사에 의해 소집되었다. 목적은 인류의 현재와 미래의 곤경에 대해 논의하는 것이었다. 그리고 이 첫 번째 비공식적인 모임으로부터 로마 클럽(Club of Rome)이라고 명명되는 조직이 만들어졌는데, 이 조직의 목적은 지구 시스템을 형성하는 경제,

정치, 자연, 그리고 사회적 요소들에 관한 이해를 촉진하는 데 있었다.

뒤이어진 일련의 회합은 지구 시스템에 관해 더 많이 알고자 하는 야심찬 노력으로서 인류의 곤경에 대처하는 프로젝트를 로마 클럽이 후원하겠다는 결의를 함으로써 개최되었다. 이 프로젝트의 첫 단계에서 2주간의 회의를 거쳐 그 틀이 잡혔는데, 이때 저명한 MIT 교수 제이 포레스터(Jay Forrester)는 지구 모형화에 대한 양적인 접근에 대한 논의를 요청받았다. 포레스터 교수는 산업과 삶의 과정을 모형화하는 기술인 시스템 역학에서의 선구적인 업적 덕분에 강연자로 초청받았다. 클럽의 어떤 회원은 후에 포레스터의 강연을 회상하며 말했다:

> 당시 MIT의 포레스터 교수는 고대 그리스의 연극에서처럼 데우스 엑스 마키나(deus ex machina, 다급할 때 등장해 돕는 신)처럼 출현해 그때까지 "산업공학"으로 알려져 있던 그의 방법이 그 일을 할 수 있다고 발표했다. 교훈적으로 그가 설명했던 최고의 방법하에서…… 양적 모형이…… 실제적으로 형성될 수 있었다…… 나는 포레스터의 진솔한 접근법이 특히 호소력 있다는 것을 인정할 수밖에 없었다.[1]

그러나 참석한 모든 사람이 포레스터에게 호의적인 인상을 받은 것은 아니었다. 특히 사회과학 분야(경제학, 사회학, 정치학, 그리고 심리학)를 대표하는 그룹은 제안된 방법론이 절망적일 정도로 단순하고 비현실적인 모형에 불과한 것이라고 생각했다. 그러나 결국 그들은 대안적인 모형 기법을 제공할 수 없었고, 그리하여 포레스터는 프로젝트의 책임자 지위를 제안받았다. 그는 다만 충고자로서 돕겠다고 말하면서, 클럽의 설득에도 불구하고 그 제안을 거절했다. 그를 대신해 그의 협력자인 데니스 메도우즈(Dennis Meadows) 교수가 그 일을 이끌었다. 메도우즈는 17명의 연구원으로 구성된 국제팀의 장이 되었는데, 팀원들은 대부분 30세 미만이었다. 그들의 책무는 지구에 인간 문명의 성장한계에 가장 있음직한 요소들을 규명하는 "세계모형(world model)"이라고 불린 컴퓨터에 의한 세계 시스템 동적모형을 세우는 것이었다.

MIT팀에 의해 계획된 것과 같은 시스템 역학 모형(System dynamics model)은 더 일반적으로는 시뮬레이션 모형이라고 지칭되었다. '시뮬레이션'이라는 단어에는 그 모형이 실제 생활의 시스템과 유사한 표현을 제공한다는 사실에서 기인했다. 이 같은 시스템은 너무나 복잡해 세목까지 자세하게 재창조될 수는 없는 산업적, 물리적, 화학적 혹은 생물학적 과정을 포함하게 될 것이다. 실제 시스템은 단지 그것의 본질을 포착하기 위해 추상화되었다. 일단 시스템의 추상화(이론화)된 설명이 컴퓨터로 창조되면, 과학자는 그것을 "만약에(what if)" 게임으로 할 수 있게 된다. 그리고 이것이 바로 MIT그룹의 목표였고, 지구 자원 상황에서 "만약에"의 변화를 모의실험한 후 컴퓨터 산출을 통해 문명에 대한 예언된 효과를 관찰한다. 만약 체계가 너무나 복잡해 더 전통적이고 통제된 실험을 통해서는 연구할 수 없을 경우에 받아들일 수 있는 분석 방법은 시뮬레이션 모형이다.

포레스터 교수의 시스템 역학의 세 가지 특수한 특징은 특히 지구자원 모델에 있어 설득력 있는 방법을 만들었다. 첫째, 그것은 많은 자연 시스템의 전형적 특징인 기하급수적 증가를 시뮬레이션할 수 있는 능력을 가졌다. 급격한 변화가 늘 긍정적일 필요는 없다. 사물(생물)은 증가할 수 있을 뿐만 아니라 감소할 수도 있다. 또한 기하급수적 증가 아래서는 폭발적인 변화가 일어날 수도 있다. 둘째, 시스템 역학 접근법은 어떤 특수한 성장 과정에 긍정적이거나 부정적인 피드백 둘 다 적용할 수 있다. 가령 인류의 인구 성장과 관련한 긍정적이고 부정적인 피드백의 단순한 예는 출생과 죽음이다. 셋째,

포레스터의 접근법은 어떤 시스템 내에서 상이한 과정들 간의 분석적 연결을 허용했다. 예를 들어, 인구 성장은 소비자 상품에 대한 수요로 연결될 수 있고, 또 이어서 산업생산으로 연결되며, 오염에 영향을 미치며, 마지막으로는 죽음을 경유해 인구로 되돌아감으로써 순환을 완결짓는다. 이 같은 연결의 특성은 과정이 상호 영향을 미치는 세계화 모형의 구성에 있어서 중요했다.

1971년에 팀은 로마클럽에 진행보고서를 썼다. 어떤 멤버들은 연구가 불완전한 것으로 보였기 때문에 그 보고서를 일찍 공개하는 것에 반대하는 것이 좋다고 권고했다. 그럼에도 불구하고, 1972년에 네 개 팀의 구성원, 도넬라 메도우즈(Donella Meadows), 데니스 메도우즈(Dennis Meadows), 요르겐 란더스(Jørgen Randers), 그리고 윌리엄 베렌스(William Behrens) 3세는 『성장의 한계(The Limits to Growth)』라는 제목의 책을 간행했다. 저자들은 이 얇은 분량의 책에는 자신들의 연구 활동의 최초 보고서 외에 다른 것은 없다고 말했다. 덧붙여 그들은 자신들이 이 같은 연구 양상을 개발한 모형의 버전 ― DYNAMO 시뮬레이션 언어로 씌어진 WORLD3 ― 은 단지 지구적 관계의 지극히 단순화된 접근법일 뿐이라고 말했다.

그들의 아주 인색한 접근은 세계를 마치 다섯 개의 기본요소 ― 인구, 농업생산, 자연자원, 산업생산, 그리고 오염 ― 를 부여받은 단 하나의 정치적 실체인 양 다루었다. 이 다섯 가지 요소들은 다시 일백 개의 하위 구성요소로 더 분화되었다. 가령, 토지산출, 토지개발비용, 토지한계생산, 그리고 헥타르당 농업과 같은 하위 구성요소들은 농업생산 기본단위를 구성했다. 연구에서 사용된 방법은 2100년에 다섯 가지 기본 자원요소들의 결론적인 모형 계획을 조사하기 위해, 미래세계의 자원비축과 인구에 대한 몇 가지의 컴퓨터 모형 행동계획을 나타내는 것이었다.

소위 표준적 컴퓨터 운영은 모든 다양한 미래 시나리오를 위한 비교의 토대로 이바지하고 있다. 표준운영은 기술, 산업산출, 식량생산, 혹은 사회적 관계에 있어 주된 변화가 일어난 적은 없다고 가정했다. 이 같은 제한 하에, 현상유지의 시나리오, 자연자원의 세계적 비축은 1970년과 2100년 사이의 컴퓨터 모형에서 폭락했다. 1인당 식량소비, 산업생산고, 오염, 그리고 인구는 자연자원이 다 소모될 때 제일 먼저 올랐다. 그러나 2000년 이후, 식량생산과 산업생산고는 갑자기 하락했고, 2030년 초에 세계 인구의 50% 감소가 시작된다. 사실상 엄한 맬서스주의 방식에서 증가하는 인구와 산업생산은 한정된 자연자원을 크게 앞질렀고, 이리하여 인간문명을 붕괴한다. 이는 세계 모형이 우리의 현재 인구성장률과 자원 이용이 단순히 그들의 현재 추세에 계속되었는가를 예언한 것이다.

그들이 문명구원을 시도하면서 연구자들은 세계 모형에 좀 더 낙관적인 미래에 대한 대안 시나리오를 날조해 만들어냈다. 한 시나리오는 새로운 발견을 통해 자연자원 비축의 배가를 추정한다. 다른 시나리오는 에너지를 좀 더 자유롭게 이용하도록 하고, 자원 이용을 개선하며 식량산출을 증가시켰고, 산아억제를 실시했다. 그러나 유감스럽게도 최종 결과는 늘 동일했다. 어떤 점에 있어서 21세기 동안, 자연자원 비축은 극적인 인구 하락에 이어 낚시 추처럼 떨어졌다. 팀은 말했다. "세계체계의 기초적인 행동양식은 인구와 자본의 급격한 성장이고, 붕괴가 이어졌다. ……우리는 그 붕괴를 피하는 일련의 정책들을 찾을 수 없었다."[2]

임박한 위기의 해결책을 탐구하면서 『성장의 한계』 저자들은 자원의 남용과 궁극적인 체계 붕괴에 대한 만병통치약으로서 기술혁신을 믿지 않았다고 말했다. 실제로 게렛 하딘의 「공유지의 비극」을 언급하면서, 그들은 현재의 상황에서 "기술적 해결책은 없음"을 확인했다. 나아가 저자들은 심지어 기술적인 해결책을 찾는 것은 비참함을 입증하게 될 수도 있다고 말했다:

"우리는 기술낙관주의가 세계 모형으로부터 나온 우리의 연구결과에 있어 가장 위험한 반응이라는 것을 깨달았다. 모든 문제들에 대한 궁극적인 해결 책으로서 기술을 믿는 것은 가장 근본적인 문제 — 한정된 시스템 내의 성장의 문제 — 로부터 우리의 주의를 다른 곳으로 돌리는 것이며, 우리로 하여금 그것을 해결하기 위한 효과적인 행위를 취할 수 없게 만들었다."[3]

MIT팀에 따르면 적절한 해결책은 두 가지 핵심요인을 제한하는 정책에서 찾을 수 있다: 인구 증가와 산업화에 따른 자본투자. 이들 두 가지 중 첫번째 컴퓨터 시뮬레이션에서 팀은 불변의 인구 증가를 주장했다(사망률=출생률). 그들은 이것으로는 충분하지 않다고 단정했다. 정의상으로는 인구는 안정화되어 있었으나, 그 모형은 다시 한번 체계가 붕괴되었다는 점에서, 1인당 식량과 서비스의 소비를 증가시켰다. 다음으로, 인구와 자본투자 둘 다 제한되었고, 이때 컴퓨터의 결과에서 마침내 세계 붕괴는 피할 수 있는 것으로 나타났다. 그리하여 이것은 모형에 따른 올바른 해결책인 것처럼 보였다. 생존하기 위해 세계문명은 산업화 과정에서 인구 증가와 자본투자 양자에 제한을 가해야 한다. 그리고 나아가 시간이 가장 본질적이라고 저자들은 말했다. 한층 잘 계획된 정책들을 연기하는 것은 참혹한 결과를 가져올 것이다.

『성장의 한계』의 끝 부분에서 MIT 연구가들은 새로운 지구적 방향 설정을 요구했고, 그것을 "평형상태(equilibrium state)"[4]라고 불렀다. 이 새로운 세계에서 국가들은 자본설비(공장)와 인구의 지속적인 수준을 유지하려 노력하고, 또한 출생, 사망, 투자, 그리고 가치하락을 극소화할 것이다. 그들은 자신들의 정상-상태의 경제 개념이 새로운 것이 아님을 알고 있었다. 한 세기 앞서 존 스튜어트 밀이 그것을 제안했고, 아주 최근에는 허먼 데일리가 그것을 강조했다. MIT팀은 말하기를, 이 같은 개념이 드디어 때를 만났으며, 사실 그것만이 문명의 붕괴를 막는 유일한 희망이다.

『성장의 한계』는 20개의 언어로 번역된 세계적인 베스트셀러가 되었고, 400만 부 이상 판매되었다.[5] 특히 이 성공은 추측건대 대부분의 대학연구 프로젝트에 예비보고서가 되었다는 점에서 특히 주목할 만하다. 그 책에 대한 평판은 모체 조직인 로마 클럽의 빛을 바래게 했고, 그리하여 로마 클럽은 그 연구와 별개로 정체성을 위해 분투해야만 했다. 『성장의 한계』는 곧 인기 있는 만큼 논쟁적인 책임이 드러났고, 논쟁은 책의 독자들을 두 진영으로 분열시켰다: 과학적인 걸작이라고 생각한 사람들과 치명적인 결함이 있는 책이라고 생각한 사람들. 논쟁에서 최고의 입증은 저자 자신들의 말에서 찾아볼 수 있다:

> 그 책은 열광을 일으켰다. ……의회와 과학계가 그 책에 대해 토론했다. 한 주요한 석유회사가 그것을 혹평하는 일련의 광고를 후원했고, 또 다른 회사는 그것에 대한 최고의 연구를 확장하기 위해 매년 시상식을 했다. 『성장의 한계』는 약간의 격찬과 사려 깊은 많은 논평을 받았고, 좌파와 우파, 그리고 주류 경제학의 핵심 인사들로부터 모진 공격을 받았다.[6]

그 책에 동의하는 사람은 미래를 예측하는 방법으로서 컴퓨터 모형을 도입하는 연구를 환영했다. 환경운동가들은 세계의 비참한 상태에 관한 그들의 감정을 확증해준 까닭에 박수를 보냈다. 그러나 가장 치명적인 비난은 의심할 바 없이 서섹스(Sussex) 대학 정책연구소의 콜(H. S. D. Cole)과 그의 동료들이 쓴 『운명의 모형(Models of Doom)』이라는 책에서 나왔다. 14편의 비판적 논문들은 경제학, 생물학, 물리학, 심리학, 공학, 수학, 그리고 통계학 출신 학자들의 저술이었다. 그들의 논문은 야심찬 모형화 작업에 대해 약간의 찬사를 던졌고, 또한 제기되었던 지구 문제의 중요성을 인정했다. 그러나 주요한 공세는 『성장의 한계』에 대한 거의 모든 측면에 가해졌다. 서섹스 그룹은 모형의 수학적 구성뿐만 아니라 또한 그것의 데이터베이스와 이론적 기반에도 도전했다.

『운명의 모형』이 담고 있는 많은 비판들 중 가장 강력한 것은 두 가지의 핵심 문제를 다루고 있다: 모형에 있어서 기술적 변화에 대한 MIT팀의 운용과 그 연구에 개인적 편견을 개입시킨 것. 서섹스 학자들은 세계 모형이 일관되게 최후의 심판과 같은 예측을 한 것은 오로지 그 팀이 기술혁신을 통해 자연자원의 비축량을 늘리고 확장하기를 거부했기 때문이라고 말했다. 비축이 그 모형 내에 한정되었기 때문에 붕괴는 기정 사실이 되었다. 그 경우 붕괴가 일어난다면, 그것은 얼마만큼의 문제가 아니라, 오히려 언제인가의 문제이다. 서섹스 그룹은 자연자원의 비축은 개념상으로 불변의 물리적 한계를 가지는 것으로서 다루어져왔다고 말했다. 적절한 접근법은 자원의 비축을 시장에서 나오는 가격 시세 형태로 경제적 유인에 의해 조종된 기술 개선으로 증가되기 쉬운 것으로 간주하는 것이다. 실제로 메도우즈와 그의 동료들은 과학기술과 기술낙관론자들에게 너무나 가혹한 공격을 가한 것으로 판단되었다. 서섹스 그룹은 "기술 변화는 우리의 차이의 중심에 있다. 우리는 맬서스처럼 MIT그룹이 지속적인 기술 진보의 가능성을 평가절하하고 있다고 생각한다"고 말했다.[7]

두 번째 핵심점은, 아마 첫 번째 것보다 더 민감한 것일 텐데, MIT그룹 측의 개인적 편견의 가능성을 제기하는 것이었다. 서섹스 연구자들은 그 당시에 미국에서는 환경의 미래에 관해 강력한 사회적 비관주의가 있다는 것에 주목했다. 그들은 모형 설계자들이 추측건대 편파적인 정신적 모형을 객관적인 컴퓨터 모형의 부분으로 만들면서 우연히(고의가 아닌) 고조된 공공정서에

사로잡혔다고 암시했다. 그들은 MIT 모형 설계자들을 "컴퓨터를 가진 맬서스"라고 불렀다. 그리고 그들은 "맬서스 투입(Malthus-in)"은 "맬서스 결과(Malthus -out)"[8]를 낳는다고 말했다.

서섹스 집단은 보고서의 모든 지점에서 통일된 목소리로 말하지 않았다. 그들은 종종 MIT팀과 함께 했던 만큼 적절한 연구방법에 관해 자신들 가운데서도 많은 의견 차이를 드러냈다. 그럼에도 불구하고 컴퓨터 모델링은 적절한 방법론이었다는 합의가 있었다. 그러나 그 성장한계 접근법은 아니었다. 그들은 그 연구가 이해를 위해서 지식과 컴퓨터 대신에 수학을 쓰는 아주 단순한 것이었다고 말했다. 서섹스 학자들은 그 연구의 과학적 가치를 최소화하면서, "MIT팀 실적을 둘러싼 공개토론이 그들의 가장 중요한 업적"[9]이었을 뿐이라고 말했다.

『운명의 모형』의 끝 부분에서 『성장의 한계』의 4명의 저자들은 서섹스 그룹의 비난을 반박했다. 불행하게도 그 대답들 중 다수가 단지 서섹스 그룹이 시스템 역학에 "정통하지 못하며", 그들이 이해에 있어서 "혼란을 느끼고 있고", "오독, 오해 그리고 잘못 해석"함으로써 유죄판결을 내린 것이라고 말할 뿐인 보잘것없는 논의들이었다. 어떤 부분에서 MIT팀은 거만하게도 그 비판을 "서섹스 그룹이 시스템 역학 분야를 침입한 것"[10]이라고 말했다.

'과학기술의 생략'과 '개인적 편견'에 관한 두 개의 주요한 변화에 관해, MIT팀은 어떻든지 그들의 모형에 장차 발견되지 않은 과학기술체계를 포함시킬 수 있음에 난처했다고 말했다. 그러나 그들은 그 아이디어를 탐구하는 데 아무런 관심을 보이지 않는 듯 보였다. 그들의 경향은 미래의 기술 향상을 통해 적용 가능성을 탐구하기보다 차라리 현존하는 사회정치적 질서를 바꾸는 방법들을 권하고 있다. 그들의 말에 따르면, "그러나 모형 설계자나 관리인 모두로서 우리의 선입견은 지금 그러하듯이 시스템의 제약에 근거한 보다 나은 정책을 찾으며 미래에 올 수도, 오지 않을 수도 있는 기술 발달에 의존하지 않는 것이다."[11]

팀 구성원들이 맬서스주의 쪽으로 치우쳤다는 혐의에 관해, 솔직히 긍정적으로 대답했다: "우리는 사실 맬서스주의자이다." 그리고 자신들의 편견을 인정하면서, 그들은 결론을 내렸다. "따라서 모든 모형은 우세한 사회적 가치와 목적에 불가피하게 영향을 받는다. 요컨대 완벽한 모형을 구성하는 '과학적' 혹은 '객관적' 인 것은 없다."[12]

『성장의 한계』는 자연자원 결핍에 관한 여론에 상당한 영향력을 가졌는데, 그것은 가령 해럴드 바넷과 챈들러 모스의 보다 덜 예언적인 『희소성과 성장』보다도 훨씬 컸다. 사실, 후에 로마 클럽이 세계적인 연구를 했지만, 최초의 연구가 던져준 것과 같은 사회적 충격은 결코 일으키지 못했다. 어떤 것도 그것과 같을 수 없다. 그 책의 출판 후 30년 이상 지난 오늘날조차 그 연구는 여전히 하나의 전범이다. 어떤 사람에게, 『성장의 한계』는 사례로서 모방되고, 또 다른 사람에게는 거부되는 사례이다.

몇몇 요인들은 그 연구의 사회적 영향에 대해 신뢰될 수 있었다. 가령, MIT와 저자들의 제휴, 컴퓨터 모형의 비법, 그리고 훌륭히 씌어지고 전문적으로 편집된 모든 교재는 매력적인 내용에 크게 기여했다. 그러나 가장 중요한 요인은 서섹스 학자들의 관찰에서 발견된다. 1970년대 초의 사회적 사고 방식은 오직 환경의 질이 아니라, 더 중요한 것, 급속한 수정 행위의 필요성에 관해 깊은 관심을 갖고 있었다. 그리고 『성장의 한계』는 이러한 관심을 실천했다. 비록 그 책이 예비보고서로 발표되었을지라도, 그 연구의 예측과 결론은 그들이 공공염원의 열정을 부채질한 그러한 힘과 자신감으로 만들어진 것이었다.

누구도 MIT팀이 자신들이 결과물을 발표한 방식에 책임을 질 필요가 있을지 없을지 말할 수 없다. 그 연구는 예비적인 것이었고, 또 간단한 세계 모형에 근거를 두고 있었다는 사실은 자연히 그들이 실제로 최초의 연구 성과물을 과장했다는 결론에 이르게 할 것이다. 그러나 서섹스 학자들과 MIT팀 사이의 본질적 차이는 '기술낙관주의 대 기술비관주의'의 문제이다. 이 차이는 직관, 신념, 그리고 견해의 문제이기 때문에 객관적으로 결정한다는 것은 불가능하다. 물론 이것은 『성장의 한계』와 또한 맬서스주의적 생각에 대한 논쟁이 여전히 계속되는 이유이다.

　『성장의 한계』는 컴퓨터의 첨단 이용이라는 점에서 인정받아야 한다. 이전에는 컴퓨터 모형이 환경과 자연자원을 다루는 데 이같이 거대한 규모로 이용된 적이 없다. 그 당시에 대부분의 대학에서 컴퓨터 사용이 널리 보급되지 않았다는 사실을 상기하라. 컴퓨터 교육은 막 대학 교육과정에 도입되는 중이었고, 개인용 컴퓨터(PC)와 같은 현재의 과학기술이 나오기까지는 12년 이상이 더 필요했다. 물론 그 상황은 환경연구에 있어서 컴퓨터 모형의 이용에 관해서는 오늘날과는 아주 다르다. 대학과 정부, 그리고 민간부문에는 환경을 접목시킬 가능성이 많이 있다. 『성장의 한계』는 확실히 환경과학계에 유사한 문제들에 컴퓨터를 적용할 수 있는 가능성을 입증하는 데 중요한 역할을 했다.

　오늘날 환경연구를 수행하는 데 컴퓨터의 필수불가결한 역할은 시공을 가로지르는 환경 변화의 영향을 모의실험하는 능력을 가지고 있는 컴퓨터 모형의 개발에서 유래한다. 오늘날 컴퓨터가 수행하는 많은 시뮬레이션은 전통적인 실험으로서는 수행이 불가능하다. 『성장의 한계』를 전통적인 실험으로 수행하는 것은 불가능한 것이었다. 즉, 지속적인 자연자원의 수준을 유지함으로써, 그리고 인구와 자원 소비를 변경함으로써는 불가능하다. 그러나 실제 상황의 모사물을 간소화한 컴퓨터 모형의 이용은 개발될 수 있고, 대규모

실험은 효과적으로 시뮬레이션을 통해 처리될 수 있다. 물론 이들 모의실험의 신뢰도는 모형의 타당성에 의존하고 있다. 적절한 모형은 자연의 체계를 충분히 묘사하기에 충분한 균등성을 가지는 데 의존하고 있고, 좀 더 작은 규모의 실험을 통해 개발된 정확한 양적 모형 매개변수는 좀 더 작은 규모의 실험과 실제적 데이터의 비교에 의해 입증되어온 예측을 통해 발달했다.

현대의 환경 분야 저서들은 컴퓨터 모형의 적용으로 가득 차 있다. 생태 시스템에 대한 서술과 오염과 자원개발의 통제를 위한 수학적 모형과 시스템 분석의 사용에 관여한 기술 저널인 『생태학적 모델링(Ecological Modeling: 기술적인 문제를 해결하는 데 도움을 받기 위해 컴퓨터의 이미지를 이용하는 것)』이 있다. 환경 모델링에 대한 주제에는 예컨대 수문학(水文學)의 시스템, 대륙을 넘는 대기오염 이동, 산림수종 천이(遷移), 그리고 인구 증가 등이 포함되어 있다.

컴퓨터 모형은 마찬가지로 현대의 주요 과학 프로그램에서 핵심적인 역할을 했다. 가령 국가산성낙하평가 프로그램(NAPAP)에서 컴퓨터 모형은 다양한 자연 시스템에서 대기오염의 영향을 평가하기 위해 개발되었다. NAPAP는 인간과 자연계에 산성비의 영향을 탐구하고자 레이건 정부에 의해 시작된 10년 기간 5억 달러 규모의 연구 프로그램이었다. 그 연구는 표면상으로는 1990년에 대기정화법개정(미국의 대기질을 관리하는 주요한 몇 가지 법률) 통과에 앞서 입법자들에게 정보를 제공하기 위해 수행되었다. 그러나 몇몇 비평가들은 컴퓨터 모델링이 NAPAP에 지나치게 큰 역할을 했다는 데 대해 개인적으로 불평을 했다.[13] 그들은 NAPAP 연구 프로그램 결과는 컴퓨터 모델링의 결과에 의해 아주 크게 영향을 받았다고 말했다. 이들 비평가들은 컴퓨터 구동형의 계획보다 경험적인 연구를 보는 것을 선호했을 것이다. 그러나 전체적인 NAPAP의 노력을 검토해보면, 이러한 비판이 정확한 조사로 이루어진 것 같지는 않다. 사실 NAPAP의 연구는 컴퓨터 모델링을 지지하기 위해 상당한 양의 경험적 자료를 축적해두었다.

그러나 경험적 과학에 대한 대체물로서 컴퓨터 모형을 이용하는 것에 관한 불평은 타당한 관심을 불러일으킬 수 있다. 컴퓨터 모형에 기초한 방정식 시스템과 통계적 요소는 종종 비밀에 가려져 있다. 복잡한 컴퓨터 암호는 항상 과학자나 그들의 프로그래머들에게만 알려져 있다. 그러므로 제3자가 그것을 완전히 이해하기란 실제로 불가능하다. 결론적으로 많은 것이 믿고 받아들여져야만 한다. 세부적인 내용이 부족하므로 독자들은 두 가지 선택권을 가질 뿐이다: 모형산출을 받아들이거나 혹은 그것을 거부하는 것. 그리고 두 가지 입장에 대한 확고한 근거는 없다. 따라서 자연자원에 대한 컴퓨터 모델링이 결코 전에 가능하지 않았던 조사를 허용하긴 하지만, 거기에는 부수적인 문제들이 있다.

환경 컴퓨터 모형의 문제점에도 불구하고, 그것들의 발전에 후퇴는 없다. 실로 추세는 더 많은, 더 큰 모형을 지향하는 것이다. 우리 시대에 주요한 환경 문제들 중 하나인 지구온난화는 과학적 예측을 위한 컴퓨터 모델링에 크게 의존하고 있다. 지구온난화를 예측하는 데 이용된 특수한 컴퓨터 모형은 일반적인 순환모형(GCMS)으로 불린다. 전 세계에 알려진 6개의 주요한 GCMS는 대부분 대학이나 정부기관에 의해 개발되었다. 이들 모형들은 지구의 기후 시스템을 모의실험하기 위한 시도로서 수백 개의 미분방정식을 조작해야 하므로 거대한 슈퍼컴퓨터를 필요로 한다. 몇몇의 GCMS에 의해 분석된 하나의 전형적인 시나리오는 주된 온실 가스인 대기의 이산화탄소의 배증이 지구 기후에 미치는 영향이다. 배증 시나리오는 만약 인간 활동이 산림개간과 화석연료 소비를 통해 대기에 더 많은 이산화탄소를 배출한다면 기후에 어떤 변화가 일어날 것인지를 모의실험하는 데 사용된다. 예외 없이 GCMS의 주요한 예언은 지구가 이산화탄소의 배증으로 더욱 따뜻하게 될 것이라는 것이다. 하지만, 그들의 명확한 온도 예보는 엄청나게 다르다. 흥미롭게도 거대한 컴퓨터 모형의 기후예보는 계산자(slide rule)를 사용한 스웨덴의 화학자 스반테 아레니우스(Svante Arrhenius)가 1세기 전에 얻었던 것들(기후예보)과 매우 유사하다.[14] 이는 의문을 제기하게 만든다: 기술의 진보에도 불구하고, 컴퓨터가 실제로 우리에게 가져다준 것은 무엇인가?

『성장의 한계』의 주 저자인 도넬라 메도우즈는 환경을 연구하는 교수였고, 뉴햄프셔의 다트머스 대학의 맥아더와 동료였다. 그녀는 2주간의 세균성 뇌막염과의 고투 끝에 2001년 59세로 사망했다. 죽을 때까지 연구 협력자가 되었던 그녀의 전 남편인 데니스 메도우즈는 시스템 정책 교수로서 뉴햄프셔 대학의 사회정책연구소장이다. 요르겐 란더스는 정책분석가로서 노르웨이 경영대학원의 명예총장이다. 그는 노르웨이 오슬로에 산다. 제이 포레스터는 1945년 MIT로부터 과학 분야 석사학위를 받았다. 그는 시스템 역학으로 그의 관심 분야를 바꾸고 MIT의 슬로안(Sloan) 경영대학원에서 교수가 될 때까지 MIT의 디지털 컴퓨터 실험연구소 소장으로 있었다. 최초의 모형을 개발하고 MIT그룹을 이끌었던 포레스터는 현재 슬로안의 명예교수 겸 최고참 강사이다. 윌리엄 베렌스는 벨파스트 메인에 있는 녹색조합(Green Store)과 가족건강협동조합의 창립자이자 소유주이다. 그는 또한 1988년 이래로 태양발전주택 계획을 고안하고 설립하는 데 관여해왔다.

란더스와 메도우즈는 1992년에 『성장의 한계』 20주년 기념으로 『한계를 넘어(Beyond the Limits)』서라는 제목으로 유명한 연구의 새로운 버전을 출판했다. 그 책의 서언은 노벨 경제학상 수상자 얀 틴베르헨(Jan Tinbergen)에 의해 씌어졌는데, 그는 아주 흥미롭게도 "인간 발전의 현재의 행로가 그 한계를 넘어 위협하는 곳을 우리에게 보여주고 있는 이들 저자들에게" 모든 경제학자를 대신해서 감사를 표했다.[15]

그 책은 20년 전 로마 클럽의 프로젝트와 연관된 "비탄, 고독, 마음 내키지 않는 책임"에 대한 저자들의 통렬한 메시지를 담고 있다.[16] 아마 소수의 사람들은 이 같은 심한 공공적 감시의 노출이 연상되는 끔찍한 개인적 스트레스를 느낄 수도 있을 것이다. 더 새로운 연구는 좀 더 부드러운 어조를 가졌다. 몇 년이 지났고, 성찰의 시간이 있었다. 그러나 어조가 부드러워졌는지는 모르지만, 메시지는 그렇지 못했다. 저자들은 여전히 인간문명에는 성장의 한계가 있다고 생각했다. 그들이 유념했던 오염은 이미 물리적으로 지탱할 수 있는 정도를 넘어섰다. 물질과 에너지의 흐름을 현저히 축소하지 않으면 통제할 수 없는 쇠퇴가 있을 것이다. 그러나 그들이 주장한 쇠퇴는 피할 수 없는 것은 아니다. 지속가능한 사회는 여전히 기술적으로 경제적으로 실행가능하다. 그들은 말했다. "우리는 인류가 도전에 직면해 있다고 생각하고", "우리는 보다 나은 세계가 가능하고, 그리고 자연한계의 수용이 거기에 이르는 첫 걸음이라 생각한다."[17]

| 주석 |

1. Pestel, *Beyond the Limits to Growth*, p. 23.

2. Meadows et al., *Limits to Growth*, pp. 142-43.

3. Ibid.,p. 154.

4. Ibid., p. 175.

5. Ayres, "Cowboys, Cornucopians and Long-Run Sustainability," p. 190.

6. Meadows, Meadows, and Randers, *Beyond the Limits*, p. xiii.

7. Cole, Jahoda, and Pavitt, *Models of Doom*, p. 10.

8. Ibid., p. 8.

9. Ibid., p. 10.

10. Ibid., pp. 217-40, 220.

11. Ibid., p. 234.

12. Ibid., pp. 27, 235.

13. Easterbrook, *A Moment on Earth*, p. 167.

14. Ibid., p. 281.

15. Meadows, Meadows, and Randers, *Beyond the Limits*, p. xi.

16. Ibid., p. xvii.

17. Ibid., p. xvii.

15

E. F. 슈마허의 『작은 것이 아름답다』

1973년에 독일에서 태어나 옥스퍼드 대학에서 공부한 경제학자 E. F. '프리츠' 슈마허는 『작은 것이 아름답다: 인간 중심의 경제(Small is Beautiful: Economics as if People Mattered)』라는 제목의 책을 출간했다. 이 책이 출간되기 전 20년 동안 슈마허는 영국 석탄사업부에서 수석경제자문관으로 일했다. 그를 상상력이 풍부한 사고와 창의적인 글쓰기로 이끈 것이 관료적인 지위에 따른 성품이라고 생각하는 사람은 아마 없을 것이다. 그러나 슈마허가 상상력이 풍부했다는 것은 사실이다. 어떤 비평가는 "슈마허와 영국 석탄사업부는 알베르트 아인슈타인과 스위스 특허청과의 관계와 같다"[1]고 논평했다.

『작은 것이 아름답다』의 출간으로 슈마허는 별안간 지식계의 영웅이 되었고, 그의 이름은 널리 알려져 여러 학회의 구성을 촉발하는 숭배의 대상이 되었다.[2] 그 책은 영어보다는 다른 언어로 번역되어 많이 팔렸는데, 그 수는 거의 75만 권[3]에 이른다. 1995년 10월 6일 런던 『타임스』 문학판에 따르면,

『작은 것이 아름답다』는 1차 세계대전 이후 출판된 가장 영향력 있는 백 권의 책 중 하나로 선정되었다.[4] 1974년, 엘리자베스 여왕 2세는 그에게 시민 영예상인 대영제국훈장(CBE)을 수여했다. 1977년에 그의 사유는 너무나 인기를 얻어서 카터 대통령이 백악관에 그를 초대해 30분간 이야기를 나누고 『작은 것이 아름답다』를 들고서 함께 사진을 찍었다.[5]

『작은 것이 아름답다』는 대부분 수필과 강의 모음과 여러 장으로 함께 묶여 있는 논문들로 이루어져 있다. 어떤 사람들은 사실 "다소 조잡하게 기계적으로 함께 묶어놓은 것"이라고 말했지만, 그것들은 "놀랄 만한 힘, 확실한 정보와 계산에 의해 훌륭하게 뒷받침된"[6] 주제들이었다.

그것의 중심 목적은 국가경제를 조직하고 구조화하는 데 적절한 방법에 대한 고찰이었다. 슈마허는 현대인의 강박현상 — 특히 서구 자본주의하에 사는 사람들 — 은 "물질주의 철학"을 지향하면서 "자연을 강탈하고 인간을 불구로 만드는 사회 형태인 체제"[7]를 만든다고 생각했다. 그러므로 『작은 것이 아름답다』에서 슈마허는 이들 환경과 사회 문제를 피해갈 수 있는 새로운 경제체제를 찾고 있었다. 슈마허는 다음과 같이 말했다.

> 세계의 어떤 사회, 어떤 곳에도…… 물질주의에 도전하고 다른 우선순위를 앞세운 시기는 없었다…… 우리는 만약 현대세계의 파괴적인 힘이 더 많은 자원 — 부(富), 교육 그리고 연구 능력 등 — 을 결집함으로써 오염과 싸우고, 야생생물을 보전하고, 새로운 에너지원을 발견하고, 평화공존에 대한 더 효과적인 협정에 이를 수 있다고 믿는다면 그것은 진실을 외면하는 것이다…… 오늘날 가장 필요한 것은 수단이 불사하는 목표를 재수정하는 것이다…… 이것은 다른 무엇보다도 물질을 그것들의 고유하고 타당한 장소, 즉 주요한 것이 아니라 부차적

인 것이라는 지위에 물질적인 것을 두는 생활양식의 개발을 함축한
다.*

　　슈마허가 환경, 자연자원, 그리고 심지어는 사회 문제들의 일차적인 원
인으로서 자유시장적 자본주의를 표적으로 삼은 사실은 환경 문제를 해결하
는 데 있어 비효과적인 접근이라고, 특히 생태적 초점을 가진 사람들에 의해
공격받을 수 있다. 그러나 슈마허의 추론은 국가경제 시스템이 그들의 생산
과 소비 패턴을 지배했고, 그리하여 지구의 자연 시스템에 상당한 충격을 주
었다는 것이다. 따라서 환경을 보호하는 가장 좋은 방법은 경제 시스템을 바
꾸는 것이다. 이 책에 소개된 폴 에를리히, 배리 코머너, 그리고 허먼 데일리
와 같은 사람들은 환경을 보전하기 위해서는 국가경제 시스템을 바꾸어야 한
다는 이 생각을 공유했다. 그러나 프리츠 슈마허는 우리에게 그 이슈에 대한
약간 독특한 견해를 제공했다.
　　『작은 것이 아름답다』는 경제적, 생태적인 변화를 야기하는 어떤 실제
적인 수단을 제공했으나, 그것은 주로 영혼에 대한 호소였다. 그것은 권능을
부여하고, 용기를 북돋움으로써, 그리고 사회 변화의 가능성에 대한 태도를
마련해줌으로써 인간 감정에 호소했다. 사실 『작은 것이 아름답다』는 정치적
좌파에 강한 호소력을 가진 아주 정치적인 책이다. 한때 슈마허 연구회의 공
동소장이었던 커크패트릭 세일(Kirkpatrick Sale)이 그것은 마르크시즘의 "관습
적 한계 너머에"* 있는 것이라고 말할 정도였다. 세일은 다음과 같이 말했다.

　　『작은 것이 아름답다』는 1960년대 신좌파에게서 나타난 일련의 이념
　　과 일시적 충동의 철학적 표현이었다…… 미국과 다른 곳에서 수백만
　　명의 사람들은 서구 제국주의의 압력에 직면해 대안을 찾고 있었다.

그것은…… 서구사회를 탈중심화시키는 전통으로 가장 잘 묘사된, 인간의 크기로 형성된 제도의 철학이었다…… 참여민주주의에 의해 운영되고, 자연자원의 한계와 생태적 조화의 필요성을 깊이 자각하는 자급자족적 지역경제의 철학.[10]

『작은 것이 아름답다』는 4개의 주요 부문으로 나누어져 있다: "현대세계", "자원", "제3세계", 그리고 "조직과 소유권." 이들 부문들은 총 19장과 에필로그로 되어 있다. 환경, 특히 오염, 자원고갈 증가율, 그리고 인구에 관한 슈마허의 많은 관심을 내포하고 있는 것은 바로 에필로그이다.[11] 교과서의 많은 부분은 환경 문제를 피하고 인간의 보다 나은 삶의 상태, 즉 "인간 중심의 경제"를 만들기 위해 국가경제를 조직하는 수단을 다루고 있다.

제4부 1장 "불교경제학(Buddhist Economics)"은 『작은 것이 아름답다』에서 아마 가장 많이 논의된 장이다. 슈마허는 경제자문가로서 1955년 미얀마로 여행했는데, 이때 이 장의 토대를 마련했다. 그곳에 있는 동안, 그는 "불교경제학"이라 불리는 법칙을 개발했고, 거기에서 경제생산량과 사람을 존중하는 욕구를 조화시키려는 시도를 한다. 이 조화의 원리는 "정당한 생계(Right Livelihood)"[12]라는 불교의 원리에서 나온다. 이 원리는 현대기술의 편익과 함께 사회적, 종교적 가치의 융합을 요구하므로 슈마허는 이것이 사람을 돌보는 데 물질적 생산과 소비의 욕구를 조화시키는 방법을 제시해준다고 느꼈다.

인간의 욕망을 돌보는 핵심 요소는 노동의 목적을 보다 잘 이해하는 것이었다. 불교의 관점에서 슈마허는 노동의 기능이 적어도 3가지가 되도록 해야 한다고 주장했다: ①인간에게 그들의 재능을 이용하고 발전시킬 기회를 주어야 한다. ②그들을 공동의 일에 다른 사람과 함께 함으로써 자기 중심을 극복할 수 있도록 해주어야 한다. ③인간 생존을 위해 필요한 재화와 서비스를 만들어야 한다.[13] 따라서 일을 하는 동안, 노동력은 재화와 서비스를 생산해야 하지만 또한 공통된 사회적 목적을 향해 다른 사람과 함께 노력함으로써 스스로를 향상시킬 기회를 제공받아야 한다.

슈마허에 의하면, 불교경제학의 뚜렷한 특징은 '검소함'과 '비폭력'이다. 검소함에 관해 슈마허는 말하기를 "경제학자의 관점에서, 불교의 생활방식의 경이(驚異)는 완벽한 합리성을 지닌 패턴이다: 놀랄 정도로 작은 수단이 엄청나게 만족할 만한 결과를 끌어낸다. 현대 경제학자들이 이것을 이해하기는 어렵다······ [왜냐하면 경제학자는] 더 많이 소비하는 사람이 적게 소비하는 사람보다 '경제적으로 부유하다'고 늘 생각해왔기 때문이다. 불교경제학자가 보기에 이 같은 접근은 너무도 비합리적이다."[14]

자본주의와 불교경제학의 또 다른 주요한 차이는 자연자원의 배려(존중)에서의 차이에 있다: 즉, 경제적 생산 과정에 투입되는 산림, 물, 그리고 광물. 슈마허는 자유시장 경제체제 때문에 서구인은 자연자원에 대한 배려가 너무나 낮아, 살아 있는 물질을 "죽이고 파괴하고, 무자비하게 물과 나무를 다루며, 인간의 삶이 생태계에 의존하는 부분이라는 것을 전혀 자각하지 못한다"고 말한 전문가들의 견해에 동의했다. 이와 대조적으로 불교경제학자는 "모든 지각 있는 존재에 대해 심지어 나무에게조차도 경건함과 비폭력으로 대해야 함을 힘주어 강조했다."[15]

이 장을 마무리하면서 슈마허는 말하기를 "불교경제학은 경제성장이 어떤 정신적 혹은 종교적 가치보다도 훨씬 더 중요하다고 믿는 사람들에게도 권장될 수 있다." ······그것은 간단히 말하면 물질주의자의 부주의와 전통주의자의 부동성 사이의 '정당한 생계'를 찾는 중간의 길, 올바른 발전의 길을 찾는 문제이다."[16]

"불교경제학"은 책의 나머지 부분에서도 계속 전개되어 경제혁신의 3가지 주된 요소를 언급한다: ①보다 작은 기업, ②중간기술, 그리고 ③가장 바람직한 경제 시스템으로서 사회주의. 슈마허가 주장한 이 세 가지 요소의 발전과 통합은 친환경적이고 인간에 대한 특별 배려가 함께 공존하는 사회를 만들기 위해서는 필수적이었다.

보다 작은 기업의 문제는 제5부 1장 "규모의 문제(A Question of Size)"에서 확장되어 있다. 규모의 문제는 『작은 것이 아름답다』의 주요 테마다. 슈마허는 보다 작은 단위의 집합이 보다 큰 집단으로 통합되는 것은 사물의 자연질서라는 생각에 길들여졌음을 알았다: 가족은 부족이 되고, 부족은 국가가 되고, 국가는 연방을 형성하는 등. 이 같은 진화는 자연적이고 바람직한 것으로 보였다. 다른 말로 표현하면, 보다 큰 것이 더 좋은 것이다. 슈마허는 1973년까지 일반적으로 인간에게는 거대한 조직이 없으면 안 된다고 생각했다.[17]

그래서 만약 실제로 작은 것이 경제학에서 더 좋다면, 얼마나 "작아야" 충분히 작은 것인가? 이것은 확실히 타당한 질문이지만, 불행히도 슈마허의 대답은 매우 애매했다: "모든 활동에는 어느 정도의 적절한 규모가 있는데, 활동이 더욱 활발하고 친밀하면 할수록, 참가할 수 있는 사람의 수는 더 적어지며, 성립에 필요한 이 같은 관계배열의 수는 더 커진다." 슈마허는 경제활동의 적정 규모를 정의하는 다른 시도를 했다: "그것은 우리가 무엇을 하려고 할지에 달려 있다…… 우리는 옳은 것을 즉시 계산할 수 없지만, 잘못된 것에 대해서는 분명히 안다!"[18] 그러나 이것도 도움이 될 만한 이야기는 아니다. 슈마허의 경제적 규모의 문제는 아주 주관적이며, 엄격한 규칙이 아니라 감정에 더 지배받는 것으로 보인다.

중간기술의 문제는 5부 2장 "인간중심의 기술(Technology with a Human Face)" 그리고 2부 3장 "중간기술 개발을 위한 사회·경제적 문제"에서 논의되었다. 이들 장에서 슈마허는 환경과 인간생활 양자에 영향을 미치는 힘을 가진 국가경제의 중대한 구성요소로서 기술을 생각한다. 기술로서 그가 의미하는 것은 생산의 기계화였고, 그것을 수단으로 하여 인류는 소비를 위한 재화를 생산한다. 그렇게 슈마허의 신념은 기술력의 보급에 대해서는 확고해서, "우리는 현대세계가 기술로 형성되었다고 말할 수 있다"[19]고 썼을 정도였다.

기술에 관해서 슈마허는 자신이 현대의 산업화된 사회에서 본 것에 대해 찬성하지는 않았다. 그는 서구경제의 "큰" 기술이 환경을 파괴하면서 귀중한 자연자원을 황폐하게 만든 비인간적 괴물이라고 생각했다: "대량생산 기술은 본질적으로 폭력적이고, 생태적으로 해로우며, 재생가능한 자원이 아니라는 점에서 자멸적이고, 인간에게서 의미를 빼앗아가는 것이다." 더욱이 "기술은 규모, 속도 혹은 폭력이라는 견지에서 자기절제의 원리가 없다. 그러므로 그것은 자기균형, 자기조정 그리고 자정(自淨)의 힘을 지니고 있지 않다. 자연의 섬세한 시스템에서…… 현대세계의 초기술은 외계인처럼 행동하고, 현재도 수많은 거부 신호를 보내고 있다."[20]

슈마허는 현대기술의 난점이 3가지 위기를 낳았다는 데에 주목했다. 첫째, 인간본성이 인간을 질식시키고 쇠약하게 한 비인간적 기술에 대해 반발한다. 둘째, 인간의 생명을 지탱하는 생활환경이 병들어 신음하며 부분적으로 붕괴의 조짐을 보인다. 셋째, 자연자원의 소비가 너무나 많아 고갈이 예측되는 미래가 그림자처럼 불안하게 다가오고 있다.[21] 슈마허의 생각에 필요한 것은 "인간의 얼굴을 한 기술"이다. "인간의 얼굴을 한 기술"의 핵심은 기술의 물리적인 규모를 줄이는 것이다. 그의 말처럼 "인간은 작다, 그러므로 작은 것이 아름답다." 그래서 작은 기술이 또한 아름다움에 틀림없다.[22]

슈마허가 명명한 보다 작은 기술에 대한 최적 개념은 "작은 기술(small technology)"이 아니라 대신 "중간기술(intermediate technology)"[23]이다. 그는 국제노동집단을 설립하는 것을 돕기도 했는데, 덧붙여 말하자면 이 단체는 중간 규모의 기술 형태를 개발하는 수단을 검토하기 위한 중간기술 개발 그룹이라 불리며 지금도 존재한다. 슈마허의 중간기술에 대한 정의는 경제문제에서의 규모처럼 정확성이 부족하여 재고되었다. 그러나 그것은 적어도 두가지 요소로 특징지어질 수 있는 듯하다. 첫째, 기술을 구현하는 데 필요한자본의 규모가 중간이라는 것이다. 슈마허는 만약 작은 기술이 1파운드 기술이고 큰 기술이 1천 파운드 기술이면, 그 다음 중간기술은 100파운드 기술이라고 말했다.[24] 아마도 어느 정도 자의적이기는 하지만, 이 같은 유추에는 적어도 조금의 전문성은 있다. 둘째, 중간기술은 큰 기술보다 덜 복잡하고 덜정교하다. 슈마허는 쓰기를 "이 장치들은 매우 간단하고…… 현장에서 유지 및 보수에 적합하다."[25]

어떤 사람들은 슈마허의 중간기술의 제안에 이의를 제기했다. 비판가들은 그것이 열등한 기술을 가진 노동자로 하여금 강제로 일하게 함으로써 노동자들에게 심리적으로 부정적인 충격을 줄 것이라고 말했다. 중간기술은 비능률적이어서, 자원 투입에 비해 산출이 적다. 개발도상국가에서는 기업 능력이 너무 부족해 중간기술을 이용할 수 없다. 그리고 생산물은 수출하기에는 질적 수준이 낮아 적합하지 않다.[26] 그러나 중간기술에 대한 반대를 생각하면서도 슈마허는 중간기술에 대한 충실한 옹호자로 남았다: "중간기술의 적용 가능성은 비록 보편화되지는 않았지만…… 매우 널리 분포되어 있다. 만약 우리가 공적관심을 비대한 프로젝트에서 실제적인 필요성으로 돌릴 수만 있다면…… 그 싸움에 이길 수 있다."[27]

슈마허가 보다 작은 경제와 중간기술로의 이행을 위해 생각하고 있는국가경제 체제는 3부 4장 "사회주의"와 4부 "소유권"에서 논의되고 있다. 3장의 제목이 암시하는 것처럼, 그의 이상적인 경제 시스템은 정부가 생산요소를 통제하는 일종의 사회주의일 것이다. 물론 이것은 생산요소가 사유화되어 있는 자유시장 자본주의와는 대조적이다. 슈마허는 사기업은 지나치게 "무자비한 간소화"[28]를 추구하는 경향이 있다고 썼다. 다시 말해 물질적 수요에는 아주 잘 대비할 수 있지만, 민간 기업은 인간과 환경욕구의 전체적 스펙트럼을 적절히 고려하는 이익에는 아주 편협하게 초점을 두었다. 그가 생각한 사회주의는 경제학에 인간의 얼굴을 제공하는, 즉, 인간 중심의 경제학이었다. 슈마허는 적절한 경제체제의 역할과 중요성에 대한 그의 입장을 다음과 같이 요약했다:

> 문제가 되는 것은 경제 상태가 아니라 문화이고, 생활수준이 아니라 삶의 질이다…… 문화와 삶의 질은 오늘날 이 시스템[자본주의자]에 의해서는 단지 저하될 뿐이다. 사회주의자들은 보다 민주적이고 품위 있는 산업관리 시스템, 보다 인간적인 기계의 이용, 그리고 인간의 독창성과 노력의 성과를 보다 이지적으로 활용, 발전시키기 위해…… 국영기업을 주장하고 있다.[29]

여전히 많은 사람들이 슈마허의 보다 작은 경제, 중간기술, 그리고 사회주의 신념을 공유한다. 그의 사상의 대중성은 『작은 것이 아름답다』의 대량판매와 그의 철학에 대한 지속적인 연구로 입증되었다. 그러나 여러 면에서 과거 30여 년간의 성과는 그의 견해에 약간의 의구심을 불러일으켰다. 16장에서 논의되겠지만, 공산주의와 사회주의 경제에서 환경 문제에 대한 기록은 결코 중요시되지 않았다. 구소련 위성국의 대기와 수질오염 문제는 지역적 재난에 불과했다. 더군다나 서구자본주의는 체르노빌 핵 참사와 같은 어떤 환경적인 비극을 낳지 않았다.

따라서 비록 『작은 것이 아름답다』의 신봉자들은 인정하기 싫겠지만, 환경을 깨끗하게 하기 위해 국가 소유 권력에 대한 슈마허의 자신만만한 평가는 조급한 것처럼 보였다. 나아가 그가 환경 악화에 대해 경제학자들을 비난한 것은 현존하는 죄에 대해 비난하는 설교자의 태도에 가까운 것이었다. 5장에서 언급한 것처럼, 환경경제학자들은 시장 실패로 인해 자유시장체제가 환경적 불안에서 자유롭지 못하다는 것을 오래 전부터 알고 있었다. 반면 자유시장 경제학자들은 민주적으로 통치되는 국가 안에서 일하면서 공산주의자와 사회주의 지도자들이 결코 생각하지 못했던 환경보호법 발전에 기여했다. 그러나 이런 단점들에도 불구하고, 슈마허의 중간기술이라는 혁신적인 아이디어는 개발도상국의 삶을 개선하기 위해 일한 많은 사람들에게 영감을 불러일으켰다.

1966년, 런던 대학과 뉴욕 사회연구소의 사회–역사학자이며 명예교수인 홉스봄(E. J. Hobsbawm)은 세계의 가능한 미래국가 모형으로서 "작고 아름다운 것"을 연구한 논문을 발표했다. 홉스봄은 슈마허주의 철학과 반대로 국가의 문제는 국가의 규모를 줄여서 쉽게 사라지는 것이 아니라고 결론을 내렸다. "보다 작은" 장치는 의사결정자와 국민과의 거리를 줄여줄 수 있지만, 현존하는 국가를 좀 더 작은 단위로 쪼개는 것은 오늘날 세계 문제에 확실한 해결을 제공하지 못한다. 실제로 홉스봄은 좀 더 작은 국가는 현대의 문제들 특히 지구자연의 문제들을 다룰 수 없다고 썼다. 작은 국가가 특히 비능률적이기 쉬운 유형의 문제는 지구 생태적 환경 문제이다. 이 경우에 그 해결은 종종 단일 국가의 힘을 벗어나 있다. 그보다 홉스봄은 세계가 장기적으로 보아 작은 국가를 약화시킬 수 있는 유엔과 같은 초국가적인 조직에 의존해야 한다고 주장했다.[30]

그의 삶을 살펴보면, 친구들에게 "프리츠"라고 통한 슈마허는 1911년 독일 본에서 전통적인 학자 집안에서 태어났다. 딸 바바라 우드(Barbara Wood)의 슈마허에 관한 전기 『슈마허: 그의 삶과 사상』에 따르면 그는 재능 있는 학생이었다.[31] 1930년 그는 독일 대표로 옥스퍼드 뉴 칼리지의 로즈 장학생(Rhodes scholar)으로 선발되었다. 2년 후에 그는 미국을 처음 여행했고, 그곳에서 한동안 살았다. 1934년 독일에서의 국가사회주의의 점차적인 상승을 염려해 뉴욕을 떠나 독일로 돌아왔다. 1936년 나중에 그의 본거지가 된 영국에 정착하기 위해 아내와 함께 독일을 떠났다.

2차 세계대전이 이미 시작되었고, 반독일 감정이 고조되고 있었기 때문에 슈마허는 농장 노동자로 일할 수밖에 없었다. 그 시기에 그는 아내와 갓난아들과 함께 3개월 동안 강제수용소에 억류되었다. 그는 훗날 수용소에서 보낸 시간이 생생한 대학교육을 받을 수 있었던 시기였다고 생각했다. 왜냐하면 생각하는 자가 실천가가 된 곳이 바로 그곳이었기 때문이다.

1946년 영국 시민이 된 이후 그는 영국 통제위원회의 일원으로서 서독으로 가게 되었다. 1949년 말, 슈마허는 영국 전국석탄사업부 경제자문가가 되었다. 그 뒤 20년 동안 그는 그 기관에서 경제자문위원장으로 일했다. 그는 늘어가는 가족을 위해 서리(Surrey)에 큰 정원을 가진 집을 마련했다. 이것은 그에게 또 다른 인생의 전환점이 되었다. 그는 정원 가꾸기에 매료되어 토양협회에 참석해 유기재배 원예의 열렬한 옹호자가 되었다.

1950년대에 슈마허는 불교와 노장철학 그리고 마하트마 간디의 비폭력철학을 공부했다. 1955년, 그는 버마(현재 미얀마)에서 유엔의 일을 하게 되었다. 그곳에서 보낸 시기는 "불교경제학"이 입증하듯이 그의 사상에 영구적인 영향을 미쳤다. 슈마허는 세계 발전을 위한 적절하고 적합한 경제학 모형인 물질주의와 전통주의 사이의 중간 방법에 대한 확신에 차서 버마로부터 돌아왔다. 그 길을 모색하고 옹호하는 데 그는 나머지 생을 바쳤다.

1961년 인도에서 슈마허는 아대륙(亞大陸,인도 및 그린란드 등)의 뼈에 사무치는 가난을 처음 폭로했다. 그는 가난을 개선하기 위해 필요한 것은 농촌 지역에서 전통적으로 이용된 기술보다는 좀 더 생산적이고 효율적인 기술이지만, 서구의 기술보다는 좀 더 간단하고 덜 자본집약적인 것이라고 주장했다. 그리하여 그의 중간기술의 개념이 형성되었다. 1973년 『작은 것이 아름답다』의 출판으로 슈마허의 지위는 완전히 달라졌다. 그는 북미로 여러 번 여행을 했고, 그곳 사람들은 비산업화된 지역과 산업화된 서구세계에 똑같이 적용될 수 있는 중간기술과 규모의 경제에 대한 그의 메시지에 주목했다. 프리츠 슈마허는 1977년 사망할 때까지 자신의 책이 안겨준 명예와 부수적으로 생긴 지적 도전을 즐기며 살았다.

| 주석 |

1. John McClaughry, foreword to the 1989 edition of Schumacher, *Small is Beautiful*, p. xiii.
2. Ibid.
3. Cover notes to the 1989 edition of *Small is Beautiful*.
4. Wikipedia 온라인 백과사전, s.v. "E.F. 슈마허, http://en.wikipedia.org/wiki/ (2005년 1월 6일 입수).
5. Joseph Pearce, "The Education of E.F. Schumacher," 온라인 논문, http://www.godspy.com/issues/The-Education-and-Catholic-Conversion-of-E-F-Schumacher-by-Joseph-Pearce.cfm (accessed January 10, 2005).
6. Comment from the London *Times Literary Supplement* quoted by McClaughry in the foreword to the 1989 edition of *Small is Beautiful*, p. xiii.
7. Schumacher, *Small is Beautiful*, p. 313 (page numbers refer to 1989 ed.).
8. Ibid., pp. 314-15.
9. Kirkpatrick Sale, foreword to the 1989 edition of *Small is Beautiful*, pp.xix.xxi.
10. Ibid., p. xxi.
11. Schumacher, *Small is Beautiful*, pp. 315-16.
12. Ibid., p. 56.
13. Ibid., p. 58.
14. Ibid., pp. 59-60.
15. Ibid., p. 63.
16. Ibid., p. 66.
17. Ibid., pp. 67, 68.
18. Ibid., pp. 70, 71.
19. Ibid., pp. 155.
20. Ibid., pp. 163, 156.
21. Ibid., p. 156.
22. Ibid., pp. 155, 169.
23. Ibid., p. 181.
24. Ibid., p. 190.
25. Ibid., p. 191.
26. Ibid., pp. 195-96.

27. Ibid., pp. 198-99.

28. Ibid., p. 273.

29. Ibid., p. 278

30. Hobsbawm, "Future of the State."

31. 여기에 제시된 자전적 자료는 E. F. 슈마허 학회(Schumacher Society)의 웹사이트로부터 나왔고, http://www.schumachersociety.org, (2005년 1월 18일 입수), 그것은 그의 딸 Barbara Wood가 쓴 『E. F. 슈마허: 그의 삶과 사상』이라는 그의 전기로부터 차례로 뽑았다.

16
아느 네스와 심층생태운동

1973년 노르웨이 철학자 아느 네스(Arne Naess)는 「표층생태운동과 장기적인 심층생태운동」이란 제목의 논문을 썼다. 루마니아의 수도 부쿠레슈티에서 강의하기 1년 전 착상된 이 논문은 커다란 사회적 영향을 끼쳤다. 향후 20년 동안 심층생태운동(Deep Ecology Movement)은 국가정치에 영향력을 행사해 세계 언론의 표제가 되어 큰 주목을 받게 된다. 그 과정에서 그것은 또한 현대 환경주의에 있어 가장 논쟁적 부문이 — 상당한 "급진적 편향주의자"[1] — 된다.

아느 네스는 인생의 대부분을 오슬로 대학에서 보냈다. 그는 그곳에서 1936년 교수가 되었고, 흥미를 가졌던 생태학적 문제에 몰두하기 위해 1969년 교수직을 그만두었다. 대학에 재직하는 동안, 그의 학문적 관심은 의미론, 과학철학, 그리고 스피노자와 간디의 철학에 맞추어졌다. 그는 철학에 관련된 다양한 주제로 많은 책과 논문(그의 말로는, "너무 많이"[2])을 썼다. 1982년 70

번째 생일을 맞이해 그의 동료들은 철학에 대한 네스의 많은 지적인 기여를 기리기 위해 『회의적 경이 속에서(In Skeptical Wonder)』라고 제목을 붙인 책을 출판했다.[3] 그는 또한 대학 교육에서 철학의 중요성과 사상의 역사를 강조함으로써 노르웨이의 차원 높은 교육체계에 실질적인 기여를 했다는 인정을 받았다. 학구적 관심과 더불어 네스는 또한 히말라야 정상에 오른 야외 스포츠 애호가이자 노련한 등산가였다.

경력을 시작하면서 네스는 철학이 환경 문제와 같은 세계 문제에 적용되어야 한다는 주장을 통해 논쟁을 불러일으켰다. 그는 지구 환경오염에 의한 생태계 대변동이라는 절박한 위협을 경감시키는 수단으로서 생태학에 철학의 적용을 탐구한 그의 동료 데이비드 로텐버그(David Rothenberg)에게서 자극을 받았다. 따라서 아느 네스의 생태철학에 대한 관심은 단순히 지식 자체를 위해서가 아니라, 행위로 연결되는 지식을 위함이다.[4] 네스는 환경적 목표를 달성하기 위해 그 중요성을 설명할 뿐 아니라 실천하기도 했다. 노르웨이에서 언젠가 당국이 댐을 건설하는 계획을 포기하기로 약속할 때까지, 그는 자신을 피오르드(fjord, 높은 절벽 사이에 깊숙이 들어간 峽灣) 낭떠러지에 묶은 적도 있었다.[5]

1973년 논문 「표층생태운동과 장기적인 심층생태운동」에서 그는 환경에 관한 최근의 새로운 관심의 출현으로 생태학자들이 두 개의 분리된 운동으로 나뉘었다는 점을 유념하면서 시작했다. 첫 번째의 비교적 잘 알려진 운동을 그는 '표층생태론(shallow ecology)' 이라 불렀다. 이것의 중심 목표는 선진국 사람들의 건강과 풍요를 향상시키기 위해 오염과 자원 고갈에 맞서싸우는 것이었다. 이것은 아주 영향력이 큰 운동이었다. 그러나 불행하게도 표층생태론의 지배로 인해 우리 사회를 위한 환경적 메시지는 "왜곡되고 오용"[6] 되었다.

따라서 또 다른 생태학 운동이 일어났는데, 이 운동의 목적은 표층생태론의 실패를 바로잡는 것이었다. 이 두 번째 운동을 아느 네스는 '심층생태운동'이라 칭했다. 표층생태운동의 협소한 초점과는 반대로(즉, 선진국들을 위해 환경오염과 자원 고갈을 줄임으로써), 네스는 심층생태론이 7가지 특성으로 구성된 보다 넓은 임무를 가진다고 말했다. 첫째, 심층생태론은 "관계적인 전체 장의 이미지(the relational, total field image)"를 지지하는 환경주의로 전통적인 "환경 안에서의 인간 접근"을 거부했다.[7] 따라서 심층생태론은 인간에 한정된 유기체가 아닌 생태계의 유기체들 사이의 모든 상호관계를 동등하게 강조했다. 두 번째 특성은 생태계 내의 모든 유기체들은 보호와 생활-공간의 요건에 있어서 동등한 권한을 가진다는 생물평등주의(biological egalitarianism)이다. 세 번째는 새로운 생활양식과 다양한 형태를 고양시키는 다양성과 공생의 원리이다. 심층생태론의 네 번째 특성은 반계급적 입장이다. 진화를 제외한 어떠한 유기체도 다른 것을 지배해서는 안 된다. 선진국도 마찬가지로 개발도상국가를 억압해서는 안 된다. 다섯 번째 특성은 환경오염과 자원 고갈에 반대해 투쟁하는 결정이다. 그러나 이것이 심층생태론의 목적이었지만, 네스는 그것이 운동의 단 하나의 초점이 되어서는 안 된다고 경고했다. 여섯 번째, 심층생태론은 복잡성(complexity)과 뒤얽힘(complication)을 구별한다. 복잡성은 인간들에 의해 장려되고 연구되는 생태계의 건전하고 자연스러운 특성이다. 이에 반해 뒤얽힘(분규)은 복잡성에 대한 보다 나은 이해를 돕는 계획이 없는 사회의 결과로서 바람직하지 못하다. 심층생태학의 마지막 일곱 번째 특성은 지역적인 자율성과 분권화를 강조한다. 지방자치 정부는 "멀리서부터의 영향(influences from afar)"[8]에 반대하는 최적의 보호수단으로서 장려되어야 한다.

아느 네스 논문의 목적은 심층생태학의 명확한 특징들을 발전시키는 것이었다. 하지만 살펴본 것처럼 이들 특징의 정확한 의미는 특히 분명하지 못했다. 네스 자신도 "만약 확실한 목표가 설정되었을 때 엄밀성이 지지받을 수 있다고 한다면, 위에서 언급한 7가지 요점 안에서 공식화된 많은 것들은 다소 모호한 일반화이다"라고 말하면서, 그것을 인정했다. 게다가 이들 원칙들은 과학으로부터 발전된 것도 아니고 또한 논리학이나 연역에 의해 발전된 것도 아니라고 네스는 말했다. 대신, 모호한 숨은 말 속에서 그는 이 원칙들은 "생태학적 현장연구자의 생태학적 지식과 생활양식"[9]에 의해 "제안되고 고취되었던" 것들이라고 말했다. 또한 네스는 그 특성들이 규범적이었기 때문에 — 즉, 그들은 있었던 것을 설명하기보다는 오히려 어떻게 되어야 한다는 것을 규정했다 — 그것들은 "간과될 수 없는 강력한 정치적 잠재력을 가졌고, 오염과 자원 고갈과는 거의 관련이 없다"[10]는 점을 주목했다. 끝으로 그는 환경주의의 중요한 기여는 과학적으로 끌어낸 사실과 생태학의 원리에 있는 것이 아니라, 생태철학의 발전, 혹은 그의 표현으로는 "생태지혜(ecosophy)"에 있다. 생태지혜의 가치는 그것이 "지혜"로 받아들여진 부분인 인간의 규범적인 신념을 형성하는 수단을 제공했다는 것이었다.[11]

1976년 원래의 논문이 나오고 3년이 되던 해, 네스는 『생태주의, 공동체, 그리고 생활양식(Ecology, Community, and Lifestyle)』[12]이란 제목의 책을 출간했다. 노르웨이에서 쓴 이 책은 원래의 논문에 담겨 있던 사상을 확장했다. 1985년, 네스의 두 지지자인 빌 드볼(Bill Devall)과 조지 세션즈(George Sessions)는 『심층생태론』이란 제목의 다른 중요한 책을 썼다. 1989년, 『생태주의, 공동체, 그리고 생활양식』은 마침내 네스의 지도 아래 연구한 철학자 데이비드 로텐버그에 의해 영어로 번역되었다. 『생태주의, 공동체, 그리고 생활양식』과 『심층생태론』은 두 프로젝트에 네스가 관여했던 까닭에 초기 가장 권위 있는 저작으로 남아 있다.

『심층생태론』은 심층생태운동의 구성원을 위한 행동 지침으로 제공된 8가지 기본 원리를 내놓았다.[13] 데스 계곡(Death Valley)에서 캠프를 하는 동안 네스와 세션즈에 의해 우연히 개발된 이 원리들은 다음과 같이 요약 된다:

1. 인간과 그 이외의 모든 생명체는 협의의 인간적 목적에서 나오는 유용성과 별개로 본질적이고 내재적인 가치를 갖는다.
2. 생명의 풍요로움과 다양성은 그것 자체로 가치를 갖는다.
3. 인간은 자신의 생명 유지를 위한 필요를 충족시키는 것을 제외하고는 이 풍요로움과 다양성을 축소시킬 권리가 없다.
4. 인간과 그 외의 생명체의 번성은 인구의 실질적인 감소를 요구한다.
5. 인간이 아닌 다른 생물계에 대한 인간의 간섭은 과도하며, 상황은 급속도로 악화되고 있다.
6. 미래의 경제적, 기술적, 이념적인 정책들은 현재의 것들과 크게 달라야 한다.
7. 요구되는 이데올로기의 변화는 주로 경제성장보다는 삶의 질을 음미하는 변화이다.
8. 앞서 말한 이 점들에 동의한 사람들은 이들 변화를 이행할 의무를 갖는다.

이 원리들은 부분적으로 아느 네스가 12년 앞서 그의 최초의 논문에서 개요를 세웠던 요점들을 다듬은 것이었다. 원래 논문의 사상과 함께 이 최후의 원리들은 환경에 대한 인간의 관계 변화를 위한 다양한 사상을 소개한다. 이 다양성 안에는 생명중심주의와 자아실현이라는 두 가지 기본적인 테마가 있다.[14]

생명중심주의는 "생물권 내에 있는 모든 것은 살아가고 번성할 동등한 권리를 가지고 있다"는 신념이다. 생명중심주의적 관점을 획득하기 위한 열쇠는 "경계란 없으며 모든 것은 상호관련되어 있다는 것을 깨닫는 것이다."[15] 생명중심주의는 종종 인간중심주의 개념에 대비되어왔다. 인간중심주의는 자연 안에 있는 모든 생명의 가치는 인간의 가치로부터 나온다는 전통적인 서구문화의 생각이다. 심층생태학자에 의한 생명중심주의의 강조는 결국 생태중심주의의 강조로 서서히 발전하게 된다.[16] 1장에서 논의된 것처럼, 생태중심주의는 자연 속에 무생물뿐만 아니라 생물을 위한 폭넓은 생태학적 관심을 나타낸다.

철학교수이자 지리학자인 왓슨(Richard A. Watson)은 그것이 실제로 진정한 생명중심주의가 아니라는 이유로, 아느 네스와 다른 심층생태학자에 의해 지지된 생명중심주의의 특수한 브랜드를 비판했다. 그에 따르면, 그것은 실제로 환경을 다루는 데 순전한 무간섭─자연접근법이다. 왓슨은 순수한 생명중심의 평등주의 윤리는 인간의 행위에 대해서처럼 어떤 다른 동물의 행위에 대해서도 구속을 가할 수 없다고 주장했다. 그러나 완전히 통제되지 않은 행위는 환경 파괴로 이어질 수 있고, 그로 인해 인간을 파멸로 이끌지도 모른다. 따라서 왓슨은 생명중심주의가 아니라, 인간 생존의 이기심이 환경 파괴에 대한 최선의 보호라고 결론을 내렸다.[17] 이 같은 비판에 대한 응답으로 아느 네스는 인간을 자연으로부터 떨어져 있어야 한다고 주장한 것은 아니라고 말했다.[18] 심층생태론의 생명중심주의는 지구상에 있는 모든 생물은 인간이 존중해야만 하는 타고난 가치 ─ 즉, 인간의 판단으로부터 독립적인 가치 ─ 를 가진다고 주장했다.

생명중심주의에 대한 또 다른 비판가인 스피틀러(Gene Spitler)는 정말로 생명중심적 관점의 적용이 인격적 관점에서 가능한 것인지 의심했다. 그가 말하는 어려움은 인간들이 스스로를 인간중심주의의 관점 바깥에 둘 수 없다는 것이었다. 그는 우리가 자연에 대한 우리 자신의 인간적 해석에 제한되어 있어서 인간의 욕구와 필요의 틀 안에서만 자연세계를 생각할 수 있을 뿐이라고 주장했다. 기껏해야 우리는 우리 자신의 어떤 필요와 욕망을 충족하기 위해 불가피하게 구조화된 생명중심적 관점의 인간주의적 해석에 따를 수 있을 뿐이다. 폴 테일러(Paul W. Taylor)는 스피틀러의 관점이 논리적으로 옳다고 말했다. 우리는 세상을 보는 방법에 대해 말할 때마다, 인간이 관찰하고 있다는 것을 은연중에 생각한다.[19] 따라서 가치에 대한 모든 표현은 인간주의적인 것이다. 그러나 테일러는 또한 우리는 생명중심주의의 실제적 중요성을 명심해야만 한다고 말했다: 생명중심주의는 인간이 동일한 존중심을 가지고 다른 생명체를 보도록 한다. 테일러의 요점은 잘 받아들여졌지만, 생명중심주의가 인간적 가치에 대해 고민하고 있는 인간의 구성체라는 스피틀러의 요점 또한 마찬가지다. 그 한 예로서 생명중심주의는 대중의 동의를 결여한 방법들로서 환경자원을 "보호하기" 위한 일방적인 이론적 해석으로 이용될 수 있다.

드볼과 세션즈에 따르면 두 번째 주제인 자아실현의 목적은 "우리의 협소한 동시대의 문화적 가정과 가치, 그리고 우리가 갖고 있는 시공(時空)에 대한 통념을 넘어 바라보는" 것이었다. 그리고 이 개화된 상태를 달성하는 최선의 방법은 "명상적인 깊은 탐구의 과정"[20]에 있다. 사실 자아실현은 아느 네스의 심층생태론에서 핵심적이다. 네스의 목적은 심층생태론의 신봉자들이 전통적인 인간중심주의의 서구적 가치를 거부하고 새로운 가치를 정의하는 데 "자아"를 이용하는 것이다. 우리가 들어왔던 과학은 자아실현을 위해서는 필요하지 않다. 논리학, 연역적 추론, 특정한 개념, 명쾌한 의미 그 어느 것도 아니다. 요구되는 모든 것은 명상적인 사고, 지방정부의 통제, 그리고 어떻게 되어야 한다는 당위적인 것에 관한 직관적 행위 등이다.

네스에 따르면 자아실현의 이 과정은 환경에 관한 행위로서의 개인적 지침으로 이용되어 결국 생태지혜에 이른다(덧붙여 말하자면, 네스가 "생태지혜 T"라고 불렀던 개인적 생태철학은 그 자신의 "오랜 자연 속의 생활을 통해서 개발된 직관"[21]으로부터 나왔다). 그러나 만약 "자아"가 아직 그 자체 생태지혜로 발전할 준비가 되어 있지 않을 경우, 심층생태학자는 수수께끼 같은 "생태학적 현장 연구가"의 관점에 의존할 수 있다. "생태학적 현장연구가"는 앞에서 언급한 심층생태학의 7가지 특성과 8가지 기본 원리의 형태 속에서 대안적 생태지혜를 "자아"에게 제공했다.

생태지혜의 발전은 권위 있는 출처로부터 나온 사실과 정보를 획득하는 전통적인 감각에서 지식을 얻고 평가하는 것과는 아무 관련이 없었다. 생태지혜를 형성하는 데 어떠한 과학, 논리, 연역도 필요하지 않음을 상기하라. 간단히 말하면, 자아실현의 과정이 그 스스로 지혜를 낳기 때문에 속된 지혜를 의지할 필요가 없다. 그리고 다른 사람들이 이 자아를 일으키는 지혜에 대한 신뢰를 의심하지 않도록 참된 신봉자는 "생태지혜"라는 타이틀을 준다.

따라서 생태지혜는 사람들의 직관을 통해 개인에게 사회적 변화의 책임을 지운다. 그리고 이 변화가 환경 문제에 제한될 필요는 없다. 아느 네스가 그의 최초 논문에서 "오염과 자원 고갈과 거의 관련이 없는" 강력한 정치적 잠재력이 있다고 말한 것을 상기하라. 그 가능성은 생태지혜가 절대적으로 환경과 아무 관련이 없는 정치적 목표의 달성을 합리화하는 데 이용될 수 있다는 것이다. 이 같은 맥락에서 심층생태학은 무엇이 잠재적으로 문제를 야기하는 메시지인가를 전한다. 그것은 전통적인 가치와 민주적인 과정을 넘어 개인적 견해의 개진을 촉진한다. 나아가 그것은 "환경"이 아무 관련 없는 정치적 목표를 달성하기 위한 매개물에 지나지 않을 것이라는 가능성을 열어주고 있다.

1970년 중반 여성과 자연 둘 사이의 연관에 대해 탐구하기 위해 나타난

운동인 생태여성주의(ecofeminism)의 신봉자인, 생태여성주의자들(ecofemi-nists)은 심층생태론에서의 평등화에 대한 부차적인 비판을 했다. 생태여성주의란 용어는 지구를 구원하기 위한 생태혁명을 이끈 여성이라고 불린 프랑스 작가 프랑수아즈 드본느(Francoise d'Eaubonne)가 지었다. 생태여성주의자들에 따르면, 아느 네스의 1973년 논문에서의 남자(man)라는 단어의 용법은 의미론적 혹은 성차별주의적인 것 이상이었다.[22] 그와 대개의 심층생태학자들은 남자에 의한 자연의 지배와 남자에 의한 여성의 지배 사이의 연결을 파악하는 데 실패했다. 나아가 심층생태학의 생명중심주의 초점은 남성중심주의 현상(즉, 남성중심적으로 된 사회의 경향)을 무시한다. 환경 파괴적인 주요한 두 가지 행위인, 과학과 기술 양자를 통제해온 것은 여성이 아니라 남성이다. 생태여성주의자들은 이 문제가 단순히 말의 변화로 해결될 수 있는 것이 아니라고 주장했다. 그보다는 여성에게 과학과 문화의 발전에 있어 동등한 역할이 주어져야 한다.

1980년대에는 하나의 통렬한 논쟁이 또한 사회생태주의자 머레이 북친(Murray Bookchin)과 심층생태학자들 사이에서 전개되었다. 주로 북친과 연계된 환경철학의 한 분파로서 사회생태론(Social ecology)은 환경 악화가 자연에 대한 인간의 지배와 다른 인간에 대한 인간의 지배의 결과라고 주장한다. 그러므로 환경 문제를 해결하기 위해서 사회는 그 자체 내에 지배와 압제의 패턴을 규명, 분석하고 공평함에 대한 철학적 중요성의 관점에서 이들 패턴을 평가해야 한다. 사회생태론과 심층생태론의 불화에 관해 북친은 심층생태론은 압제적이고 인간을 싫어하는 철학이라고 주장했다. 심층생태론자들은 사회생태론이 인간중심적이고 잘못된 방식으로 인간을 고차원의 생명체로서 옹호한다는 점에 반대했다.[23]

아느 네스의 의도처럼, 심층생태운동은 소위 녹색정치 혹은 생태정치학에 대한 관심을 자극시켰다. 네스는 심층생태론이 정치적 변화를 위한 잠재력을 가졌다는 것을 알았다. 더욱이 그는 정치적 행동주의가 심층생태론에 중요하며, 그것의 목표가 "정치의 변화 없이는 도달할 수 없다"[24]고 느꼈다. 그러므로 심층생태운동을 지지하는 모든 사람이 정치적 활동에 종사해야 한다는 것은 피할 수 없는 것이며 바람직한 것이다.

아느 네스는 심층생태론의 지지자들은 대개 자신들의 생태적·정치적 목적을 달성하기 위해 비폭력적 무정부주의를 찬성할 거라고 느꼈다. 개인적 생태지혜와 지역적, 개별적 통제에 강조점을 두는 심층생태론은 위계적 지배 권위에 의해 통제되는 것보다는 자치와 더 양립된다. 그러나 심층생태론의 관심을 급속히 증진시키기 위해, 네스는 현존 정당의 생태적 지향을 새롭게 설정하거나 혹은 새로운 "녹색"정당을 만들 필요가 있다고 생각했다. 현존 정당에 관해 네스는 공산주의든 사회주의든 "녹색"에 대한 최상의 적합성은 "빨강"이라고 말했다. 공산주의와 사회주의 둘 중에서 — 네스가 선호한 시스템은 사회주의였을 것이다. 하여튼 심층생태론은 확실히 자본주의보다는 공산주의와 사회주의의 철학적 목표와 더 유사했다. 가령, 녹색과 빨강은 둘다 사회적 책임을 강조하고, 평등을 지지하며, 위계적인 구조를 반대하고, 통제되지 않는 시장경제의 무절제와 투쟁한다. 네스는 "생태학적 목적을 위한 가장 훌륭한 연구가 중 몇 사람은 사회주의자 캠프로부터 나왔다는 것은 분명하다"고 말했다.[25]

심층생태론과 네스가 "빨강" 정치라고 기술한 것과의 상호친화감은 심층생태론자들 가운데 맬서스주의적 가설의 이원론적 관점을 상기시킨다. 영국 대학의 강사이며 마르크스주의자인 데이비드 페퍼(David Pepper)는 맬서스의 철학과 심층생태론의 관계에 대해 썼다.[26] 페퍼의 논의는 심층생태론의 철학은 단지 부분적으로 맬서스주의자의 가설을 지지하고 있다는 것이었다.

두 철학은 인구 성장과 자원희소성이 중대한 생태 문제라는 데 동의한다. 양자는 인구 증가가 제한되어야 하고, 그렇지 않으면 지구에 재앙이 들이닥칠 것이라고 주장했다. 그러나 페퍼는 또한 자원희소성의 문제를 연구하는 자본주의자 경제이론을 맬서스적으로 이용하는 것은 마르크스주의자—사회주의자에 의존한 심층생태론자에게는 파문과 같은 것이었다고 말했다. 이와 유사하게, 네스는 맬서스주의적 이론을 자신의 생태적 사고와 비교하면서 동일한 부분적인 양립 가능성을 확인했다.[27]

그러나 어떤 사람들은 맬서스주의가 인간중심주의—생명중심주의의 이분법 때문에 심층생태론과는 완전히 분리된 것이라고 주장하곤 했다. 존 스튜어트 밀과 신고전주의자들의 이론 및 맬서스의 이론은 확실히 인간중심적 관점을 가지고 있다. 자연자원과 환경 문제의 중대성은 그들이 자원을 보존하거나 인간 이외의 생물을 위해 환경을 보호할 필요에 의한 것이 아니라, 인간을 위한 유용성에 따라 판단된다. 심층생태론의 생명중심적인 관점은 분명히 맬서스가 결코 받아들일 수 없는 시각이다. 심층생태론으로부터 맬서스주의의 완전한 분리 가능성은 인간이 진실로 생명중심주의적 관점을 채택할 수 없다는 스피틀러의 관찰 결과에 의해 증명되었다. 최종 분석에서 환경가치에 대한 모든 인간의 분절된 표현은 인간의 가치를 반영한다.

1970년대 이래, 선진 세계의 수많은 국가들의 녹색정당이 아느 네스의 심층생태론을 그들의 기반으로 삼아왔다. 이들 중 첫 번째는 1973년 영국에서 설립되었다. 잇달아 벨기에, 호주, 프랑스, 이탈리아, 스웨덴, 스위스, 오스트리아, 아일랜드, 룩셈부르크, 네덜란드, 그리고 서독에 녹색당이 설립되었다. 정치적으로 가장 강력한 녹색당이 있던 곳은 서독으로 인식되었다. 1987년, 서독 녹색당은 — 당원 중 많은 사람들이 마르크스주의자들이었다 — 국민투표의 8%를 획득했고, 주(州)나 지방 수준에서는 훨씬 더 높은 퍼센트를 획득했다.[28] 1980년 호주 선거에서, 녹색당은 노동당의 승리에 핵심적인 역할을 했다고 전해진다.[29] 세계 여러 곳에서의 녹색당의 성공에 비해, 미국의 녹색당은 결코 대중으로 확산되지 못했다. 이것은 미국의 양대 정당에 경쟁할 만한 제3당의 어려움과 녹색당이 공익에 대한 관심을 결여하고 있는 탓으로 진단된다.

성공적이었던 녹색정치는 종종 정치적 쇼맨십이나 논쟁으로 특징지어진다. 서독 녹색당은 처음으로 연방의회로 들어가면서 산성비로 시든 나뭇잎 조각을 흔드는 극적인 효과를 연출했다. 때때로 그들의 정치적 집회는 폭력의 흔적을 남겼다. 1976년, 원자력 발전 계획에 반대하는 시위에서 서독 경찰은 녹색당 시위자 4만 명에게 최루탄을 발사했고, 그들은 이에 대항해 굵은 밧줄과 갈고리로 핵부지 주위의 울타리를 부수었다.[30] 15,000 명의 녹색당 지지자들이 본(Bonn)에 모인 1979년에는 시위가 최고조에 이르면서, 마찬가지로 격렬한 시위가 독일의 다른 도시에서도 연이어 일어났고, 마침내 독일연방공화국의 역사에서 가장 큰 정치적 항의로 기록되었다.

녹색당을 정치적 좌파가 지배한다는 일반적인 인식에도 불구하고, 녹색당원들은 자신들의 정치적 성향을 "좌도 우도 아닌" 진보라고 생각한다.[31] 실제로 녹색당은 반핵항의자, 페미니스트, 인권옹호자, 반전항의자, 그리고 생태주의자 등을 포함한 다양한 정치적 이익 연합체를 결성하려는 경향을 가지고 있었다. 이 같은 혼합은 종종 정치적 혼란과 모순을 낳았다. 이 같은 어려움 때문에 녹색당이 허물어지는 조짐이 크게 일어났다. 1980년, 서독 녹색당의 진솔한 지도자인 파트라 켈리(Patra Kelly)는 당의 균열로 인해 활동 중지를 강요받았다. 1990년에 이르러 독일 녹색당은 내부집단의 투쟁으로 독일 정치의 무대로부터 거의 사라졌다.[32] 마찬가지로 영국 녹색당도 1992년에 정치 정당으로서는 붕괴되었다. 현재 그들은 주류 영국 정당의 정치적 입장을 수용함으로써 연명하고 있다고 한다.[33] 녹색당의 정치적 실패는 틀림없이 그들이 사람을 싫어한다고 말하는 것과 관련이 있는데,[34] 그 말은 그들의 생명중심의 철학에서 나온 것이다. 만약 녹색당이 근본적인 신념으로서 인간의 이익에 우선을 두지 않는다면, 그들은 예상되는 바 대중에게서 정치적 지지를 얻는 데 어려움을 겪을 것이다. 바꾸어 말하면 대다수의 사람은 여전히 닭의 행복보다는 치킨에 더 관심을 가지고 있는 것이다.

녹색당이 마르크스주의를 지향하는 데 있어서의 아이러니는 공산주의 국가들이 세계 최악의 환경 문제를 갖고 있다는 것이다. 가령, 구소련의 체르노빌 핵 참사는 역사상 최악의 환경참사 중 하나였다. 게다가 구공산정부 하에 있던 폴란드는 지구상에서 가장 오염된 국가들 중 하나였다.[35] 1987년, 나는 크라쿠프(Krakow) 근처에 있는 노바후타(Nova Huta)의 강철제조 도시를 방문했다. 폴란드의 이 지역의 대기와 수질오염은 내가 서구 산업국가들에서 이제껏 보아왔던 어떤 곳보다도 더 심했다. 구동독, 유고슬라비아, 체코슬로바키아와 같은 공산주의 국가로 여행을 갔을 때도, 나는 그 지역 환경에서 비슷한 문제들을 보았다.[36] 세계은행은 구소련 블록의 산업오염 때문에 매년 3만 명이 죽는다고 추정한다. 더 심한 것은 이들 사망의 절반은 18개 도시 대기의 질을 개선함으로써 막을 수 있었다는 점이다.[37] 공산주의가 녹색당의 이상적인 정치 모형이었던 반면, 현실에서 공산국가들은 서구 민주주의에서는 찾아볼 수 없는 규모의 환경 폐해에도 관대했다. 이 거대한 환경 폐해에 대한 유력한 설명은 공산주의 정부가 모든 자원을 소유하고 있고, 국가는 분배되지 않은 재산권 때문에 남용하기 쉬운 커다란 열린 공유지가 된다는 것이다. 마르크스주의 정부의 전체주의적 성격은 또한 그들로 하여금 시민들의 불만에 대해 둔감하게 만들었다. 환경 폐해에 대한 불평을 정부가 묵살해버리는 폴란드에서 내가 보았던 상황이 그러했다.

심층생태론은 또한 정치지향적인 환경주의자뿐만 아니라 급진적 환경주의자들에게는 철학적인 기반이 되었다. 급진적 환경주의자는 환경 문제를 해결하는 수단으로서 직접적 행동을 전적으로 찬성하는 정치적 과정을 피하는 사람들이다.[38] 다른 환경주의자들은 심층생태론이 비록 급진적 환경주의의 기반은 아니라 해도, 적어도 그것의 목표와는 조화를 이룬다고 말한다.[39] 그리고 정치 친화적 심층생태론의 환경주의자들은 "녹색-빨강"이라 불린 반면, 급진적 환경주의자에게는 "녹색-녹색"이라는 별명이 붙었다.

작가 릭 스케어스(Rik Scarce)는 자신의 저서 『환경전사(Eco-Warriors, 과격한 환경운동가)』에서 급진적 환경주의의 지난 20년 동안의 국제적인 확대 과정을 뒤쫓았다. 그는 말하기를, 이 사람들에게 "무엇이 괴로우냐고 물으면 그들은 '모든 것'과 '거의 모든 것' 사이에는 뭔가 여지가 있다고 대답을 하는데, 거기에는 꺼림칙하고…… 야비하고, 뻔뻔스럽고, 도덕적으로 우위적인 것이 있다."[40] 사실 급진적 환경주의자들은 심층생태론자들이 변화의 이행에 의무가 있다는 네스-세션즈의 주장을 진지하게 받아들였다. 이 같은 집단의 다수(아마 다수일 텐데, 그들의 성향과 무질서적인 성격 때문에 정확한 수를 헤아리기 어렵다)는 뉴스 헤드라인으로 잡힌, 환경 불의(injustices)에 대항해 싸우는 시위를 위해 세계 곳곳에서 일어났고, 때때로 (공해 반대운동으로 알려진) 환경 보호를 위해 사보타지를 했다.

1970년대 이후 많은 급진적 집단은 특별한 환경 목적을 전문화하는 경향 속에서 형성되었는데, 이는 산림보호에서 고래 살리기 보호운동, 그리고 반핵 항의 운동에까지 이르고 있었다. 이들 집단 중 대부분은 하나의 원리로서 비폭력을 신봉했지만, 실제로 그 용어는 많은 해석의 여지를 갖고 있다. 일반적으로, 그들은 인간에 반하는 폭력을 쓰지는 않았지만, 불도저, 송전선, 광고판, 심지어 배는 그들에게 대단한 도구였다. 많은 시민들은 그들이 기본

재산권에 대한 민주주의 개념과 주요한 규칙을 어기기 때문에 이 같은 파괴적인 전략을 비난한다. 자유사회에서는 개인이 불법적으로 자신들의 목표를 추구할 경우 장기적으로 기능이 유지될 수 없다. 그러나 민주주의는 동물과 다른 모든 형태의 생명에 대해 자비롭게 대우해야 한다는 점이 중요하다. 바다표범잡이들로부터 새끼 바다표범의 사체를 지키는 어미 바다표범의 울부짖는 모습은 대부분 인간중심적 사회 구성원의 감정을 자극하기에 충분하다.

급진적인 환경 조직들은 주요 환경보존 형태와 자연자원 조직화에 있어서 더 많은 반대자들을 갖고 있다. 이들 전통적인 환경 조직들 중에서 가장 중요한 것은 소위 열 개의 단체들이다: 시에라 클럽(the Sierra Club), 야생자연환경보전협회(the Wilderness Society), 국립야생동물보호협회(the Audubon Society), 천연자원수호위원회(the Natural Resources Defense Council), 전국야생동식물연합(the National Wildlife Federation), 아이작 월톤 연맹(the Izaak Walton League), 야생생물협회(Defenders of Wildlife), 환경수호기금(the Environmental Defense Fund), 국립공원보존협의회(the National Parks and Conservation Association), 그리고 환경정책연구소(the Environmental Policy Institute).[41] 급진적 환경주의자와 마찬가지로 이들 단체는 각각 특수한 환경 문제로 전문화되는 경향이 있다. 그러나 주류 단체들은 일반적으로 위계적 구조, 관료제, 모금활동, 로비 활동, 정치적 제도, 그리고 법정에 의존한다.

급진운동의 많은 지도자들은 주류 단체와 함께 환경운동을 시작했다. 하지만 그 방식에 있어서 서로의 불만은 급진주의자들을 더 안정된 원조 조직으로부터 이탈하게 만들었다. 급진적 환경운동 단체 〈지구가 먼저다!(Earth First!)〉의 경우가 그러하였다. 전 야생자연환경보전협회회장 데이브 포먼(Dave Foreman)과 바트 쾰러(Bart Koehler)는 3명의 동료와 함께 1980년에 〈지구가 먼저다!〉를 만들었다. 그 단체는 추측컨대 에드워드 애비(Edward Abbey)

의 소설 『몽키 렌치 갱(The Monkey Wrench Gang, 여기서 몽키 랜치는 망치나 스패너로 휘둘러 작업 방해를 하는 행동을 말함)』을 보고서 만들어졌다. 이 소설 속에서는 4명의 등장인물이 문명의 침해를 멈추기 위해 장비와 재산을 파괴하면서 남서부 사막을 돌아다닌다.

수년에 걸쳐 〈지구가 먼저다!〉는 첫 목표로 미국의 산림과 야생자연환경의 보호를 선택했다. 단체의 구성원들은 무거운 장비로 서로의 몸을 묶어서 숲길을 막았고, 연방토지의 목재 수확을 막기 위해 나무꼭대기에서 살았다. 그들의 실천 중에서 가장 논쟁이 된 것은 살아 있는 나무에 15~30센티미터의 긴 쇠못을 박고 나서 못의 머리를 자르는 것이었다. 이 실천은 못이 톱을 타는 사람에게 손상을 주거나 제재소 노동자들에게 부상을 입힐 수 있기 때문에 나무를 자를 수 없게 했다. 예를 들어, 〈지구가 먼저다!〉는 후에 그 행위에 대한 책임을 부인했지만, 서부 해안의 목재소 노동자들은 못 박힌 통나무를 톱질하다가 부상을 입었다.

1990년 〈지구가 먼저다!〉의 두 멤버는 순전히 역효과를 냈을 뿐인 논쟁에 연루되었다. 파이프 폭탄이 오클랜드와 캘리포니아를 통해 두 명의 환경보호운동가들이 타고 있는 스테이션왜건 의자 아래서 폭발했다. 그 두 명(한 여자와 남자)은 삼나무 숲 보호 지지모임에 참가할 예정으로 산타크루즈(Santa Cruz) 시로 가고 있었다. 두 사람은 엄청난 부상을 입었지만, 폭파 속에서 살아남았다. 오클랜드 경찰과 FBI는 그 폭탄은 환경운동가들이 만들었고, 우연히 폭발했다고 결론을 내렸다. 그러나 두 사람은 폭탄은 차 안에 설치되어 있었다고 말하면서 부인했다. 〈지구가 먼저다!〉의 운동가들은 결국 무죄로 석방되었다.

국제환경보호 단체인 그린피스(Greenpeace)는 아마도 국제사회에서 가장 유명한 급진적 환경단체다. 실제로 1969년 — 심층생태론보다 앞서 — 조직되었지만 그린피스는 아느 네스의 철학을 채택했다. 그린피스가 기억되는 것은 항양선(국제항운에 종사하는 대형 외항선), 무지개 전사호(여기서 '전사'라 붙인 것은 그들의 환경보호 운동이 공격적이고 과격한 형태를 띠고 있었기 때문)와 고래를 사냥하며 석유 승강장 연안에 핑 소리를 내며 날아드는, 빠른 속력의 공기고무 보트 "조디악(Zodiacs, 그린피스 대원은 포경선의 대포형 작살이 고래를 향해 날아가는 한가운데로 "조디악"이라는 고무 보트를 타고 돌진했다)" 때문이다. 사실 그린피스는 최초의 주된 급진환경운동 단체 중 하나이며, 그린피스의 회원들은 일찍이 세계 뉴스 헤드라인에 잡히는 행동의 이점을 알고 있었다. 비폭력 시민 불복종에 대한 그 단체의 헌신은 — 그들은 사람들을 귀찮게 하지만 재산상의 손해는 끼치지 않는다 — 그들을 사실상의 주류 환경단체로 간주하는 다른 급진적인 단체들이 생기도록 했다. 그럼에도 불구하고 폭력은 이따금씩 일어났다. 1985년 7월, 무지개 전사호는 프랑스의 지하 핵실험을 저지하기 위해 뮈뤼로아 아톨(Mururoa Atoll)로 출항 준비를 하며 뉴질랜드의 오클랜드 항에 정박하고 있었다. 이날 자정 직전 폭파가 일어나 배의 선체가 부서지고, 그린피스 카메라맨이 죽었다. 폭탄은 프랑스군에 의해 설치된 것으로 판명되었다. 두 명의 폭파범 프랑스 특공대원은 결국 유죄가 선고되어 뉴질랜드 감옥에서 1년을 보낸 후 프랑스 당국으로 넘겨졌다.

급진적인 환경론자들의 억제하기 어려운 욕망을 분명히 나타내는 하나의 이야기는 폴 왓슨(Paul Watson)과 해양환경운동단체 '바다의 셰퍼드(Sea Shepherds)'에 대한 것이다. 왓슨은 지나치게 열심인 행동주의로 인해 단체로부터 제명된 그린피스의 창시자로서 1979년에 시에라(Sierra)라고 불린 불법 포경선을 추적하는 일을 시작했다. 시에라는 일본 시장에서 3년에 걸쳐 판매를 목적으로 1,676마리의 고래를 도살하는 책임을 맡았다. 자신의 보트, 저인망(底引網) 어선을 바다의 셰퍼드라 다시 이름 붙인 왓슨은 포르투갈 해안에서 시에라와 두 번이나 격돌했고, 그 배에는 양쪽으로 180~240cm의 깊은 상처가 남았다. 바다의 셰퍼드는 포르투갈 당국에 의해 급히 나포되었고, 레이송이스(Leixoes)라는 도시항구에 억류되었다. 4개월 후, 그 배를 환수하기 위해 많은 벌금을 무는 대신 왓슨은 배의 해수판을 열고 구멍을 뚫어 항구 바닥으로 가라앉히고 런던으로 도망갔다.

지구해방전선(ELF)과 그에 관련된 동물해방전선(ALF)은 아마 현재 국제적으로 활동하는 급진적 환경조직 중에서 가장 악명이 높다. ELF는 미국 환경보호 운동단체 〈지구가 먼저다!〉에 불만을 품은 회원들에 의해 1992년 영국에서 창설되었다. ELF 회원들은 공해반대운동, 주로 문화 파괴, 방화를 이용해 그들이 생각하기에 동물, 사람, 혹은 환경을 해치는 데 이용되는 재산을 훔쳤다. 미국에서 ELF의 첫 번째 주요 행동은 1998년 1,200만 달러의 피해를 입힌 콜로라도 주 베일 스키리조트를 공격한 것이었다. 그 이후로 그들은 재산상 4,300만 달러의 손해를 가져온 수십 개의 다른 파괴적인 행동이 자신들에 의해 행해졌다고 주장했다.

2002년 2월 12일, FBI 보복 테러 부서의 국내 테러 부서 국장인 제임스 자르보(James F. Jarboe)는 환경테러리즘에 대해 산림과 미 하원의 산림건강 부문 소위원회 앞에서 증언했다. 그의 증언은 다음과 같다:

과거 수년 동안, 동물해방전선과 지구해방전선으로 특징지어진 흥미 있는 특별한 극단주의는 중요한 테러리스트 위협으로 나타났다. 극단주의자 집단은 대체로 언론·집회 자유의 헌법상 보장에 의해 보호받는 많은 활동에 관여했다. 법 집행은 이들 단체들의 경박한 말이 불법 행위를 침해할 때 포함된다. FBI는 동물해방전선과 지구해방전선이 1996년 이래로 미국에서 600건 이상의 범죄행위를 저질러왔다고 추정

*한다…… 현재 26개 이상의 FBI 현장사무실은 ALF/ELF 활동들과 관련
된 수사 계류 중에 있다. 우리들의 모든 노력에도 불구하고…… 법 집
행은 환경 테러리즘의 문제에 대해 적절히 처리하기에는 아직 역부족
이다. ALF와 ELF와 같은 단체에 특별히 도전적이다. 이 같은 단체에는
어떤 위계적인 구조는 거의 없다. 환경 테러리스트는 구조화되고 조직
화된 전통적인 범죄조직과는 다르다.[42]*

　　호언장담과 허장성세에도 불구하고, 급진적 환경운동의 미래는 다소 의
심스럽다.[43] 가령, 그린피스는 1990년 이래 회원의 20~30%를 잃었고, 허가
우선권이 고소당해 있고, 법인회사와 친해지면서 그린피스의 회원에 대한 관
심이 떨어졌다. 릭 스케어스는 급진적 환경주의의 미래는 일련의 사건에 달
려 있다고 말했다.[44] 첫째, 급진적 환경주의는 지금까지보다 훨씬 많은 추종
자를 끌어들여야 한다. 다음으로 이것은 스스로 정치활동에서 보다 능률적인
통합을 위한 운동 능력에 달려 있다. 그리고 마지막으로, 이 통합은 사회에
위협이 된다는 급진적 환경주의에 관한 대중의 인식에 달려 있다.
　　나는 언젠가 "아름다움과 위협을 동시에 지닌" 고대 노르웨이 바이킹
선(船)에 대해 한 역사가(지금 누구인지는 기억할 수 없다)가 말한 것을 들은 적이
있다. 물론 그 아름다움은 배의 우아한 디자인에 있다. 반면, 그 위협은 그들
이 가진 잠재적인 폭력으로부터 나왔다. 마찬가지로 아느 네스의 심층생태론
은 세계에 아름다움과 위협 둘 다 주었다. 그는 환경주의의 아름답고 새로운
철학을 제공했다. 그의 지지자들은 추종자들 중 가장 열렬한 사람들이고, 심
층생태론이 "주요한 패러다임의 이동 — 인식, 가치와 생활양식의 변화 —
현대산업사회의 파괴적인 행로를 생태적으로 새 방향으로 돌리는 근거"[45]라
고 주장한다. 심층생태론의 호소력과 그 힘의 원천은 '생명중심주의'와 '자

아실현'의 두 가지 중심 테마에 근거를 두고 있고, 또한 기이하게도 철학으로서의 명증성의 결여에 있다. 생명중심주의는 인간으로 하여금 모든 생명체를 동일하게 존중할 것을 요청한다. 다음으로 이것은 자원보존과 야생종에 대한 자비로운 대우를 개선하기 위한 가능성을 제공한다. 자아실현은 개개인들에게 환경 문제의 처리에 관한 사회의 전통적 관점에 대한 문제제기를 촉진시킨다. 이것은 환경보호에 대한 새롭고 개선된 정책의 발전을 이끌 수 있다. 마찬가지로 심층생태철학의 명확성의 결여는 — 아느 네스 자신도 인정한 — 개인들에게 환경 특성에 대해 누구나 자신의 생각대로 탐구하고 정의할 것을 허용한다. 그리고 이 같은 전문성의 결여는 순전히 우연이 아니었다. 데이비드 로텐버그는 "네스가 자신의 개념에 대한 정의를 거절한 것은 당연하며…… 이 정밀함의 결여는 대처 방법의 모든 것이다"라고 말했다.[46]

만약 심층생태론에 아름다움이 있다면, 인간의 일시적인 생각에 근거한 행동주의 — 비폭력적인 것이라 해도 — 를 요구하는 데서 나오는 잠재적인 위험도 있다. 이 같은 독자적인 의지의 행동주의는 사람들이 자신들의 정부를 세웠던 합법적인 사회계약을 훼손할 위험이 있다. 물론 모든 형태의 행동주의가 비난받아야 한다고 말하는 것은 아니다. 식별할 수 있는 고통받는 집단을 위한 시민 불복종과 법의 위반이 사회적 개선을 이끈 사례들이 있다. 예를 들어, 미국 시민권 운동의 비폭력적 행동주의는 결국 다수의 미국 국민들로부터 지지를 받았고, 사회의 총체적인 개선에 기여했다. 그러나 심층생태론은 다른 유형의 행동주의로 해석될 수 있다. 그것은 학대받는 집단의 인지된 필요성에 근거하는 것이 아니라, "자아"의 욕구에 근거한다. 이것은 비합법적인 수단에 의한 사회복지를 넘어 자아를 주장하기 위한 가능성을 유발한다. 일단 소그룹은 비합법적으로 힘을 얻고, 그 집단의 회원은 환경을 희생시키면서 개인의 이익을 위해 이 힘을 계속 사용할 수 있을 것이다. 환경 억제를 달성하려는 자아실현의 행동주의자들이 개인의 목적을 달성하기 위해 그것을 이용하지 않는다고 누가 말할 수 있는가? 사실 아느 네스는 확실히 생태지혜가 환경 문제를 훨씬 넘어서는 확장된 정치적 잠재성을 가진다고 말하면서 이 가능성을 인정했다.

심층생태론에 동기화된 행동주의는 환경 문제에 대한 관심을 불러일으켰다는 데 의심의 여지는 없을 것이다. 그러나 텔레비전에서 그린피서들이 북해의 해상 석유기지에 시비를 걸며 올라가는 것을 본 많은 사람들은 행동주의자들이 막으려고 애쓰는 환경 손상만큼이나 행동주의자들의 이상한 행동을 두려워했다. 아이러니하게도 이 같은 무법자의 행동주의는 거의 확실히 전통적인 정치적 과정을 사용한 노력보다도 환경 개선에 대한 기여가 적었다. 국가환경정책법, 수질오염방지법, 멸종위기동식물보호법, 그리고 다른 이 같은 환경법의 통과가 비록 정치적 과정에서 비효율적인 주고-받기의 조건이라 할지라도 "공해반대운동"의 행동보다는 환경의 질 개선에 더 기여했다. 실제로 미국 국유림의 착취적인 벌채를 막은 것은 나무에 못 박기가 아니라, 멸종 위기에 처한 종으로서 반점 올빼미에 대한 연방목록이었다.

그러나 누군가는 멸종위기동식물보호법의 통과와 또한 반점 올빼미를 보호하기 위해 국립 야생동물 보호단체인 오두본 협회의 행동에 동기를 준 것은 심층 생태론의 정서였다고 말할지도 모른다. 이것은 어쩌면 사실이다. 그리고 그것이 환경에 관한 인간 의식의 고양이고, 거기에 심층생태론의 진정한 가치가 있다.

아느 네스는 오슬로 대학의 명예교수이다. 그가 이끄는 오슬로 대학의 개발과 환경연구 센터가 있는 노르웨이에 거주하고 있다. 그의 아내 키트파이 네스(Kit-Fai Naess)가 그의 연구 활동을 돕고 있다.

| 주석 |

1. Rubin, *Green Crusade*, p. 27.

2. Naess, "Identification," p. 256.

3. Gullvag and Wetlesen, *In Skeptical Wonder*.

4. Naess, *Ecology, Community and Lifestyle*, p. 1.

5. Manes, *Green Rage*, p. 125.

6. Naess, "The Shallow and the Deep," p. 95.

7. Ibid.

8. Ibid., p. 98.

9. Ibid.

10. Ibid., p. 99.

11. Ibid.

12. Sessions, 『21세기를 위한 심층생태학』의 서문. p. xiv에서 그는 『생태학, 공동체, 그리고 생활양식』은 1973년에 첫 출간되었고, 심층생태학에 대한 네스의 최초 논문도 같은 해에 발표되었다고 주장한다.

13. Devall and Sessions, *Deep Ecology*, p. 70.

14. Ibid., p. 66.

15. Ibid., pp. 67, 68.

16. See, e.g., Sessions, "Ecocentrism and the Anthropocentric Detour," in *Deep Ecology for the 21st Century*.

17. Watson, "Critique of Anti-Anthropocentric Biocentrism."

18. Naess, "In Defence of the Deep Ecology Movement," p. 265.

19. Spitler's의 논쟁이 "생명중심주의의 수호"에서 테일러에 의해 토론되었다. p. 239.

20. Devall and Sessions, *Deep Ecology*, p. 67.

21. Naess, *Ecology, Community and Lifestyle*, pp. 1-2.

22. Merchant, *Radical Ecology*, pp. 184, 104.

23. Des Jardins, *Environmental Ethics*, pp. 248-241.

24. Naess, *Ecology, Community and Lifestyle*, p. 153.

25. Ibid., pp. 156, 133; quotation on p. 157.

26. Pepper, *Eco-Socialism*, p. 40.

27. Reed and Rothenberg, *Wisdom in the Open Air*, 93-94.

28. Manes, *Green Rage*, pp. 127, 128.

29. Devall and Sessions, *Deep Ecology*, p. 9.

30. Manes, *Green Rage*, pp. 128, 130.

31. Pepper, *Eco-Socialism*, p. 52.

32. Devall and Sessions, *Deep Ecology*, p. 9.

33. Pepper, *Eco-Socialism*, p. 201.

34. Ibid., p. 246.

35. Miller, Living in the Environment, p. 18.

36. 세계자원연구소에서 1992-93년에 출간한, 『세계자원(World Resources)』, 5장에서 "중앙유럽 (Central Europe)"은 파괴적인 오염문제와 체코슬로바키아, 폴란드, 그리고 구동독의 경이적인 정화 비용을 논의한다.

37. Newman, *Earthweek*, p. 2C.

38. Manes, *Green Rage*, p. 155.

39. Scarce, *Eco-Warrious*, p. 32.

40. Ibid., p. xv.

41. Ibid., p. 15.

42. ELF와 ALF에 관한 FBI의 James Jarboe의 대한 의회 증언이 http://www.fbi.gov/congress/ congress02/jarboe021202.htm(2005년 11월 20일 입수)에서 발견된다.

43. Rubin, *Green Crusade*, p. 28.

44. Scarce, *Eco-Warriors*, p. 259.

45. SessioRns, preface to *Deep Ecology for the 21st Century*, p .ix.

46. Rothenberg, *Is It Painful to Think?* p. 191.

17
환경철학자들의 시대를 지나서

이 책은 1960년대부터 1970년대 초에 이르는 동안의 환경사상에 있어서의 중요한 기여들에 대해 검토했다. 환경에 관한 현재의 태도와 정책을 형성한 많은 주된 사상은 이 시기에 처음으로 대중의 주목을 받았다. 현대 환경 시기를 시작하면서 레이첼 카슨의 기념비적인 책 『침묵의 봄』의 중요성은 아무리 강조해도 지나치지 않다. 사심 없는 객관적인 전문성과 열정적인 관심이 맞물린 그녀의 책은 농약이 환경과 인간 건강에 미치는 위험성에 대해 경고했다. 그러나 『침묵의 봄』에는 단순히 농약에 대한 경고 이상의 보다 깊은 메시지가 있었다. 그 메시지는 인류에게 근본적으로 환경에 대한 태도를 재검토하도록 유인한다. 사회가 자연을 지배하기보다는 협력해야 한다는 호소였다. 대중은 정부, 기업 그리고 개인이 환경을 다루었던 방법에서 변화하기를 요구하기 시작했다는 것은 레이첼 카슨의 말이 직접적인 영향을 미쳤음을 말해준다. 10년 안에 "환경"은 중요한 사회적 관심이 되어 예전의 애매한 상

태로부터 벗어났다. 그것은 또한 공직에 나선 정치 후보자들이 연설에서 빠트릴 수 없는 이슈가 되었다.[1]

환경주의 시대는 대중에게 훨씬 더 많이 확산되었다는 점에서 초기 환경보존 운동과 달랐다.[2] 현대 환경주의는 환경에 대한 위협을 파악한 집단 본성에 대한 응답으로서 폭넓은 대중의 지지를 받았다는 의미에서 "대중운동"으로 특징지워진다.[3] 분명히 『침묵의 봄』은 대중에게 낭랑한 호소의 목소리로 들렸다. 레이첼 이후의 환경철학자들은 실로 그 목소리를 확장했다.

폭넓은 대중의 관심으로 현재 환경이 관리되는 방법에는 어느 정도 의미 있는 개선이 있었다. 가장 두드러지는 것은 1969년 리처드 닉슨(Richard Nixon) 대통령이 국가환경정책법(NEPA)에 서명한 것이고, 이론의 여지는 있지만, 환경 법률의 가장 중요한 것들은 20세기에 통과되었다.[4] 미국 의회는 NEPA를 기초할 때 다섯 가지의 취지를 선언했다: ①인간과 환경 간의 조화로운 관계를 촉진한다. ②환경적 피해를 제거한다. ③건강과 인류복지를 살려나간다. ④생태적 시스템과 자연자원에 대한 이해를 풍요롭게 한다. ⑤환경질심의위원회(CEQ)를 설립한다. CEQ의 목적은 환경의 상태에 대해 대통령에게 연차보고서를 작성하는 것이다.

1970년에 채택된 또 다른 중요한 조처는 환경보호청(EPA)의 창설이었다.[5] 오늘날 EPA는 환경규제의 책임을 맡고 있는 주요한 연방기관이다. 실제로 EPA는 일반적으로 연방정부에서 가장 강력한 규제기관이다. EPA 청장은 대통령 내각의 지위에 있지 않음에도 불구하고 직접 대통령에게 보고한다. EPA는 대기오염, 수질오염, 음료수, 유해폐기물처리, 살충제, 방사선, 그리고 유독성 물질의 규제를 포함한 광범위한 환경사법권을 가진다. 연방에서 EPA는 특수한 위치를 차지하며, 이는 정치적 독립성을 부여하는데, 연방은 EPA가 규제 책임을 제대로 수행하는지 감독한다. 연방수질오염규제법수정

안과 멸종위기동식물보호법과 같은 법령은 이 시기에 법제화된 것이다. 여기에서 의회와 미국 국민은 변화를 위한 요구가 새로운 환경 입법과 규제의 노력에 의해 받아들여졌다는 것을 알았다. 어떤 사람에게는 이 변화가 충분하지 않았지만,[6] 대부분의 사람에게는 적어도 어떤 진보가 이루어진 것이었다.

1960년대 환경에 대한 국가의 관심은 종종 종말론적인 두려움을 접하게 되면서 더욱 강렬해졌다.[7] 그러나 1970년대 중반에 이르자 강렬했던 대중의 관심은 다소 쇠퇴했다.[8] 물론 환경에 대한 대중의 관심이 전적으로 사라졌다고 말하는 것은 아니다. 앞으로 보게 되겠지만, 확실히 사라진 것은 아니었다. 그러나 행동에 대한 호소는 귀에 잘 들리지 않게 되었다. "이제는 생태다!"라는 대학의 목소리는 빛이 바랬다. 아마 1967년과 1974년 사이에 정점에 올랐던 환경주의의 전성기는 사라졌다.[9] 그 시대 흐름의 소멸에 대한 역설적이고 다소 극적인 한 사례는, 제리 루빈(Jerry Rubin) — 돈과 사람의 똥을 연결시켰던, 제2장에서의 자칭 혁명가 — 이 1980년에 월가의 증권분석가가 되었다는 것이다.[10]

몇몇 사건과 이슈들이 환경 개선에의 요구가 사그라드는 데 기여했다. 어떤 종류의 진보를 실제로 이룬 한 요인이 있었다. 연방환경입법의 핵심 부분이 법으로 통과되었다. 게다가 지미 카터가 1970년 후반 대통령이 되었고, 환경 문제에 대한 그의 지도력을 국민들은 신뢰했다. 불행하게도 시민들의 신뢰는 환경 문제에 관한 대중적 무기력과 절박함의 결여에 기여했다.[11]

환경에 대한 열정의 감소를 이끈 또 다른 요인은 사회운동으로서의 환경주의에 대한 대중의 싫증이었다.[12] 환경의 질(공해방지 선언)이 중요한 문제이긴 하지만, 긴급한 대참사의 위협은 부풀려진 것이라는 인식이 미국의 대중들에게 확산되고 있었다. 예를 들어, 『인구폭탄』, 『성장의 한계』와 같은 저작에서 저자들이 이야기한 것은, 정해진 기한 안에 전혀 일어나지 않은 거짓

이거나 혹은 적어도 일어날 것 같지 않다는 것이 입증된 환경재난의 위협이었다. 몇몇의 환경철학자들은 이들 사건의 시점 측정이 부정확할 수도 있다고 인정하면서 스스로를 방어했지만, 그럼에도 불구하고 재난은 찾아왔다. 그러나 1970년 중반에 이르자 대중은 이 같은 난폭한 비관적 예언에 싫증을 내고 있었다.

1970년대 환경에 대한 관심이 떨어진 세 번째 이유는 베트남 전쟁의 종결이었으며, 전쟁이 종결되자 대중의 시위의 구실도 사라졌다. 미국의 가장 큰 비극 중 하나인 베트남 전쟁은 10년 동안 대학 시위의 주된 원인이었다. 사실 그것이야말로 이 기간 동안 환경보다 더 지속적으로 대중의 관심을 끌었던 유일한 공중 문제였다.[13] 이때를 기억하는 사람들은 전쟁의 공포를 직접 미국으로 전했던 야간 텔레비전 뉴스를 상기할 것이다. 전쟁을 계속하려는 정부의 시도는 대학의 시위를 초래했고, 결국 많은 대중 시위가 일어났다. 대학생들은 전쟁에 항의하면서 또한 다른 사회적 문제, 특히 환경 문제에 대해서도 자신들의 견해를 강력히 표명할 기회를 가졌다. 그것은 비록 두 가지처럼 보였지만 — 베트남 전쟁과 환경 — 캠퍼스의 시위 주제로서는 분리될 수 없는 것이었다. 따라서 베트남에 대한 미국의 개입이 점차 줄어들고 1975년 마지막 군대가 철수하자, 대중 시위의 주된 근거가 사라졌고, 그와 더불어 환경 문제도 공중의 관심에서 멀어졌다.

1970년대에 환경에 대한 관심은 대중이 더 긴급한 국가 문제라고 인식한 문제로 옮겨갔고, 그에 따라 환경 문제는 하위에 놓일 수밖에 없는 상황이었다. 정확히 말하면 1970년대 중반 미국의 경제가 하강하기 시작했던 것이다. 경기하락은 분명 이전에 중시되었던 환경 문제를 약화시켰다.[14] 번성한 경제는 환경에 대한 고려를 촉진시키고, 변화하는 경제상황(불황)은 그 시기를 마감하도록 만든 것은 2장에서도 이야기된 사실이다. 1960년대 내내 소비자물가지수(CPI) 측정에 따른 인플레이션은 단지 연간 1% 약간 상회하는 평균을 보였다.[15] 그 당시의 표준에 따르면, 이것은 매우 낮은 것이었고 구매력에 최소한의 부정적인 효과를 가졌을 따름이다. 그러나 1970년 소비자물가지수는 매년 약 6% 비율로 증가했고, 1974년에는 11%로 뛰었다. 인플레이션의 증가율은 모든 미국인의 개인소득을 급속히 떨어뜨렸다. 인플레이션은 적어도 부분적으로는 1973년 이스라엘을 옹립한 국가들에 대항해 석유수출국기구(OPEC)가 원유 봉쇄 정책을 폈기 때문이었다. 원유 선적에 OPEC가 가한 제한은 미국 유가를 3배로 올렸다.[16]

또 다른 국가 경제 문제는 실업이었다. 1960년대 실업률은 3%대로 적정 수준을 맴돌았다. 낮은 실업률은 대부분의 젊은이들이 베트남 참전을 위해 징집되었기 때문이었고, 그들은 실업자 명단에서 제외되었다. 전쟁은 또한 국내고용을 유발했다. 1975년, 동남아시아에 대한 미국의 개입이 종결됨에 따라 실업률은 거의 7%로 솟았다. 이것은 국가와 직업을 구하고 있던 수많은 사람들에게 달갑지 않은 소식이었다. 대중은 금전적인 문제에는 재빨리 반응하게 마련이다. 그래서 인플레이션과 실업 둘 다 바람직하지 않은 방향으로 진행되었고, 환경에 대한 미국의 관심은 사그라졌다.

1970년대 중, 후반 지미 카터 행정부 시기 환경행동주의와 환경 관심은 소강상태를 보였다. 그러나 1980년대가 되자 환경에 대한 대중적 관심이 어느 정도 부활했다. 그러나 현대 환경운동의 이 두 번째 국면은 1960~70년대의 운동과는 확연히 달랐다. 우선 불편한 요구들이 더 약화되었고, 긴박감이 덜했다.

1980년대 들어 환경에 대한 관심을 갖게 된 것은 대체로 세 가지 요인에 기인한다. 첫째, 대중이 환경과 같은 문제에 다시 관심을 가져도 좋을 만큼 경제가 나아졌다. 카터 정부 시기 맹위를 떨쳤던 인플레이션율은 레이건 정부에 의해 통제되었다. 연방준비제도이사회(FRB)는 소속 은행들을 위해 대출 금리를 낮추었고, 그에 따라 인플레이션 하락이 촉진되었다. 1979~1981년 기간 동안 12%로 올랐던 소비자물가지수는 1986년 들어서는 2%로 급락했다. 마찬가지로 1975년 약 7%에 달했던 실업률이 1980년대는 5% 미만으로 개선되었다.

1980년대에 새롭게 환경에 관심을 갖도록 한 두 번째 이유는 레이건과 제1대 부시 정부의 정책이었다. 이전의 민주당 정권과 공화당 정권조차 어느 정도 호의를 갖고 환경 목표에 응했다.[17] 이에 반해 로널드 레이건은 지난 20년 동안 이루어놓은 환경 성과를 뒤집기 위한 공약을 알리고 결정했다. 재임 기간 동안 레이건은 의회, 격분하는 대중, 그리고 이 기간 동안 회원이 가장 많이 늘어난 환경보존 단체들이 입법을 강하게 반대했던 환경과 자연자원 문제에 관한 몇 가지 핵심적인 결정을 했다.[18] 그는 환경규제 법률을 집행하는 데 효율성이 크게 떨어지도록 EPA의 예산을 대폭 삭감했다. 특히 또 다른 강력한 조처로서 레이건은 직원, 자금지원, 환경질심의위원회의 힘을 과감히 줄였고, 이에 따라 국민에게서 환경정책의 중요한 원천을 박탈했다.[19]

특히 레이건 대통령이 내무장관에 제임스 와트(James Watt), EPA의 청장에 앤 고어서치(Anne Gorsuch)(후에, 앤 버포드 Burford)를 임명한 것을 환경주의자들은 악명 높은 것으로 간주했다. 와트와 고어서치 둘 다 환경 보존과 보전, 그리고 환경제도의 규제 관념에 공공연하게 반대했고, 대중의 격분으로 인해 두 사람은 결국 공직을 그만두었다.[20] 레이건 정부와 제1대 부시 정부를 특히 괴롭혔던 환경 문제는 산림청의 국유림 관리였다. 레이건과 부시의 압력 하에 산림청은 상업적 목재수익을 충족시키기 위해 감당할 수 없는 수준까지 태평양 북서부의 오래된 나무숲 개벌(皆伐)을 가속화했다.[21] 이 같은 행동이 끼친 영향, 특히 멸종 위기에 처해 있는 북부의 반점 올빼미에 대한 영향에 격분한 대중은 결국 빌 클린턴(Bill Clinton) 대통령으로 하여금 직업공무원인 산림청장 데일 로버트슨(Dale Robertson)을 해직시키도록 했다.[22] 조지 부시는 레이건과 반대로 환경대통령이 될 것이라고 약속하면서 취임했다. 그러나 부시 또한 결국 이 맹세를 지킨다는 견지에서 보면 실패했다. 레이건-부시의 정책들은 미국 대중의 환경에 대한 관심에 다시 불을 붙였다.

레이건 시대의 또 하나의 반환경 유산, 소위 산쑥(북미 서부 불모지에 많은 식물, Sagebrush)의 반란은 1990년대까지 계속해서 정책에 영향을 미쳤다.[23] 실로 이 반란은 국유림, 국립공원, 그리고 다른 공유지의 연방소유권에 대한 격한 공격이었다. 레이건은 경영수익을 위해 공유지를 판다는 생각을 열렬히 지지했고, 결국 이것을 정부정책으로 만들었다. 그러나 대부분 서쪽에 위치한 엄청난 불모의 땅에 대한 준비된 시장이 없었으므로 마침내 산쑥 반란의 방향을 바꾸었다. 그것의 새로운 목표는 목재, 광업, 그리고 농업수익의 수단으로서의 공유지에 직접적이고 자유로운 접근을 허용하는 것이었다.

사적 이용을 위해 연방정부의 땅을 개방하게 한 특수이익집단의 압력은 현명한 이용 운동이라 알려져 있다. 다른 것들 중에서 이 운동의 특수한 목적은 연방정부의 오래된 숲을 개벌하고, 멸종위기동식물보호법에 따른 야생동식물에 대한 보호를 철회하며, 모든 공유지를 광업과 원유 시추를 위해 개방하고, 공유지의 경제개발에 도전하는 사람은 누구라도 민사처벌을 하는 것이었다. 이 현명한 이용운동 수행에 가입한 대부분의 단체들은 사려 깊고 분별력 있는, 애국적이고 환경적으로 책임 있다고 일컬어진다: 미국을 위한 동맹, 미국의 국가(國歌), 건강과 식품에 대한 미국 위원회, 미국산림자원동맹. 그러나 어떤 이들은 산업의 후원을 받는 이 조직들은 수익을 위해 환경과 공공자원을 이용하는 것이라고 말한다.[24]

1980년대 동안 환경에 대한 새로운 관심을 갖게 된 세 번째 이유는 현실적으로 간지역적이고 심지어 세계적이기까지 한 환경 문제의 출현이었다. 과거의 환경의 관심은 대부분 그 범위가 지역적이었던 데 반해, 이 새로운 문제는 국가적 경계를 넘었다. 첫 번째 것은, 더 정확히는 산성침전물이라고 불리는 "산성비(acid rain)"였다.[25] 1980년대 초, 유럽인들은 숲과 생산시설의 피해는 공기에 의한 오염원들과 중성(가령, 산성 물질을 포함한) pH보다 낮은 산성비에 의해 일어나고 있다고 생각하게 되었다. 이 산성침전물은 산업오염원의 화학적 부산물과 화석연료 연소의 결과라고 생각되었다. 1980년대 초, 미국과 캐나다는 또한 유사한 월경성(transboundary) 산성비 문제를 토론했다. 유럽과 북아메리카의 상황은 대중의 관심을 자극할 정도로 엄청난 언론의 조명을 받았다. 또한 세계 과학계는 전에는 결코 규모면에서 환경 문제로 인식되지 않았던 산성비에 대한 조사에 몰두했다. 가령 미국에서의 산성비에 대한 관심은 미국 정부에 의해 시작된 가장 큰 비군사적 과학 프로그램 중 하나인 국가산성우(國家酸性雨) 평가계획(NAPAP)을 만드는 것으로 이어졌다. NAPAP 조사는 결국 1990년의 대기오염방지법 수정으로 알려진, 보다 엄격한 대기질 규제의 통과에 기여했다.

지구온난화의 위협은 대중에 영향을 끼친 또 다른 지구환경 문제이다.[26] 벌써 1950년대 초에 과학자들은 대기 중 이산화탄소 증가와 이른바 온실가스가 지구 기후에 잠재적 위험이 된다고 경고했다. 이들 가스는 열을 흡수하는 경향이 있고, 이로 인해 지구를 불모로 만들 수 있다. 그러나 대기 중에서 이 가스의 농도가 증가하는 것은 — 이는 대개 과도한 화석연료 연소와 열대산림의 화재로부터 발생한다 — 지구의 기온을 위험한 수준까지 끌어올릴 수 있다. 1980년대 후반에는 기후 변화의 예언이 드디어 실현되고 있는 것처럼 보였다. 연평균 세계기온의 지속적인 증가가 시작되었고, 해수면이 올라갔으며, 대기의 컴퓨터 모형은 매우 악화되고 있는 지구의 상태를 예측했다. 산성비가 그러했듯이 이번에는 지구온난화 문제가 과학적인 관심을 끌면서 국제적인 주요 뉴스가 되어 대중의 관심을 자극했다. 지구 기후 변화를 조사하기 위해 만들어진 주요 프로그램은 기후 변화에 관한 국제조사위원단(IPCC)으로서 이것은 약 400명의 세계 각국의 과학자들로 구성된 유엔 지원 단체였다. 이것은 환경을 위해서 이제까지 가장 큰 규모의 국제협력적 과학적 노력으로 나타났다. IPCC는 지구온난화 수준에 대한 예상과 함께 "생태계는 상당히 바뀔 수 있고, 인공 구조물과 시설물은 본래대로 되돌릴 수 있다"고 예견했다.[27] 과학계의 많은 이들이 지금 지구온난화 가설을 지지하고 있지만, 지구온난화에 의한 충격의 미래 시점과 심각성은 불확실한 문제로 남아 있다. 세계자원연구소에 따르면, 지구온난화의 규모, 시점, 지역적 분포의 문제에 관해서는 여전히 상당한 불확실성이 남아 있고, 아마 20년 이상 예측을 계속해서 어렵게 만들 것이다.[28]

1980년대에 시작된 대중의 관심을 사로잡은 세 번째의 지구환경 문제는 성층권 오존층의 감소 가능성에 대한 관심이었다. 성층권에는 지구표면 위 18킬로미터에서 26킬로미터까지 퍼져 있는 일정 대기가 태양으로부터 들어오는 위험한 자외선으로부터 사람과 다른 생물들을 보호하는 유익한 오존층을 형성한다.[29] 이 보호 오존층이 없다면, 자외선 방사물질은 식물과 수중생물을 손상시킬 뿐만 아니라, DNA의 손상을 증대시키고, 피부암 및 인간 면역체계와 시력에 장애를 일으킨다.

1985년경 과학자들은 남극대륙 위 오존층이 특히 대부분 CFCS(염화불화탄소)인 인공화학 물질의 반작용을 통해 파괴되고 있음을 관찰하기 시작했다. 한때 널리 사용되었던 냉각제와 스프레이용 압축불활성가스, CFCS는 현재 잠재적인 위협으로 간주되고 있다. 결과적으로 그것들을 사용하는 것은 유럽과 북아메리카의 많은 곳에서 금지되거나 크게 줄어들었다. 그러나 오존층

감소가 잠재적으로 중요한 문제로 나타난다는 과학적인 증거에도 불구하고, 어떤 혹평가들은 계속해서 그것을 과장 또는 심지어 완전한 날조라고 일축해 버린다.

1980년대 많은 관심을 불러일으켰던 네 번째 환경 문제는 열대지역의 산림벌목과 생물 다양성의 감소였다.[30] 전 세계의 산림은 연간 2,500만에서 5,000만 에이커씩 사라지고 있다. 문제는 특히 아프리카, 아시아, 그리고 남 아메리카의 습한 열대지방에서 심하다. 이들 개발도상국가의 산림벌목은 이들 국가의 국민들이 산림에 땔감이나 식량과 같은 필수품을 의존하고 있기 때문에 심각하다. 열대지역의 산림벌목은 지구의 환경 작용이 이 산림에서부터 이루어지기 때문에 세계의 다른 지역에서도 중요하다. 앞에서 언급한 것처럼, 지구온난화 문제의 일부는 이들 열대산림이 불타면서 배출되는 이산화탄소에 기인한다. 게다가 열대산림은 아마 세계 동식물종의 절반이 서식하는 곳이기 때문에 생물 다양성 유지를 위해서도 중요하다. 이미 미국에서는 철새의 집단 쇠퇴는 열대산림 서식지의 감소에서 기인된 것이라는 우려가 크게 퍼져 있다.

열대산림벌목은 주로 개발도상국가에서 땔감 채취와 상업적 벌목뿐만 아니라 일시적 경작을 위해 나무를 벌채해 태우는 행위의 확장에 기인한다. 그러나 이러한 현상 뒤에는 과도한 인구 성장, 실업, 부진한 농업기술, 정부의 토지개발정책 실패, 부의 불공평한 분배, 그리고 국민들의 부정적인 관행과 같은 근본적인 국가 경제 문제에 더 깊고 중요한 원인들이 있다. 다행히도 이 문제는 무시되지 않았다. 여러 정부기관과 유엔 식량농업기구(FAO)와 세계은행과 같은 국제단체들이 산림 회복과 향상된 연료목재의 효율을 높이는 기술을 통해 그들에게 재정적 지원을 제공했다. 그러나 열대산림벌목과 생물 다양성 감소라는 문제의 해결에 앞서 실제적인 장벽이 남아 있다.

이 사건들 때문에 20세기 말 "환경"은 대중의 관심으로 재확립되었다. 현재 환경의 가치는 미국의 정신에 확고하게 자리잡았다.[31] 그러나 과거에 경제와 국방은 항상 공공정책의제로서 환경의 질 제고 문제를 약화시키는 잠재력을 가졌었다. 그리고 이 같은 감소는 확실히 9·11사건 이후에 일어났다.

2001년 9월 11일, 뉴욕에 있는 세계무역센터와 워싱턴 DC 근처의 미국 국방부는 이슬람교의 테러리스트들이 조종한 민간 항공기의 공격을받았다.[32] 또 다른 비행기는 승객들이 납치 테러범들의 손을 비틀어 조종석을 빼앗은 순간 폭탄처럼 펜실베이니아에 요란스럽게 떨어졌다. 미국과 미국 정치에서 이 같은 충격적 사건은 거의 전례가 없었다. 국가는 시민, 재산, 그리고 자유를 위협하는 것들을 제거하기 위해 우선해야 할 일을 다시 정리해야 하는 뜻밖의 경험을 해야만 했다. 또한 조지 W. 부시 행정부 하 경제 상태는 첫 4년 재임기간 동안 실업률이 4%에서 6%로 증가함에 따라 고통스런 경험을 했다.[33] 휘발유 가격이 상승해 또 다른 문제가 생겼다. 확실히 환경은 더 긴급한 관심사에 비해 정치적 중요성에서 밀렸다.

이제까지 환경에 대한 문서화된 가장 폭넓은 영향을 미치는 국제조약인, 지구온난화에 대한 교토의정서(Kyoto Protocol)를 미국 의회와 조지 W. 부시 대통령이 지지하지 않은 것은 환경의 질 개선에 있어서 미국의 열의 부족으로 해석되고 있다. 교토의정서는 1992년 기후 변화에 관한 유엔기본협약(UN Framework Convention on Climate Change)의 회원들인 158개국에 의해 1997년 기안되었다. 의정서 이행규약을 완성하는 협상이 거의 4년 이상 걸렸고, 다시 조약을 비준하는 데 거의 3년 이상 걸렸다. 교토의정서는 2005년 2월 16일 날 최종 비준되어 공식 발효되었다. 교토의정서의 주된 조항은 다음과 같다:[34]

• **가스(Gases)** : 의정서는 6가지 열기를 가두는 가스 배출 규제를 추구

한다: 이산화탄소, 메탄, 이산화질소, 수소화불화탄소, 과불화탄소, 그리고 육불화황.

- **목표(Targets)** : 의정서는 협정에 비준했던 140개 국가 가운데 35개 선진국에게 1990년 기준과 비교해 방출을 감소하거나 제한하는 수량적 목표치를 할당한다.
- **거래(Trading)** : 의정서는 35개국끼리 배출거래를 허용한다. 그들의 배출한도액 아래로 떨어진 산업 플랜트는 그들의 허용기준을 초과한 사람들에게 결과로서 생긴 "credits"을 팔 수 있다.
- **공동이행(Joint implementation)** : 의정서는 한 나라가 의정서에 서명한 다른 국가에 배출감축 사업을 전개해 credits을 벌 수 있도록 허용한다.
- **청정개발체제(Clean development mechanism)** : 의정서는 한 나라가 배출감축 의무가 지워지지 않은 교토비준 당사자인 개발도상국가에 배출감축 사업을 이행함으로써 의정서 의무를 상쇄하는 것을 허용한다.

미국과 호주는 이행 당시 교토협정을 비준하지 않았던 유일한 세계 산업 강국이었다. 클린턴 행정부는 1997년에 의정서에 서명했다. 그러나 당시 미국 상원은 법에 정해진 대로 그것을 비준하지 않았다. 상원은 미국 경제의 잠재적 손실을 언급하면서 협약에 현재 면제되어 있는 개발도상국가의 배출감축을 포함할 것을 주장했다. 마찬가지로 부시 대통령은 의정서를 응낙할 경우 미국에서는 수백만 개의 일자리가 사라질 것이며, 중국과 인도 등의 개발도상국에도 배출감축을 요구해야 한다고 말하면서 2001년에 의정서 반대를 선언했다.

그렇다면 『침묵의 봄』 출간과 현대 환경시대의 출현 후 40년, 환경주의는 어떻게 되어가고 있는가? 환경운동은 여전히 원기왕성하고, 견고하며, 효과적인 변화라고 할 수 있는가? 흥미롭게도, 이것은 마이클 쉘른베르거(Michael Shellenberger)와 테드 노르트하우스(Ted Nordhaus)라는 두 사람의 환경주의자가 쓴 「환경주의의 죽음(The Death of Environmentalism)」이라는 논문의 제목이었다.[35] 책 제목에 암시되어 있는 것처럼 저자들은 현대 환경운동은 현재 운동의 여세와 정치적인 영향력을 많이 상실하고 있다고 생각한다. 그들은 환경단체들이 자신들의 노력을 전혀 보여주지도 못하면서 지구온난화 등의 문제를 두고 투쟁하는 데 수백만 달러를 들인다고 주장한다. 그들은 환경공동체의 내적인 갈등과 이기심이 운동의 비효율성에 기여한다고 썼다.

쉘른베르거와 노르트하우스는 또한 환경주의자들이 환경 문제의 특성을 매우 협소하게 정의했다고 주장한다. 가령, 지구온난화가 분명 환경 문제인 것은 사실이지만 환경주의자들은 가난과 이와 관련된 사회 문제가 거기에 작용한다는 것을 인식하지 못했다. 바로 무엇이 "환경적"인가에 관한 더 넓은 시야가 환경운동을 부활시키는 데 필요하다. 또 쉘른베르거와 노르트하우스는 이 같은 엄청난 사회적 영향을 가졌던 1960~1970년대와 같은 광범위한 환경 승리의 시기는 이제 다시는 오지 않을 듯하다고 말한다. 그렇지만 순환적인 경제의 성쇠와 테러리즘의 위협에도 불구하고, 레이첼 카슨과 환경철학자들에 의해 제기된 관심이 미국의 정치적 의제의 영구적인 것이라고 믿는 이유가 있다.

『현대 환경사상의 기원』은 세계 환경 문제의 원인과 해결에 관한 다양한 생각을 검토했다. 레이첼 카슨의 선구적인 작품과 더불어, 나는 해럴드 바넷과 챈들러 모스의 공헌을 고찰했다. 이들 경제학자들은 맬서스주의의 가설에 대한 최초의 경험적 검증을 시행했고, 자원희소성의 불안은 미국에서는 기우였지만 환경의 질 손실에 관한 고려는 아마도 정당했다고 결론지었다.

스튜어트 유달은 자연자원 보존에 대한 연구를 함으로써 우리가 보다 나은 미래를 계획할 수 있다고 주장했다. 로드릭 내시는 우리에게 야생자연환경의 가치를 가르쳐주었다. 피구와 신고전주의 경제학자들은 잘 기능화된 시장 시스템이 자원 부족과 환경 문제 모두를 극복하는 핵심이라고 제시했다. 그들은 또한 경제적 외부성으로 알려진 오염 피해의 숨겨진 사회적 비용이 가장 커다란 인간 만족의 가능한 수준을 달성하기 위해 감소되어야 한다고 말했다. 케네스 볼딩은 엔트로피 과정을 통한 물리학 법칙이 에너지 자원의 유용성을 제한한다고 주장했다. 이 에너지 엔트로피의 개념은 인간에게 궁극적인 맬서스주의적 위협을 보여주었다. 린 화이트는 기독교의 신앙이 환경 위기의 근본적인 원인이라고 주장했다. 그러면서 그는 종교와 환경 문제 간의 관계에 대한 대화를 주도했다. 『인구폭탄』에서 폴 에를리히는 과도한 인구와 오염은 불과 몇 년 안에 전세계적인 대재앙을 일으킬 것이라고 예언했다. 그는 쾌락주의 경향으로부터 사회를 구하기 위해 개인 자유에 엄격한 제한을 강조했다. 게렛 하딘은 우리에게 환경자원의 공유재산적 특성이 환경자원의 이용을 지배하는 중요한 요소라는 사실에 주의를 환기시켰다. 그의 고전적인 논문인 「공유지의 비극」은 모든 환경 저술 가운데 가장 널리 읽히는 것 중의 하나가 되었다. 배리 코머너는 현대기술에 가장 잘못이 있다고 결론을 내리면서 우리의 환경 문제에 책임이 있는 인구의 성장, 자원 소비, 그리고 현대기술을 검토했다. 그러나 코머너는 결코 하나의 사회적 해결책을 제시할 수 없었다. 허먼 데일리는 존 스튜어트 밀의 오랜 동안 잊혀졌던 저작들을 상기시키면서 인간과 자연세계 간의 균형으로 나아가기 위해서는 자발적인 정상-상태 경제가 필요하다고 말했다. 그는 사회가 개인의 자아실현의 수단으로서 물질적 소비보다는 지적 성취를 주목해야 한다고 말했다. MIT의 혁신적인 연구가들은 미래 세계의 상태를 예언하기 위해 컴퓨터 모형의 형태로 현대기술을 이용했다. 그러나 그 결과가 재앙으로 나타나자, 비판가들은 그것은 단지 "컴퓨터를 가진 맬서스"였을 뿐이라고 말했다. 비판가들은 "맬서스 투입(Malthus-in)"은 "맬서스 결과(Malthus-out)"를 낳는다고 말했다. 프리츠 슈마허에 따르면 경제 시스템과 소비 패턴을 바꿈으로써 우리는 환경 책무를 향상시킬 수 있다. 마지막으로 심층생태 철학자 아느 네스는 환경의 적절한 상태에 관한 자아실현을 위해 사람들로 하여금 내심(內心)을 보도록 강조했다. 그러고 나서 그는 완전한 세계의 비전을 달성하기 위해 사회적 변화를 이행하는 방법을 찾으려면 바깥을 봐야 한다고도 말했다. 사회가 미래의 환경 도전에 직면할 경우, 이 책에서 소개된 사상들은 지속적인 적합성을 가질 것이다. 환경철학자에 의해 제공된 지혜의 사회적 중요성은 시간이 지남에 따라 증가할 것이다. 늘어나는 인구 문제, 자연자원의 고갈, 환경 악화의 해결책을 찾으려는 학생, 교수, 입법가, 그리고 정치인들은 이들의 저서를 찾을 것이다. 그것들의 지속적인 사회적 가치를 보자면 이들의 기여는 참으로 환경 분야의 고전적 공헌으로서 간주되어야 한다.

이 책에서 나는 환경 문제를 해결하기 위해 여러가지 환경적 세계관의 조화를 추구했다. 나는 여러분에게 이 저작들을 공부한 후에 이들 저작 속에서 이들 각각의 이론이 상호 도움이 되는 방법을 찾아보기를 요구한다. 예를 들어 나는 세 가지의 환경이론들이 어떻게 서로 보완될 수 있을까를 검토함으로써 이 책을 맺고자 한다.[36] 맬서스주의와 신맬서스주의에서 우리는 환경 문제에 관한 유연성이 없는 절박감을 보았다. 그들의 가설은 무엇 때문에 우리가 자연자원과 환경 문제를 진지하게 여기지 못하게 했는가에 대한 인상적인 이미지를 제공한다. 일반적으로 인정되는 바, 맬서스 자신의 시대 이후 그의 이론은 반발에 부딪쳤고, 심지어 그 이론이 함축하고 있는 인간에 대한 신뢰의 결여로 인해 분노를 샀다. 그러나 신맬서스주의자의 생각은 환경 문제를 해결하는 데 있어 계속해서 압력으로 작용한다. 맬서스주의자의 관심은 확실히 현대 환경운동에 큰 원동력을 제공한다.

현대 신고전주의자들은 분석적 경제학자로서 그들의 역할에서 전통적으로 자원 소비 활동을 통제하는 데 있어서 철학적·심리학적 요소들을 고려하지 않았다. 그보다 그들은 일차적으로 가격, 비용, 그리고 다른 시장-관련 현상에 주목해서 그 형태에 대한 경험적인 유효성을 다루었다. 경제적 응답 이면에 있는 윤리적인 동기들은 그 자체의 응답보다는 조명을 받지 못했다. 사실 현대 주류 경제학자들은 일반적으로 규범적인 사회 목표의 확립이 그들의 역할을 넘어선 것이라고 결론짓는다. 왜냐하면 그들에게는 사회 목표를 확립하는 객관적인 방법이 없기 때문이다. 환경경제학자들은 자신들의 특수한 시각을 갖고서 환경 문제에 대한 실용적인 기술을 제시했다. 논리 정연한 수학으로 그들은 환경 손실의 경제적 중요성을 결정하고, 손실을 통제하는 데 요구되는 교환조건을 조사하며, 또한 손실을 줄이기 위한 구체적인 정책 수단을 제시하는 명확한 분석 방법을 내놓을 수 있었다. 이 주류 경제학자들은 계속해서 환경입법에 기초하고 투표해야 하는 선출직 공무원에게 분석적인 정보를 제공할 것이다.

끝으로, 현대의 정상-상태 이론가들로부터 우리는 경제학자와 생물학자 간의 보다 밀접한 활동관계를 발전시키고, 총 경제성과를 측정하기 위해 보다 나은 시스템을 확립하기 위한 중요한 권고를 받는다. 그러나 존 스튜어트 밀의 가장 의미 있는 유산은 인간은 자신의 운명을 통제할 수 있다는 신념의 표현이다. 결코 단순히 경제적 인간 — 그것이 그를 어디로 인도하든 간에 계산기 두뇌를 따르는 창백한 창조물의 생령(生靈)[37] — 이 아니라 밀의 인간은 물질적 욕구의 부인을 수반하는 이지적 선택을 할 수 있는 가슴과 마음을 가졌다. 많은 사람들에게 밀의 저작은 이상적 사상보다 무엇인가를 더 보여주고 있다. 그것은 우리 환경 문제의 해결책이 될지도 모른다.

　　이 책을 연구하고 쓰는 동안, 나는 빈번히 『침묵의 봄』과 레이첼 카슨의 통찰력과 영감의 근원으로 돌아갔다. 그 책에서 그녀의 마지막 말은 역시 이 책의 결론에도 적합하다. 왜냐하면 그 말은 생명을 유지하고 환경 문제를 해결하는 데 필요한 조정, 창조력, 그리고 상상력이라는 테마를 우아하게 표현하고 있기 때문이다:

　　우리의 지구와 다른 생물들이 공유하는 문제에 대한 이 모든 새롭고 기발하며 창의적인 접근법에도 불구하고, 지속적인 주제와 우리는 생명 ─ 과 더불어 현존 인구, 그리고 모든 그들 간의 압력과 반대 압력, 그것들의 고조와 후퇴 ─ 을 다루고 있다는 의식은 계속되고 있다. 이 같은 생명력을 고려할 때만, 그리고 조심스럽게 그들을 우리 자신에게 호의적인 방향으로 이끌도록 노력함으로써만, 우리는 온당한 조화의 달성을 바랄 수 있다. ……자연이 인간의 편리를 위해 존재한다고 가정한다면, 자연의 통제는 오만함의 단계이고, 생물학과 철학에 있어서의 야만 시대의 산물이다.[38]

| 주석 |

1. Dunlap, DDT, p. 160.

2. Hays, *Beauty, Health and Permanence*, p. 13.

3. Pepper, *Roots of Modern Environmentalism*, p. 16.

4. Buck, *Understanding Environmental Administration and Law*, p. 18.

5. Ibid., p. 23.

6. Pepper, Roots of Modern Environmentalism, p. 3.

7. Worster, Nature's Economy, p. 353.

8. de Steiguer, "Environmental Movements," p. 212.

9. Pepper, *Roots of Modern Environmentalism*, p. 19.

10. Howard, *The Sixties*, p. 2.

11. Hays, *Beauty, Health and Permanence*, p. 61.

12. Pepper, *Roots of Modern Environmentalism*, p. 15.

13. Dunlap, DDR, p. 197.

14. Pepper, *Roots of Modern Environmentalism*, p. 15.

15. 이 장에서 경제자료는 미국 상무성, 통계개요로부터 얻었다.

16. Cunningham and Saigo, *Environmental Science*, p. 331.

17. Hays, *Beauty, Health and Permanence*, p. 491.

18. Miler, *Living in the Environment*, p. 46.

19. Hays, *Beauty, Health and Permanence*, pp. 496, 504.

20. Buck, *Understanding Environmental Administration and Law*, p. 25.

21. Hirt, *Conspiracy of Optimism*, p. 297.

22. 미국 산림청장으로서 데일 로버트슨의 해직은 산림청 웹사이트에서 논의되었다.
   http://www.fs.fed.us/aboutus/history/chiefs/robertson.shtm 웹사이트에 다음과 같이 일부분
   이 씌어 있다: 로버트슨은 산림청이 말해야만 하거나 그렇게 하도록 제안했던 어떤 일에 방심하
   지 않아야 했던 공무에 직면해야만 했다. 특히 골칫거리는 태평양 북서부의 오래된 나무 숲(고
   풍스런 산림)의 벌채와 1973년 멸종위기동식물보호법 하에서 죽고 벌채된 여러 종의 동식물 보
   호에 대한 논쟁이 증폭되고 있었다…… 로버트슨과 조지(Associate Chief)는 산림청의 충분히 빠
   른 변화를 진전시키지 못했음으로 1993년 11월에 새 클린턴 행정부 농림부에 재배치되었다.

23. Hays, *Beauty, Health and Permanence*, p. 498.

24. Miller, *Living in the Environment*, p. 702.

25. Ibid., p. 435.

26. Ibid., p. 305.

27. Quoted in Cline, *Economics of Global Warming*, p. 31.

28. World Resources Institute, *World Resources*, 1994-95, p. 203.

29. Miller, *Living in the Environment*, p. 317.

30. Ibid., p. 279.

31. Hays, *Beauty, Health and Permanence*, p. 259.

32. 미국 테러리스터 공격에 대한 국가위원회, 9·11위원회 보고서(2004), 국가 문서기록보관청
http://www.9-11 정부위원회/(2005년 2월 14일 입수).

33. 미국 노동부, 노동통계국, 현재 인구 조사한 노동인구 통계,
http://www.bls.gov/cps/home.htm (2005년 2월 15일 입수).

34. 기후 변화에 관한 UN기본협약의 교토의정서
http://unfcc.int/essential_background/Kyoto_protocol/items/2830.php
(2005년 2월 16일 입수).

35. Michael Shellenberger and Ted Nordhaus, 『환경보호주의의 죽음: 후기-환경세계에서 지구온
난화 정치』(2004).
http://www.thebreakthrough.org/images/Death_of_Environmentalism.pdf
(2005년 2월 16일 입수).

36. de Steiguer, "Three Theories from Economics."

37. Heibroner, *Worldly Philosophers*, p. 37.

38. Carson, *Silent Spring*, p. 297.

| 참고문헌 | --

Abbey, Edward

   1975 *The monkey wrench gang.* Salt Lake City: Dream Garden Press. Alinsky, Saul D.

   1971 *Rules for radicals: A practical primer for realistic radicals.* New York: Random House.

Anderson, E.R, A.V. Kneese, P.D. Reed, R.B. Stevenson, and Serge Taylor

   1977 *Environmental improvement through economic incentives.* Baltimore: Resources for
       the Future and Johns Hopkins University Press.

Anonymous

   1962 The gentle storm center, *Life*, Oct.12, pp. 105-6, 109-10.

   1962 Pesticides: The price for progress. *Time*, Sept.28, pp. 45-48.

   1970 Ecology's angry lobbyist. *Look*, April 21, pp. 42-44.

   1970 The two apostles of control. *Life*, April 17, pp. 32-33.

   1992- Commoner, Barry A. In *Men and women in science*, vol. 2, 18th ed.

   1993 Providence, NJ: R.R. Bowker.

Ashton, T. S.

   1962 Some statistics of the industrial revolution. In *Essays in Economic Theory*, vol. 3, E.M.
       Carus-Wilson, ed. New York: St. Martin's Press.

Auer, Peter L.

   1977 Does entropy production limit economic growth? In *Prospects for growth*, K.D. Wilson,
       ed. New York: Praeger Publishing.

Ausubel, Jesse H., David G. Victor, and Iddo K. Wernick

   1995 The environment since 1970. *Consequences* 1(3):2.

Ayres, Robert U.

   1993 Cowboys, cornucopians and long-run sustainability. *Ecological Economics* 8:189-207.

Ayres, Robert U., and Allen Kneese

   1969 *Production, consumption and externalities.* Washington, DC: Resources for the Future.
       (Reprint from *American Economic Review 59(3):282-97.*

Bajema, Carl Jay

    1991 Garrett James Hardin: Ecologist, educator, ethicist and environmentalist. *Population and Environment* 12(3): 193-212.

Barnett, Harold J., and Chandler Morse

    1963 *Scarcity and Growth: The Economics of Natural Resource Availability.* Baltimore: Resources for the Future and Johns Hopkins University Press.

van den Bergh, Jeroen C. J. M., and Jan van den Straaten.

    1994 *Toward sustainable development: Concepts, methods, and policy.* Washington, DC: Island Press.

Boulding, Kenneth E.

    1973 The economics of the coming spaceship earth. In *Toward a steady state economy,* Herman E. Daly, ed. San Francisco: W.H. Freeman and Co.

Brabazon, James

    1975 *Albert Schweitzer: A biography.* New York; G.P. Putnam's Sons.

Brooks, Paul

    1972 *The house of life: Rachel Carson at work.* Boston: Houghton Mifflin.

Buck, Susan J.

    1991 *Understanding environmental administration and law.* Washington, DC: Island Press.

Bureau of the Census

    1975 *Historical statistics of the United States: Colonial times to 1970.* Parts 1 and 2. Washington, DC: Government Printing Office.

Carson, Rachel

    1941 *Under the sea-wind: A naturalist's picture of ocean life.* New York: Simon and Schuster.

    1955 *The edge of the sea.* Boston: Houghton Mifflin.

    1961 *The sea around us.* Rev.ed. New York: Oxford University Press.

    1962 *Silent spring.* Boston: Houghton Mifflin.

    1963 Rachel Carson answers her critics. *Audubon Magazine* 65(5):262-65, 313-15.

Clark, Colin

    1991 Economic biases against sustainable development. In *Ecological economics: The science and management of sustainability,* R. Costanza, ed. New York: Columbia University Press.

Cline, William R.

    1992 *The economics of global warming,* Washington, DC: Institute for International Economics.

Coase, R. H.

    1960 The problem of social cost. *Journal of Law and Economics* 3:1-44.

Cobb, Clifford, Ted Halstead, and Jonathan Rowe

1995 If the GDP is up, why is America down? *Atlantic Monthly*, October, pp. 59-78.

Cole, H.S.D., C. Freeman, M. Jahoda, and K. L. R. Pavitt

1973 *Models of doom: Critique of the limits to growth*. New York: Universe Books.

Commoner, Barry A.

1971 *The closing circle: Nature, man and technology*. New York: Alfred A. Knopf.

Cooke, Alistair

1976 *America*. New York: Alfred A. Knopf.

Costanza, R.

1991 *Ecological economics: The science and management of sustainability*. New York: Columbia University Press.

Crowe, Beryl L.

1969 *The tragedy of the commons revisited*. Science. 166:1103-7. (Reprinted in *Managing the Commons*, Garrett Hardin and John Baden, eds. San Francisco: W.H. Freeman, 1977.)

Cunningham, William P., and Barbara W. Saigo

1990 *Environmental science: A global concern*. Dubuque, IA: Wm. C. Brown Publishers.

Daly, H. E.

1973 The steady-state economy: Toward a political economy of biophysical equilibrium and moral growth. In *Toward a steady-state economy*, H.E. Daly, ed. San Francisco: W.H. Freeman.

1991 *Steady-state economics*. 2nd ed. Washington, DC: Island Press.

1995 On Nicholas Georgescu-Roegen's contributions to economics: An obituary essay. *Ecological Economics* 13:149-54.

D'Arge, Ralph C., William D. Schultz, and David S. Brookshire

1982 Carbon dioxide and intergenerational choice. *American Economic Review* 72(2):251-56.

de Steiguer, J. E.

1991 Environmental movements. In *The Academic American Encyclopedia*. Danbury, CT: Grolier.

1994 Can forestry provide "the greatest good of the greatest number?" *Journal of Forestry* (92)9:22-25.

1995 Three theories from economics about the environment. *BioScience* 45(8): 552-57.

1997 *The Age of Environmentalism*. New York: McGraw-Hill.

de V. Graaff, J.

1987 Pigou, Arthur Cecil (1877-1959). In *The New Palgrave: A dictionary of economics*, vol. 3., J. Eatwell, M. Milgate, and P. Newman, eds., pp. 376-79. London: Macmillan.

Des Jardins, Joseph R.

1993 *Environmental ethics: An introduction to environmental philosophy.* Belmont, CA: Wadsworth Publishing Co.

Devall, Bill, and George Sessions

1985 *Deep ecology.* Salt Lake City: Peregrine Smith Books.

Dorfman, Robert

1989 Thomas Malthus and David Ricardo. *Journal of Economic Perspectives* 3(3):153-64.

Dunlap, Thomas R.

1981 *DDT: Scientists, citizens, and public policy.* Princeton University Press.

Easterbrook, Gregg

1995 *A moment on earth: The coming age of environmental optimism.* New York: Viking.

Ehrlich, Paul R.

1968 *The population bomb.* New York: Sierra Club and Ballantine Books.

Ehrlich, Paul R., and Anne H. Ehrlich

1970 *Population, resources, environment: Issues in human ecology.* San Francisco: W.H. Freeman.

Ehrlich, Paul R., Anne H. Ehrlich, and John P. Holdren

1977 *Ecoscience: Population, resources, environment.* San Francisco: W.H. Freeman

Field, Barry C.

1994 *Environmental economics: An introduction.* New York: McGraw-Hill.

Fisher, Anthony C.

1981 *Resource and environmental economics.* Cambridge: Cambridge University press.

Fisher, Anthony C., and Frederick M. Peterson

1976 The environment in economics: A survey. *Journal of Economic Literature* 14:1-33.

Gartner, Carol B.

1983 *Rachel Carson.* New York: Frederick Ungar Publishing.

Georgescu-Roegen, Nicolas

1971 *The entropy law and the economic process.* Cambridge, MA: Harvard University Press.

Glicksman, Robert L., and George Cameron Coggins

1995 *Modern public land law in a nutshell.* St. Paul, MN: West Publishing.

Goldman, Marshall I.

1985 Economics of environmental and renewable resources in socialist systems. In *Handbook of natural resources in socialist systems,* vol. 2, A.V. Kneese and J.L. Sweeney, eds., pp. 725-45. Amsterdam: North-Holland.

Gordon, H. Scott

1954 The economic theory of a common property resource: The fishery. *Journal of Political Economy* 62:124-42.

1958 Economics and the conservation question. *Journal of Law and Economics* 1(1):110-21.

Gullvag, Ingemund, and Jon Wetlesen, eds.

    1982 *In skeptical wonder: Inquiries into the philosophy of Arne Naess on the occasion of his 70th birthday.* Olso: Universitesforlaget.

Hager, Mary

    1970 Professor leaps from butterflies to birth control. *Washington Post,* Sunday, Feb. 22, p. D5.

Hall, Bert S.

    1989 Biographical memoir: Lynn White, jr. *The American Philosophical Society Year Book, 1988.* Philadelphia: American Philosophical Society.

Hardin, Garrett

    1968 The tragedy of the commons. *Science* 162:1243-48.

    1974 Living on a lifeboat. *BioScience* 24:561-68.

Hays, Samuel P.

    1987 *Beauty, health and permanence: Environmental politics in the U.S., 1955-1985.* Cambridge; Cambridge University Press.

Heibroner, Robert L.

    1986 *The worldly philosophers.* New York; Simon and Schuster.

Hirt, Paul W.

    1994 *A conspiracy of optimism: Management of the national forests since World War Two.* Lincoln; University of Nebraska Press.

Hobsbawm, E. J.

    1996 The future of the state. *Development and Change* 27:267-78.

Howard, Gerald

    1991 *The sixties.* New York; Paragon House.

Kelman, Steve

    1982 Cost-benefit analysis and environmental, safety and health regulation: Ethical and philosophical considerations. In *Cost-benefit analysis and environmental regulations: Politics, ethics, and methods,* D. Swartzman, R.A. Liroff, and K.G. Croke, eds. Washington, DC: Conservation Foundation.

Kneese, Allen V., Robert U. Ayres, and Ralph C. D'Arge

    1970 *Economics and the environment: A materials balance approach.* Washington, DC: Resources for the Future.

Krech, Shepherd III

    2000 *The ecological Indian: Myth and history.* New York: W.W. Norton and Co.

Krutilla, J. V.

    1967 Conservation reconsidered. *American Economic Review* 57(4):777-86.

Lear, Linda

1997　Rachel carson: *Witness for nature*. New York: Henry Holt and Co.

Leopold, Aldo

1949　*A sand county almanac, and sketches here and there*. New York: Oxford University Press.

Lines, Clifford

1990　*Companion to the industrial revolution*. New York: Facts on File.

Lovelock, J. E.

1972　Gaia as seen through the atmosphere. *Atmospheric Environment* 6:579-80.

Malthus, T. R.

[1798]　An essay on the principle of population as it affects the future improvement of society.

1965　Reprinted in *First essay on population 1798: Reprints of economic classics*. New York: Augustus M. Kelley.

Manes, Christopher

1990　*Green rage: Radical environmentalism and the unmaking of civilization*. Boston: Little, Brown.

Marco, Gino J., Robert M. Hollingworth, and William Durham

1987　*Silent spring revisited*. Washington, DC: American Chemical Society.

Marsh, George Perkins

[1864]　*Man and nature,* ed. David Lowenthal. Cambridge, MA: Belknap Press of

1965　Harvard University Press.

McCleary, G. F.

1953　*The Malthusian Population theory*. London: Faber and Faber.

McCoy, Charles

1995　When the boomster slams the doomster, bet on a new wager. *Wall Street Journal.* Monday, June 5, pp. A1, A9.

Meadows, Donella

1994　Herman Daly's farewell address to the World Bank. *International Society for Ecological Economics Newsletter.* October.

Meadows, Donella H., Dennis L. Meadows, and Jørgen Randers

1992　*Beyond the limits*. Post Hills, VT: Chelsea Green Publishing.

Meadows, Donella H., Dennis L. Meadows, Jørgen Randers, and William W. Behrens III

1972　*The limits to growth: A report for the Club of Rome's project on the predicament of mankind*. New York: Universe Books.

Meine, Curt

1988　*Aldo Leopold: His life and work*. Madison: University of Wisconsin Press.

Merchant, Carolyn

1992　*Radical ecology: The search for a livable world*. New York: Routledge.

Mesarovic, Mihajlo, and Eduard Pestel

    1974 *Mankind at the turning point: The second report to the Club of Rome.*
        New York: E.P. Dutton.

Mill, J. S.

   [1848] Principles of political economy with some of their applications to social
    1965 philosophy. In *Reprints of economic classics.* New York; Augustus M.
        Kelley.

Miller, Char

    2001 *Gifford Pinchot and the making of modern environmentalism.* Washington,
        DC: Island Press.

Miller, G. Tyler Jr.

    2004 *Living in the environment: Principles, connections, and solutions.* 13th ed.
        Pacific Grove, CA: Brooks/Cole-Thompson Learning.

Moore, Stephen

    1995 The coming age of abundance. In *The true state of the planet,* ed.
        Robert Bailey. New York: Free Press.

Nader, Ralph

    1965 *Unsafe at any speed: The designed-in dangers of the American automobile.* New York:
        Grossman.

Naess, Arne

    1973 The shallow and the deep, long-range ecology movement: A summary. *Inquiry* 16:95-
        100

    1984 In defence of the deep ecology movement. *Environmental Ethics* 6(3):265-70.

    1985 Identification as a source of deep ecological attitudes. In *Deep Ecology,* M. Tobias, ed.,
        pp. 256-70. San Diego: Avant Books.

    1989 *Ecology, community and lifestyle.* Cambridge: Cambridge University Press.

Nasar, Sylvia

    1993 Kenneth Boulding, philosopher, poet, unorthodox economist, 83. *Raleigh News and
        Observer,* Saturday, March 20, p. 6B.

Nash, Roderick F.

    1967 *Wilderness and the American mind.* New Haven and London; Yale University Press.

    1989 *The rights of nature: A history of environmental ethics.* Madison: University of
        Wisconsin Press.

Nelson, Donald M.

    1946 *Arsenal of democracy: The story of American war production.* New York: Harcourt,
        Brace.

Newman, Steve

1995 Earthweek: A diary of the planet. *Raleigh News and Observer*, October 30, p. 2C.

O'Riordan, Timothy

1976 *Environmentalism*. London; Pion.

Pearce, David W., and R. Kerry Turner

1990 *Economics of natural resources and the environment*. Baltimore: Johns Hopkins University Press.

Pepper, David

1984 *The roots of modern environmentalism*. London; Croom Helm.

1993 *Eco-socialism; From deep ecology to social justice*. London: Routledge.

Pestel, Eduard

1989 *Beyond the limits to growth*. New York: Universe Books.

Pigou, A. C.

1932 *The economics of welfare*. 4th ed. London: Macmillan.

Reed, Peter, and David Rothenberg

1993 *Wisdom in the open air: The Norwegian roots of deep ecology*. Minneapolis: University of Minnesota Press.

Reich, Charles A.

1970 The *greening of America*. New York: Random House.

Repetto, Ralph, William Magrath, Michael Wells, Christine Beer, and Fabrizio Rossini

1989 *Wasting assets: Natural resources in the national income accounts*. Washington, DC: World Resources Institute.

Ricardo, David

[1817] *On the principles of political economy and taxation*. First American ed.

1819 Washington, DC: Joseph Milligan.

Rothenberg, David

1993 *Is it painful to think? Conversations with Arne Naess*. Minneapolis: University of Minnesota Press.

Rubin, Charles T.

1994 *The green crusade: Rethinking the roots of environmentalism*. New York: Free Press.

Ryan, Alan

1987 Mill, John Stuart. In *The New Palgrave: A dictionary of economics*, Vol. 3, John Eatwell, Murray Milgate, and Peter Newman, eds., pp. 466-71. London: Macmillan.

Sagoff, Mark

1988 *The economy of the earth: Philosophy, law and the environment*. Cambridge: Cambridge University Press.

Sale, Kirkpatrick

1993 *The green revolution; The environmental movement, 1962-1992*. New York: Hill and

Wang.

Scarce, Rik

  1990 *Eco-warriors: Understanding the radical environmental movement.* Chicago: Noble
     Press.

Schumacher, E. F.

  [1973] *Small is beautiful: Economics as if people mattered.* New York: Harper
  1989 and Row

Sessions, George

  1995 *Deep ecology for the 21st century.* Boston Shambhala Publications.

Silk, Leonard

  1974 Kenneth E. Boulding: The economics of peace and love. In *The Economists*, pp. 191-
     239. New York: Basic Books.

Simpson, R. David, Michael a. Toman, and Robert U. Ayres, eds.

  2005 *Scarcity and growth revisited: Natural resources and the environment in the new mil-
     lennium.* Washington, DC: Resources for the future.

Sirico, Robert A

  1994 The false gods of Earth Day. *Wall street Journal*, April 22, p. A12.

Smil, Vaclav

  2004 Garrett James Hardin (Dallas 1915-Santa Barbara 2003) *American Scientist On-line*
     92(1)8. http://www.americanscientist.org/template/AssetDetail/
     assetid/29864?&print=ye s (accessed January 28, 2005).

Smith, Adam

  [1789] *An inquiry into the nature and causes of the wealth of nations.*
  1937 New York: Random House.

Smith, V. Kerry

  1980 The evaluation of natural resource adequacy: Elusive quest or frontier of economic
     analysis? *Land Economics* 56(3):257-98.

  _____., ed.

  1979 *Scarcity and growth reconsidered.* Baltimore and London: Johns Hopkins University
     press and Resources for the Future.

Smith, V. Kerry, and John V. Krutilla

  1984 Economic growth, resource availability and environmental quality. *American Economic
     Review* 74(2):226-30.

Sorrell, Roger D.

  1988 *St. Francis of Assisi and nature.* New York: Oxford University Press.

Sterling, Philip

  1970 *Sea and earth: The life of Rachel Carson.* New York: Thomas Y. Crowell.

Swartzman, Daniel

1982 Cost-benefit analysis in environmental regulation: Sources of controversy. In *Cost-bene-fit analysis and environmental regulations: Politics, ethics, and methods*, D. Swartzman, R.A. Liroff, and K.G. Croke, eds., p. 58. Washington, DC: Conservation Foundation.

Taussig, F.W.

1987 Stationary state, In *The New Palgrave: A dictionary of economics*, vol. 4, John Eatwell, Murray Milgate and Peter newman, eds., pp. 484-85. London: Macmillan.

Taylor, Paul W.

1983 In defense of biocentrism. *Environmental Ethics* 5:237-43.

Thoreau, Henry David

[1854] *Walden, or life in the woods, and on civil disobedience.* New York: New
1960   American Library.

Tietenberg, Tom

1988 *Environmental and natural resource economics.* 2nd ed. Glenview, IL: Scott Foresman.

Train, Russell E.

1991 Religion and the environment: Providing leadership for ecological values. *Journal of Forestry* 89(9):12-15.

Udall, Stewart L.

1963 *The quiet crisis.* New York; Holt, Rinehart and Winston. U.S. Department of Commerce

1994 *Statistical abstract of the United States.* Washington, DC: Government Printing Office.

Watson, Richard A.

1983 A critique of anti-anthropocentric biocentrism. *Environmental Ethics* 5: 245-56.

White, Lynn jr.

1967 The historical roots of our ecological crisis. *Science* 155:1203-7.

1973 Continuing the conversation. In *Western man and environmental ethics: Attitudes toward nature and technology.* Reading, MA: Addison-Wesley.

Whitney, Elspeth

1993 Lynn White, ecotheology, and history. *Environmental Ethics* 15:151-69.

Wild, Peter

1979 Garrett Hardin and overpopulation: Lifeboats vs. mountain climbers. In *Pioneer con-servationists of western America.* Missoula, MT: Mountain Press.

Wilson, James A.

1977 A test of the tragedy of the commons. In *Managing the commons,* Garrett Hardin and John Baden, eds. San Francisco: W.H. Freeman.

Wood, Barbara

1984 *E.F. Schumacher: His life and thought.* New York: Oxford University Press.

World Commission on Environment and Development

1987 *Our common future.* Oxford and New York; Oxford University Press.

World Resources Institute

    1992 *World resources, 1992-93: A guide to the global environment.* Oxford and New York; Oxford University Press.

    1994 *World resources, 1994-95: A guide to the global environment.* Oxford and New York: Oxford University Press.

Worster, Donald

    1994 *Nature's economy: A history of ecological ideas.* 2nd ed. Cambridge: Cambridge University Press.

현대 환경사상의 기원

초판 1쇄 발행 2008년 12월 31일
초판 2쇄 발행 2010년 3월 6일

지은이 | 조셉 스타이거
옮긴이 | 박길용
펴낸이 | 서정돈
펴낸곳 | 성균관대학교 출판부
출판부장 | 한상만
편 집 | 신철호 · 현상철 · 구남회
디자인 | 최미영
마케팅 | 장민석 · 송지혜
관 리 | 손호종 · 김지현
외주디자인 | 초록바나나

등록 | 1975년 5월 21일 제1975-9호
주소 | 110-745 서울특별시 종로구 명륜동 3가 53
대표전화 | 02) 760-1252~4
팩스 | 02) 762-7452
홈페이지 press.skku.edu

ISBN 978-89-7986-773-2 03100